U0111758

大展好書　好書大展
品嘗好書　冠群可期

迷蹤拳系列；4

迷蹤拳（四）

+VCD

李玉川　劉俊琦　編著

大展出版社有限公司

作者簡介

李玉川，河北省滄州市青縣人，1951 年出生。既嗜拳術，又喜文墨。8 歲始從名師學練迷蹤拳，數十年練功不輟，系統、全面掌握迷蹤拳的理論和技術體系。他博學多求，勤練精研，先後學練了八極、八卦、意拳（大成拳）等拳術多種。同時，他重視對武術理論的研究，閱讀了大量武術史料和書刊，寫下了很多的讀書筆記，致力探求武術之眞諦。1996 年 8 月，在青縣成立迷蹤拳協會時被推選爲協會主席。2001 年 9 月，在青縣迷蹤拳協會改建爲研究會時被推選爲會長。作者爲滄州市武協委員，中國迷蹤拳當代重要代表人物。

近幾年來傾心於對迷蹤拳的研究、整理和傳播，撰寫系列叢書，錄製「中華武術展現工程」系列光碟。在《精武》《武林》《中華武術》等刊物上發表作品多篇。爲培養武術人才建立了全國獨家迷蹤精武館，任館長、總教練。

劉俊琦，河北省滄州市青縣人。1956年出生。自幼師從於迷蹤拳名師王朝選先生，擅長迷蹤拳、械及本門功法，兼練其他拳術多種。從事武術研究、教學訓練二十餘年。

作者現任東方武術館館長、總教練。其學生以優異成績考入滄州體校、河北體院、天津體院、北京體育大學等院校武術系，爲國家輸送和培養了一些人才。

前　言

迷蹤拳器械套路有很多，本冊書整理撰寫的是器械中的單練單器械套路。在整理這些套路的過程中，爲了能夠既保持傳統性，又增強競技性，在不改變傳統風味的前提下，去掉了一些過多的重複動作，增添了一些新的內容。同時，同一種器械只選編了一種，這次未編入的有待以後再整理。

在本冊書套路整理過程中，青龍偃月刀和昆吾劍的整理得到了胡光明先生的大力協助，特表示感謝！

編著者

目 錄

第一章

迷蹤拳單練單器械套路的內容、特點和習練要求

第一節　單練單器械套路的內容

迷蹤拳很顯著的一個特點就是內容浩繁，套路豐富。器械套路很多。其中，有單練套路，也有對練套路。單練套路中又有單器械套路和雙器械套路。

單練單器械套路是器械套路中的基本內容，主要包括：單刀套路中的六合單刀、四門單刀；花槍套路中的六合花槍、梅花槍、四門花槍；劍術套路中的昆吾劍、秀女劍、青萍劍、盤龍劍；行者棒套路中的第一路、第二路（也叫上半套、下半套）。此外，還有大槍、雙頭蛇、青龍偃月刀、樸刀、方天畫戟、三節棍、梢子棍、十三節鞭、繩鏢、達摩杖和齊眉棍等。

第二節　單練單器械套路的特點

迷蹤拳單練單器械套路，總的說是要充分體現其拳法訣理和習練原則，以及其威猛快速、隱含猝發、剛柔相濟、虛實互用、變化多端的風格特點。在這個前提之下，每一種器械又具體地側重體現自身的一些特點。

六合單刀是迷蹤拳中主要的單刀套路，講究陰陽、動靜、意氣、氣力、內外、身刀的協調配合。刀式古樸無華，注重實用；快速威猛，靈巧多變；開合起落，舒展大方。技法主要有劈、砍、刺、撩、削、剁、崩、挑等。

六合花槍是迷蹤拳花槍的主要套路之一。所謂六合，即心意相合、意氣相合、氣力相合、神形相合、內外相合、身槍相合。行槍走勢講究三不空，即心不空——心明身正；身不空——步活身靈；手不空——擰槍出槍有力。技法主要有扎、挑、劈、撩、點、纏等。

雙頭蛇屬於稀有器械，習練和實用難度較大，授習者古來不多。雙頭蛇以槍的兩端利刃技擊見長，具有扎前刺後、刺左扎右、首尾相顧、攻守相間、變化莫測之妙。習練者要求步法敏捷、身法靈活、槍法多變。技法主要有扎、撩、劈、掃、崩、掛、撥、挑等。

昆吾劍是迷蹤拳主要劍術套路之一。劍式古樸明快，注重實戰，攻中帶防、防中寓攻、攻守合一。行劍走勢輕靈快捷，舒展兼備，剛柔相濟，急緩得宜。技法主要有刺、撩、崩、掃、點、劈、削等。

青龍偃月刀是器械中的長、重器械，其刀法是三國時期關公之刀法，樸實無華，注重實用。招招勢勢非攻即防、防攻並舉；走勢行刀式急招險、招威式猛、大開大合、硬攔硬進、勢不可擋。習練者要有好的身法，身刀合一，方見神蹟。技法主要有劈、撩、斬、挑、抹、剁、拋、掃等。

行者棒是迷蹤拳中主要棍術套路，相傳是神話小說《西遊記》中孫悟空金箍棒之法，因孫悟空又名「行者」而得名。其特點是動作快速、招勢威猛、虛實陰陽、長短有變、棒法莫測、變化多端。上打叉花蓋頂、下打枯樹盤根；左打青龍擺尾、右打怪蟒翻身；前打猛虎攔路、後打鷂子翻身。技法主要有劈、砸、搗、攪、提、攔、點等二十法。

方天畫戟是古老的集矛戈為一體的一種兵器。隨著時代的發展和兵器的變化，習練戟者雖然逐漸減少，但由於戟的造型特殊、技法豐富、風格獨特，仍受到不少武術愛好者的青睞，作為一種稀有兵器流傳下來。方天畫戟的內容比較豐富，技法獨特，主要有叼、鑽、勾、按、刺、掃、提、拉、貼、靠等。特點也較鮮明：開合起落，舒展大方；動作嚴謹，靈活多變；剛柔並濟，形神齊備。

三節棍是迷蹤拳軟器械中的主要器械，習練者較普遍。三節棍在習練時既有大放大開、大掄大劈、放長擊遠，又有棍蓄並收、近身磕掛、短棍巧擊；既剛猛快速、棍式連貫、招險勢急，又靈巧多變、攻防有度、乾淨俐落。技法主要有劈、砸、磕、掛、撩、掃、點、打等。

梢子棍也叫長短棍、大小棍，是迷蹤拳中授習者較少、習練和使用難度較大的軟器械。梢子棍以雙手握大棍，主要以小棍技擊見長。技法主要有撩、掃、點、劈、砸、磕、掛、戳等。特點是棍式威猛凶狠，動作緊湊連貫，動若江河波濤滾滾向前、連綿不斷。技法靈活多變，長短結合，虛實轉換，指前打後，望左擊右，使對手難以招架，防不勝防。

樸刀是迷蹤拳中刀術套路之一。風格特點是招勢險、刀勢急、身法靈、技法巧、步法活、變化快。既大開大合、舒展兼備，又靈巧緊湊、節奏鮮明。技法主要有扎、劈、剁、撩、掃、斬、砍、挑等。

第三節　單練單器械套路的習練要求

迷蹤拳單練單器械的習練同徒手拳術習練一樣，有比較系統的方法和要求。習練者只有明確和掌握這些方法和要求，才會使習練收到事半功倍的效果。

嚴格地遵循迷蹤拳的拳理、拳法和原則，這是要明確的基本要求。習拳貴在明理、懂意，器械習練也不例外。

器械是拳術的一部分，二者同出一理，同遵一法。器械可有若干種，套路會有許多套，但不管多少種、多少套，都應以拳理、拳法和原則作指導，這是對器械習練最基本的要求。

迷蹤拳對這方面的要求是很嚴格的。單練單器械習練也必須做到：招招勢勢要明確含義，一刀一槍、一劍一棒要懂得用意，知道是「做什麼」和「為什麼」。這樣習練才能克服盲目性，使器械套路的精髓不失傳、不走樣、原汁原味地流傳下去。

習練中，體現好迷蹤拳獨特的身法、步法、手法的要求，也是很關鍵的一點。同別的拳種一樣，迷蹤拳有自己的獨特之處，習練時對身法、步法、手法有具體獨特的要求。這些特點和要求，是對拳術和器械共同而言的，在單練單器械中也必須要充分地體現。

迷蹤拳在習練時，對身法的要求是以腰為軸心，動便全身，肩膀、肘膝、手腳結合。單練單器械習練時也要有這樣的身法。迷蹤拳在行拳時，動作大開大合，重心大起大落。而且，動作要自然、圓潤、連貫，如行雲流水。對這種明顯的身法特點，在單練單器械習練中也要表現出來。蹬泥步和金絲套環步是迷蹤拳走行步獨特的步法。這種步法也要體現在單練單器械習練之中。

總之，迷蹤拳對身法、步法等獨特的要求，要始終貫穿於器械習練之中，達到拳術器械的和諧統一。

要使單練單器械習練收到理想的成效，還有一點是必須要注意的，這就是習練中要有真實感。所謂真實感，就是在習練時每招每勢、一舉一動都當成是與對手進行真實的對搏，而不能當成空對空的練習。這是虛中求實習練之法。迷蹤拳是以技擊實戰而著稱的，平時習練時要把技擊實戰的這種意識貫穿於習練的全過程。採用這種方法習練，易於集中精力，煥發神情，激發力量，達到動作的快速、威猛、準確、有力。長此以往，定會收到實實在在的效果。

第二章

迷蹤拳
單練單器械套路

第一節 六合單刀

動作名稱

預備勢

第一段

1. 飛燕穿林
2. 仙人指路
3. 天神下界
4. 臥龍伸腰
5. 遊龍纏身
6. 判官追魂
7. 巧取人頭
8. 翻身劈刀

第二段

9. 獅子回頭
10. 仙童托刀
11. 閻王奪命
12. 葉底翻花（左）
13. 葉底翻花（右）
14. 玉女舞花
15. 攔腰取水
16. 雄雞獨步

第三段

17. 飛龍翻舞
18. 金雞獨立
19. 餓獸偷食
20. 惡虎翻身
21. 驚馬回頭
22. 樵夫削柴（左）
23. 樵夫削柴（右）
24. 撥雲見日
25. 天兵顯威

第四段

26. 飛將闖營
27. 專諸刺僚
28. 走馬回頭
29. 轉身撩陰
30. 劈山斷石
31. 童子獻桃
32. 順水推舟
33. 老虎擺尾

第五段

34. 迎風撩海（右）
35. 迎風撩海（左）
36. 怪蟒出洞
37. 撥刀剁頂
38. 攔路斬妖（左）
39. 攔路斬妖（右）
40. 天兵守宮

第六段

41. 烈馬脫繮
42. 老君守爐
43. 猛獸奪食
44. 緊守天門
45. 飛將騙馬
46. 黃龍轉身
47. 雄獅回首
48. 跨馬劈刀
49. 葉底偷果
50. 退步刺刀
51. 穩守泰山

收　勢

動作圖解

預備勢

雙腳併步站立。左手抱刀，拇指、虎口按壓刀盤，食指、中指、無名指、小指托住刀盤，使刀身直立身體左側，刀背貼靠左臂，刀刃朝前，刀尖朝上；右手五指併攏，直臂自然下垂，貼於右大腿外側。目平視前方。（圖1）

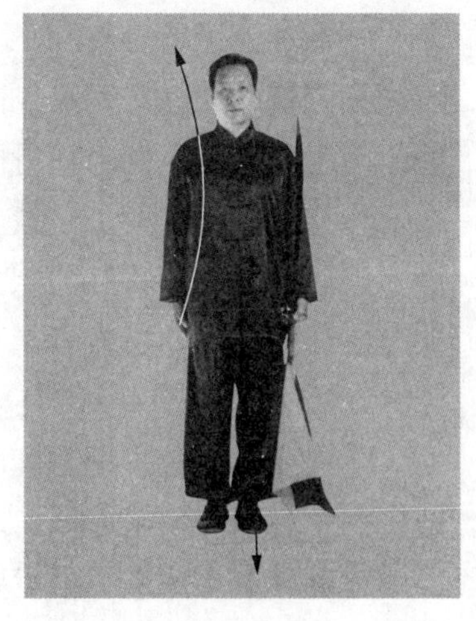

圖1

【要點】：要凝神靜氣，鬆弛自然。

第一段

1. 飛燕穿林

圖 2

①右掌由右大腿外側向上、向左、向前穿掌至頭上方，掌心朝上。左腳同時向前邁一步落地。目隨右掌。（圖2）

②上動不停。右掌向右、向下、向後、向左、向上畫圓在左臂裡穿掌後，繼續向右、向上至頭右前上方，臂伸直，掌指朝前上方，掌心斜向上；左手握刀柄，向後、向左、向前、向上、向右、向下在身前與右掌相穿後仍落至身體左側。與此同時，右腳向前跟步與左腳靠攏併齊。目視右掌。（圖3）

圖 3

【用途】：左手抱刀向前磕掛對手從前方攻來之械。

【要點】：穿掌、上步要一致。雙手相穿臂膀要充分伸展。

圖4

圖5

2.仙人指路

身體左轉，右腿站直，左腿屈膝上提身前，腳尖朝下，成右獨立步。隨著轉身提膝，右掌向下、向左、向前、向上弧形立於身前，肘微屈，屈腕挑指，掌指朝上，掌心朝左。目隨右掌。（圖4）

【用途】：此勢為待發勢，為攻或守做準備。

【要點】：轉身要靈活，提膝與屈腕挑指要同時。

3.天神下界

①左腳向前落地。目視前方。（圖5）

②右腳向前擺起，左腳蹬地跳起，身體騰空前跳，右腳落地，身體右轉，左腳向左落地，右腿屈膝全蹲，左腿平鋪伸直成左仆步。左手抱刀，仍立身體左側；右掌落於身體右

側。目視左方。（圖6）

【用途】：跳步追擊後退的對手。

【要點】：跳步要快速，落地要輕靈。

圖6

4.臥龍伸腰

①右掌、臂外旋，屈肘向左、向上於胸前在左臂裡（刀身）穿掌後向右上行至頭右前上方；左手握刀，刀柄向上、向右、向下用臂（刀身）於胸前與右掌相穿後落至身體左前下方，刀身仍直立。目視左方。（圖7）

圖7

圖8

②上動不停。身體左轉，重心前移；雙腿左屈右直成左弓步。在身體左轉的同時，左手握刀柄，直臂上抬身前，刀身平放左臂上，刀刃朝上，刀尖朝後；右掌變鉤手，直臂落至身後，鉤尖朝上。目視前方。（圖8）

【用途】：用刀刃向上迎擋對方從前方攻來之械。

【要點】：穿掌、轉身要柔和、自然。

圖9

5.遊龍纏身

①右手從身後向前接握刀柄。目隨右手。（圖9）

圖10

②以雙腳前掌為軸碾地，身體向右後轉，雙腿微屈膝。右手持刀，隨轉身向右平斬至身前，臂伸直，刀刃朝右；左手成掌，直臂立於身後，掌指朝上。目視刀尖。（圖10）

圖 11　　圖 12

③上動不停。左腳向前邁一步落地，雙腳以前掌為軸碾地，身體繼續向右後轉，雙腿微屈膝。右手持刀，隨轉身繼續向右平斬至身前，刀刃仍朝右；左手隨轉身擺至身後，掌指仍朝上。目視刀尖。（圖 11）

④上動不停。右腳後退一步落地，雙腿屈膝，左腳前掌著地成左虛步。同時，右手持刀臂外旋，從右肩外側向後、向左、向前裹腦纏繞，至身前時向身體右後下方拉刀，刀刃朝下，刀尖朝前；左手持刀纏繞向左、向前、向右弧形繞擺至右腋前，當右手拉刀時，屈腕立掌向身前推掌，肘微屈，掌心朝右，掌指朝上。目視左掌。（圖 12）

【用途】：掃斬四周欲攻我之對手，格擋對方從身後攻我中、上盤之械。

【要點】：轉身要輕靈敏快，掃斬刀、刀格擋要迅猛有力。

圖 13

圖 14

6. 判官追魂

①右手持刀，向上、向前、向下劈砍，刀刃朝下，刀尖朝前；左掌直臂擺至身後，掌指朝上，掌心朝後。在右手持刀向前劈砍的同時，右腳向前邁一步，腿即屈膝，左腿伸直。目視刀尖。（圖 13）

②上動不停。右手持刀，用刀背向左下磕掛後向前、向下劈砍，刀刃仍朝下；左掌從身後向前擺至右前臂左側。同時，左腳向前邁一步落地，左腿屈膝，右腿伸直。目隨刀尖。（圖 14）

③上動不停。右腳向前邁一步落地，右腿屈膝，左腿伸直。隨著右腳前邁步，右手持刀，用刀背向後磕掛後向前劈砍，刀尖斜朝前上，刀刃朝前，左掌抱於右掌指上。目視刀尖。（圖 15）

圖 15　　圖 16

【用途】：用刀撥攔對手從左、右前方攻來之械後，向前劈砍對方頭部。

【要點】：上步、磕劈刀要連貫、緊湊，並要快速有力。

7.巧取人頭

右手持刀，用刀背向右撥攔後向前推斬刀，刀刃斜朝左前方，刀尖朝右前方；左手屈掌、肘向上橫於頭上方，掌心朝上。左腳同時向前邁一步落地，左腿屈膝，右腿伸直。目視刀尖。（圖 16）

【用途】：用刀撥攔對手從前方攻我中、上盤之械後，即向前推斬對方脖頸部位。

【要點】：刀撥攔要有力，推斬要快速，要與上步同時進行。

8.翻身劈刀

圖 17

①雙腳以前掌為軸碾地，身體向右後轉，右腿屈膝，左腿伸直成右弓步。與此同時，右手持刀，向下、向前、向上反撩刀，臂伸直，掌心朝右，刀刃朝上，刀尖朝前；左掌直臂落於身後方，掌心朝下。目視刀刃。（圖 17）

圖 18

②上動不停。身體向右後翻轉，右腳向前邁一步落地，右腿屈膝，左腿蹬直成右弓步。與轉身上步同時，右手轉刀，向前、向下劈落，刀尖朝前，刀刃朝下；左掌屈肘，向上橫至頭上方，掌心朝上。目視前方。（圖 18）

【用途】：用刀撩擊、翻身劈砍欲攻我之對手襠部和頭部。

【要點】：轉身要急，要快，撩刀、劈刀要猛、要狠。

第二段

圖 19

9. 獅子回頭

以雙腳前掌為軸碾地，身體向左後轉，左腿屈膝半蹲，右腿蹬直，成左弓步。右手持刀，在轉身的同時向前直刺，刀尖朝前，刀刃朝下；左手擺至身體左側，臂伸直，掌指朝上，掌心朝左。目視刀尖。（圖 19）

【用途】：突然回身刀刺身後欲攻我之對手。

【要點】：轉身要突然急速，刺刀要猛、要有力。

10. 仙童托刀

身體重心後移，雙腿屈膝，左腳前掌著地成左虛步。與此同時，左掌擺至身前，肘微屈，虎口朝上，拇指朝右，餘四指朝左；右手持刀，臂外旋向後拉刀，屈肘，掌心朝上，刀背放於左手虎口之上，刀刃朝上，刀尖朝前。目視前方。（圖 20）

【用途】：定勢待發，為攻或守做準備。

圖20

圖21

【要點】：雙手抽托刀要輕、要快。

11.閻王奪命

①右腳墊步向前震腳落左腳處，左腳同時向前邁一步。目視前方。（圖21）

圖22

②上動不停。右腳快速向前邁一步落地，腿即屈膝，左腿蹬直，成右弓步。伴隨右腳前上步，右手持刀，向前猛力直刺，臂伸直，刀刃朝上，刀尖朝前；左手直臂擺至身體後方，掌指朝上，掌心朝後。目視刀尖。（圖22）

圖23

圖24

【用途】：先發制人，突然向前猛刺對方；後發制人，向左或右磕攔對方攻來之械後速前刺對手胸部。

【要點】：上步要疾，刺刀要猛、要狠、要有力。

12.葉底翻花（左）

①右手持刀臂內旋，用刀背向左後方撥掛；身體隨之左轉，雙腿微屈膝。目視刀尖。（圖23）

②上動不停。身體右轉，左腳向前邁一步，左腿屈膝，右腿蹬直。同時，右手持刀，向上、向前、向下劈落，刀刃朝下，刀尖朝前；左掌擺至身前平放刀柄之上，掌心朝下。目視刀尖。（圖24）

【用途】：用刀撥攔對方從左前方攻來之械後，即向前劈剁對方。

【要點】：刀撥攔、劈剁要快速有力，與轉身上步要協

圖25

圖26

調。

13.葉底翻花（右）

①右手持刀臂外旋，用刀背向右、向後磕掛；左手隨刀擺動；身體隨之右轉，雙腿微屈膝。目隨刀尖。（圖25）

②上動不停。身體左轉，右腳向前邁一步落地，右腿屈膝，左腿伸直。右手持刀，隨轉身上步向上、向前、向下劈落，刀刃朝下，刀尖朝前；左手隨刀擺動，仍平放刀柄上方，掌心朝下。目隨刀尖。（圖26）

【用途、要點】：同上。

14.玉女舞花

①身體左轉，雙腿微屈膝。右手持刀，先臂內旋，使刀背、刀尖向下、向左，後臂外旋向上、向右、向下翻舞一

圖 27

圖 28

周，手心、刀刃均朝上；左手擺至身體左側，臂伸直，掌指朝上，掌心朝左。目隨刀尖。（圖 27）

②上動不停。右手持刀，臂繼續外旋，使刀背、刀尖向下、向右，變臂內旋，使刀刃、刀尖向上、向左翻舞一周，刀刃朝下。目隨刀尖。（圖 28）

③上動不停。身體繼續左轉，雙腿微屈膝。右手持刀，重複上述兩個舞花動作，左掌仍至身體左側。目隨刀尖。（圖 29）

【用途】：左、右撥攔數個對手攻來之械。

圖 29

【要點】：刀舞花要快，要活，要有力。

圖 30

15. 攔腰取水

左腳後退一步，以雙腳前掌為軸碾地，身體向左後轉，右腳向前邁一步，右腿屈膝半蹲，左腿伸直成右弓步。隨著轉身上步，右手持刀，向左、向前平斬至身前，刀刃朝左，刀尖朝前；左掌屈肘橫於頭上方，掌心朝上。目視前方。（圖 30）

【用途】：急轉身掃斬左後方欲攻我之對手。

【要點】：轉身要快，刀掃斬要有力。

圖 31

16. 雄雞獨步

①左腳向前邁一步落地，以雙腳前掌為軸碾地，身體向右後轉，雙腿微屈膝。右手持刀臂內旋，使刀刃隨轉身向右、向前平掃斬至身前，臂伸直，刀刃朝右，刀尖朝前。目隨刀尖。（圖 31）

圖32

圖33

②上動不停。右腳後退一步落地，腿即站直，左腿屈膝上提身前，成右獨立步。在雙腿動作的同時，右手持刀臂外旋，屈肘從右肩外側向後、向左、向前裹腦纏繞，至身前時，向右後方拉刀，刀刃朝下，刀尖朝前；左掌隨刀向左、向前、向下、向右繞行右肩前，右手向後拉刀時，屈腕成立掌向身前推掌，肘微屈，掌心朝前，掌指朝上。目視前方。（圖32）

【用途】：掃斬四周欲攻我之對手。

【要點】：轉身要輕靈快捷，刀掃斬用力要足。

第三段

17.飛龍翻舞

①右手持刀臂內旋，使刀尖向上、向前、向下、向左穿

圖 34

圖 35

刺至身體左後側，刀尖朝左後上方；左掌隨刀穿刺擺至身體左側。同時，左腳向前落地，腳尖左擺，上身隨刀向左擰轉，雙腿微屈膝。目隨刀尖。（圖 33）

②上動不停。右手持刀臂外旋，使刀尖繼續向上、向右穿刺，刀刃朝上；左掌隨之擺至右前臂上方，掌心朝下。右腿屈膝上提身前，上身右轉。目隨刀尖。（圖 34）

③上動不停。右腳向前落地，腳尖右擺，雙腿微屈膝。右手持刀臂內旋，使刀尖繼續向下、向右穿刺至身體右後方，刀刃朝下，刀尖斜朝後上方；左掌隨之擺至右腋前，掌指朝上，掌心朝右；上身隨刀向右擰轉。目隨刀尖。（圖 35）

④上動不停。右手持刀，使刀尖繼續向上、向左、向前穿刺至頭前方，刀刃朝上。右腳前掌向左碾轉，身體左轉，左腳同時屈膝上提身前。目隨刀尖。（圖 36）

圖36

圖37

⑤上動不停。左腳向前落地，腳尖左轉，雙腿微屈膝。右手持刀臂外旋，使刀尖繼續向下、向左穿刺至身體左前方，刀刃朝下；左掌隨之擺至身體左側，掌指朝上；身體隨刀向左擰轉。目隨刀尖。（圖37）

【用途】：用刀撥掛對手從左右前方攻來之械後，即前刺其身。

【要點】：轉身、穿刺刀，要協調、輕快、柔和、有力。

18. 金雞獨立

上動不停。右腳向右跨一步落地，左腿屈膝上提身前，腳面繃平，腳尖朝下。與此同時，右手握刀臂外旋，繼續向上、向右直刺，臂伸直，刀刃朝上，刀尖朝右；左掌直臂向身體左側推掌，掌指朝上，掌心朝左。目視刀尖。（圖

38）

【用途】：用刀撥攔對方從右側攻來之械後，即右刺其身。

【要點】：刀撥攔要快速有力，刺刀要猛、要狠，刺刀要與左腿上提、左掌左推同時進行。

圖 38

19.餓獸偷食

①左腳向左落地。目視右方。（圖 39）

②上動不停。右腳墊步向左跳落左腳處，左腳同時向左邁一步，右腳隨即再向左邁步落於左腳右側，雙腿屈膝，右腳尖著地成右丁步。同時，

圖 39

右手持刀臂內旋，用刀背在身前向下、向左、向上磕掛至身體左前方，刀刃朝下。目視右方。（圖 40）

圖40

圖41

③上動不停。右腳向右邁一步落地，身體右轉。右手持刀臂內旋，向上、向前、向下劈落，刀尖朝前；左掌擺至頭上方。目視刀尖。（圖41）

④上動不停。左腳向前邁一步落地，身體右轉，雙腿微屈膝。右手持刀，繼續向下、向右掛撩至身右側，臂伸直，刀刃朝上；左掌隨轉身向下、向右擺落左胸前，掌心朝下。目視左方。（圖42）

⑤上動不停。右腳從左腳後向左插步，雙腿屈膝成偷步。同時，右手持刀臂外旋，向上、向左、向下弧形劈落至身體左前方，刀刃朝下；左掌隨之擺至身體左側，掌指朝上，掌心朝左。目視左方。（圖43）

【用途】：退步磕掛對手攻來之械後，即向前劈砍對方，對方後退時，追擊並連續劈砍其身。

【要點】：退步、上步、轉身要輕靈快捷，連續劈砍對

圖 42

圖 43

方要迅猛有力。

20. 惡虎翻身

雙腳以前掌為軸碾地，身體向右後翻轉，雙腿屈膝半蹲成馬步。伴隨轉身，右手持刀，向右前方劈落，刀刃朝下，刀尖朝前；左掌屈肘向上橫於頭上方，掌心朝上。目視刀尖。（圖44）

圖 44

【用途】：翻身劈砍欲攻我之對手。

【要點】：翻身要突然急速，劈刀要有力迅猛。

圖45

21.驚馬回頭

身體左轉，雙腿由馬步變左弓步。右手持刀，與左轉身同時用刀尖、刀刃先向下、向前撩刀，後向前扎刀，刀刃朝下，刀尖朝前；左掌仍至頭上方。目視刀尖。（圖45）

【用途】：用刀撩格對方從左方攻來之械後，即前扎對方胸、腹部位。

【要點】：撩扎刀要突然、有力、狠準。

22.樵夫削柴（左）

①右手持刀，使刀背在身體右側向下、向後磕掛，至身體右後方時，臂外旋，變刀刃朝上，即向上、向前、向下劈落至身體右前方。目隨刀尖。（圖46）

圖46

②上動不停。雙腳以前掌為軸碾地，身體向右後轉，左腳向前邁一步，左腿屈膝，右腿伸直。在轉身上步的同時，右手持刀臂內旋，向右、向前平削至身前，刀刃朝右，刀尖朝前；左掌隨轉身擺落右腕左側，掌指朝上，掌心朝右。目隨刀尖。（圖 47）

圖 47

【用途】：對方從右側持械攻我下盤時，我用刀磕攔後，即轉身削其頭部。

【要點】：轉身、刀磕掛、削砍要協調一致，用力要足，速度要快，要用身體整體之力。

23. 樵夫削柴（右）

圖 48

右手持刀臂外旋，向上、向後、向右，再向前、向左平削，刀刃朝左，刀尖朝前；左掌不變，隨右手擺動。在右手持刀向前平削的同時，右腳向前邁一步落地，右腿屈膝，左腿伸直。目隨刀尖。（圖 48）

圖49　　圖50

【用途】：對手持械從右前方攻我頭部，我用刀向右磕攔後，即向前削斬其頭部。

【要點】：削斬刀要快速有力，要與右腳上步同時進行。

24.撥雲見日

①右手持刀臂內旋，使掌心朝下，即向上崩刀至頭前方，刀刃朝右前方，刀尖朝左前方；左掌向左擺至左前方，掌心仍朝下。同時，右腳抬起後再震腳落地，左腿屈膝提起，至右小腿左側。目視刀尖。（圖49）

②上動不停。左腳向前落地，左腿屈膝，右腿伸直。右手持刀臂外旋，向身體左前方平斬，刀刃朝左後方，刀尖朝左前方；左掌、臂外旋，向右平擺至右肩前，掌心朝上。目視前方。（圖50）

圖 51

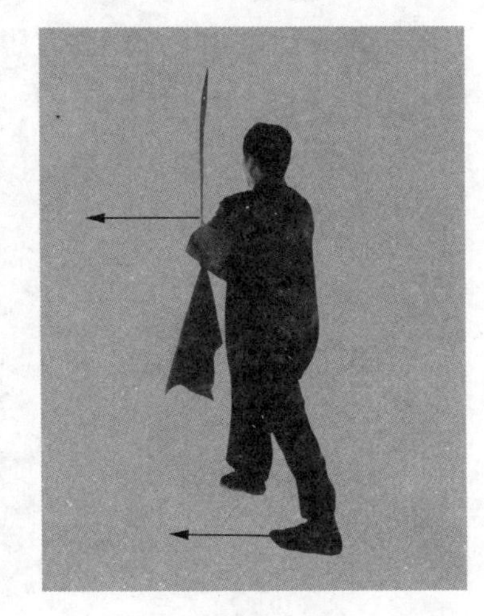

圖 52

【用途】：對手從前方持械攻我頭部時，我用刀崩磕後，即向前斬其脖頸部位。

【要點】：崩刀要用彈抖勁，崩刀後轉削斬要快速，並要有力。

25. 天兵顯威

①雙腳以前掌為軸碾地，身體向右後轉，雙腿微屈膝。伴隨轉身，右手持刀，向右、在右肩外側向後、向左、向前纏繞至左肩前；左掌立於右胸前。目視前方。（圖 51）

②右腳向右跨一步，身體右轉，右腿屈膝半蹲，左腿伸直，成右弓步。右手持刀，與跨步轉身同時，向右、向前、向上立於頭前上方，刀刃朝前，刀尖朝上；左掌於右手左側貼抱右掌指。目視左方。（圖 52）

【用途】：對手從身後持械攻我中、上盤時，我持刀裹腦磕掛後右轉身用刀削斬其身。

【要點】：轉身、纏繞刀要靈活、迅猛、有力。

圖 53

第四段

26. 飛將闖營

①左腳向左邁一步，身體左轉，左腿屈膝，右腿伸直。雙手持刀，右臂外旋，左臂內旋，向頭前上方迎擋，刀刃朝上，刀尖朝前上方。目視刀尖。（圖 53）

圖 54

②上動不停。右腳墊步向前震腳落左腳處，左腳同時向前邁一步，緊接著，右腳再向前邁一步落地，腿即屈膝，左腿伸直。隨著右腳前邁步，雙手持刀，向前、向下劈落。目視前方。（圖 54）

【用途】：雙手持刀向左上方迎擋對手從左方攻來之械

後，即向前劈砍對方頭部。

【要點】：轉身上步、跳步要疾，刀迎擋、前劈要狠、要有力，上步劈刀要一致，身刀一體。

圖 55

27. 專諸刺僚

①身體左轉，左腳向左邁半步。左掌隨之擺至右胸前。目視左方。（圖 55）

②上動不停。身體繼續左轉，右腳向前擺起，左腳蹬地跳起，身體騰空前跳。與此同時，右手持刀臂外旋，向前猛力直刺，臂伸直，刀刃朝上，刀尖朝前；左掌直臂向身後推掌，掌指朝上，掌心朝後。隨即，右腳向前落地，左腳向後落地，雙腿右屈左直成右弓步。目視刀尖。（圖 56）

圖 56

【用途】：轉身猛力直刺身後欲攻我之對手。

【要點】：轉身要突然，上步要急速，刺刀要猛、要狠，勁力要足。

圖 57

28. 走馬回頭

①以雙腳前掌為軸碾地，身體向左後轉，右腳向前邁一步，隨即屈膝，左腿伸直。在轉身上步的同時，右手持刀，向上、向前、向下弧形劈落，刀刃朝下；左掌隨轉身仍擺至身後，目視前方。（圖 57）

②上動不停。身體左轉，雙腿微屈膝。右手持刀臂外旋，在身前向下、向左撩刀。目隨刀尖。（圖 58）

圖 58

③上動不停。左腳從右腳後向右插步，雙腿屈膝。同時，右手持刀臂外旋，向上、向右、向下弧形劈落，臂伸直，刀刃朝下，刀尖朝右；左掌隨劈刀向右擺至右胸前，掌指

朝上，掌心朝右；上身向右擰轉。目視右方。（圖59）

圖59

【用途】：對方從身後攻我中、上盤時，我轉身上步磕攔其械，並用刀劈砍其身。

【要點】：轉身上步、磕攔刀劈刀要連貫一體，並要快速有力。

29.轉身撩陰

身體左轉，右腿屈膝，左腿伸直。右手持刀，隨轉身向下、向前、向上弧形撩擊，刀刃朝上，刀尖朝前；左掌隨轉身擺至身體後方。目視刀尖。（圖60）

圖60

【用途】：對手從左方持械攻我頭部時，我頭右躲閃的同時，轉身用刀撩其襠部。

【要點】：轉身要疾，撩刀要猛，兩個動作要同時進行。

圖 61

圖 62

30. 劈山斷石

以雙腳前掌為軸碾地，身體向左後轉，右腳向前邁一步，腿即屈膝，左腿伸直。隨著轉身上步，右手持刀，向上、向前、向下弧形劈落，刀尖朝前，刀刃朝下；左掌屈肘向上橫於頭上方，掌心朝上。目視前方。（圖 61）

【用途】：急轉身劈砍身後欲攻我之對手。

【要點】：轉身上步要突然快速，劈刀要有力量。

31. 童子獻桃

①以雙腳前掌為軸碾地，身體向左後轉，雙腿微屈膝。右手持刀臂內旋，向左纏頭繞行至左肩外側，刀尖朝下；左掌隨轉身擺落右胸前，掌指朝上。目視前方。（圖 62）

②上動不停。身體繼續向左後轉，左腳向前邁一步落

圖63

圖64

地，雙腿屈膝成右跪膝步。與此同時，右手持刀，從左肩外側繼續向後、向右、向前纏頭繞行，至身前時，橫於頭前上方，刀刃朝上，刀尖朝左；左掌隨身擺動，當橫刀時，屈肘用掌指背托架刀背。目視刀身中段。（圖63）

【用途】：纏頭是迷蹤拳單刀中基本刀法之一，用於磕攔對方從前、左、後攻來之械。

【要點】：轉身要輕靈快速，刀纏頭繞行要擦肩、擦背，並要迅捷有力。

32.順水推舟

身體稍起，雙腿由右跪膝步變左弓步。同時，左掌、臂外旋，掌心朝上，拇指、食指捏住刀背，雙手一起向前直臂平推刀，刀刃朝前。目視刀身中段。（圖64）

【用途】：可與上個動作連結使用，用刀向上迎擋對方前攻來之械後即向前推斬對方手臂。

【要點】：起身要快，前推刀要用全身整體之力。

圖65

33. 老虎撅尾

①身體右轉，雙腿微屈膝。同時，右手持刀，向右後方砍撩；左掌擺至身體左上方。目隨刀尖。（圖65）

②上動不停。身體繼續右轉，右腳向後退一步，左腿屈膝，右腿伸直成左弓步。在轉身退步的同時，右手持刀，先外旋後內旋，向身體右後上方反撩刀，刀刃朝上；左掌隨轉身直臂擺至身前，掌指朝上，掌心朝前。頭右後轉，目視刀尖。（圖66）

圖66

【用途】：對方從身後持械攻我時，我身右

轉用刀磕攔其械後，撩其襠部。

【要點】：轉身要急速突然，磕撩刀要連貫，要快速，要力足。

第五段

34.迎風撩海（右）

圖67

①頭左擺正，右腳向前邁一步落地。右手持刀臂外旋，同時向下、向前撩刀至前下方。目視前方。（圖67）

②上動不停。右手持刀繼續向上撩刀至頭右前上方，刀刃朝上，刀尖朝前上方；左掌仍擺至身體後方。同時，身體微左轉，左腳向前踹步，腿屈膝，腳離地。目隨刀尖。（圖68）

圖68

【用途】：對方持械從前方攻我時，我用刀向前磕攔的同時，順勢撩擊其手臂及身體。

【要點】：撩刀與上步要同時進行，要用全身之力，要快、要猛、要狠。

圖69

35. 迎風撩海（左）

①上動不停。左腳向後落步，身體左轉，右腳向左趟步，腳離地，腿屈膝。右手持刀，與右腳向左趟步同時向上、向左、向下劈落至身體左側，刀刃朝下，左掌擺至身體左側。目視右方。（圖69）

②上動不停。右腳向右落步，身體右轉，左腳向前邁一步。右手持刀臂內旋，隨之向下、向前撩擊至身體左前下方，隨即，右手持刀，繼續向上撩擊至頭左前上方，刀刃朝上，刀尖朝前上方；左掌隨之前擺至身體左前方；身體微右轉，右腳向前趟步，腿屈膝，腳離地。目隨刀尖。（圖70）

圖70

【用途、要點】：同上。

36. 怪蟒出洞

①上動不停。右腳向後落步，身體右轉，左腳向右趟

步，腳離地，腿屈膝。右手持刀，隨著轉身向上、向右、向下劈落至身體右方，刀刃朝下；左掌隨刀劈落向上、向右、向下擺落至右胸前，掌指朝上。目視左方。（圖 71）

圖 71

②上動不停。左腳向左落步，身體左轉，右腳向前擺起，左腳蹬地跳起，身體騰空前跳。右手持刀，隨身前跳向下、向前、向上撩刺刀，刀刃朝上，刀尖斜朝前上方；左掌直臂擺至身體後方，掌指朝上。緊接著，右腳向前落地，左腳向後落地，雙腿右屈左直成右弓步。目視刀尖。（圖 72）

圖 72

【用途】：對手從左方持械攻我中盤時，我身體左轉上右步，用刀向上撩擋後，即用刀向前猛刺對方頭部。

【要點】：轉身前跳步要疾速、輕快，撩刺刀要迅猛、有力、準狠。

37. 撥刀剁頂

圖 73

右手持刀，向下、向右、向後撥攔刀後，臂內旋，向上、向前、向下剁刀，刀刃朝下，刀尖朝前；左掌由身後向前屈肘擺至頭上方，掌心朝上。雙腳同時前滑步，仍成右弓步。目視刀尖。（圖 73）

【用途】：對方持械從右前方攻我上盤時，我用刀向下磕掛後，向前剁其頭部。

【要點】：刀撥掛與前剁頂要連貫緊湊，並要快速有力。

38. 攔路斬妖（左）

左腳向左前方邁一步落地，右腳前跟步，雙腿屈膝成右跪膝步。同時，右手持刀臂外旋，向左前下方推斬，刀刃朝左前方，刀尖朝右前方；左掌向下平放至右腕上方，掌心朝下。目視刀身中段。（圖 74）

【用途】：對手持械從前方攻我頭部時，我下蹲躲閃的同時，刀向前攔斬其腿部。

圖 74

圖 75

【要點】：下蹲躲閃要快，推斬刀要有力。

39. 攔路斬妖（右）

右腳向右前方邁一步落地，左腳前跟步，雙腿屈膝成左跪膝步。右手持刀臂內旋，向右前下方推斬，刀刃朝右前方，刀尖朝左前方；左掌隨之仍至右腕之上，掌心仍朝下。目視右前下方。（圖 75）

【用途、要點】：同上。

40. 天兵守宮

①身起，左腳向前邁一步落地，以雙腳前掌為軸碾地，身體向右後轉，雙腿微屈膝。隨轉身，右手持刀臂外旋，向右擺至身前，刀刃朝左，刀尖斜朝前方；左掌屈肘擺身前，掌心朝下。目視前方。（圖 76）

圖 76

圖 77

②上動不停。右腳向後退一步，雙腿屈膝，左腳前掌著地成左虛步。與此同時，右手持刀，在右肩外側向後、向左、向前裹腦纏繞，至身前時向右後下方拉刀，刀刃朝下；左掌隨刀右擺右腋前，當右手向後拉刀時，向身前推掌，掌指朝上，掌心朝右。目視前方。（圖 77）

【用途】：裹腦是迷蹤拳單刀主要刀法之一，主要用於格擋對手從右側、後側攻來之械，並順勢砍其身。

【要點】：刀裹腦要擦肩、擦背，要柔和、敏捷、有力。

第六段

41. 烈馬脫韁

①身體右轉 45°，右腳向前墊步震腳落地，左腳同時向

圖78

圖79

前邁一步落地，雙腿微屈膝。目視前方。（圖78）

②上動不停。右腳向前邁一步落地，雙腿微屈膝。右手持刀臂內旋，向前、向左纏頭至左肩外側，刀刃朝左，刀尖朝下；左掌擺至身體左前方，掌指朝上。目視前方。（圖79）

③上動不停。左腳向前邁一步落地，腳尖左擺，上身微左轉，雙腿微屈膝。右手持刀，從左肩外側繼續向後、向右、向前纏頭繞行至身前，刀刃朝前，刀尖朝下；左掌向右屈肘擺至右胸前，掌指朝上。目視前方。（圖80）

圖80

④上動不停。身體左轉，右腳

向前邁一步落地，雙腿微屈膝。右手持刀，向左、向後纏頭繞行至左肩外側，刀刃朝左；左掌向左擺至身體左前方，掌指朝上。目視右方。（圖81）

圖81

⑤上動不停。左腳向前邁一步落地，腳尖左擺，身體微左轉，雙腿微屈膝。右手持刀，從左肩外側繼續向後、向右、向前纏頭繞行至身前，刀刃朝前；左掌向右屈肘擺至右胸前，掌指朝上。目視右方。（圖82）

圖82

⑥上動不停。身體左轉，右腳向前邁一步落地，雙腿微屈膝。右手持刀，向左、向後纏頭繞行至左肩外側，刀刃朝左；左掌隨之向左擺至身體左前方，掌指朝上。目視右方。（圖83）

⑦上動不停。左腳向前邁一步，腳尖右擺。右手持刀，從左肩外側繼續向後、向右、向前纏頭繞行至身前；左掌向右屈肘擺落右胸前。目視右方。（圖84）

【用途】：用刀纏頭磕擋對手從四周攻我中、上盤之械，並順勢削砍對方身體。

圖83

圖84

【要點】：走行步時身體要下沉，腳要向後蹬泥翻蹶，走迷蹤拳的蹬泥步。刀纏頭時上身要活，雙手要協調，刀背擦肩、擦背繞行，要輕靈快速。

圖85

42.老君守爐

上動不停。身體右轉，右腳跟步靠攏左腳，雙腿屈膝，右腳尖著地成右丁步。同時，右手持刀臂外旋，向身體左側平斬，刀刃朝後，刀尖朝左；左掌繼續向右立於右肩前，掌指朝上，掌心朝右。目視右方。（圖85）

【用途】：定勢待發，為攻或守做準備。

【要點】：轉身、跟步、左斬刀要同時進行。

43. 猛獸奪食

圖 86

右腳向右跨一步落地，左腳墊步跳落右腳處，右腳同時再向右跨一步。身體右轉，右腿屈膝，左腿伸直。在雙腳動作的同時，右手持刀，向右、向前平斬，臂伸直，刀刃朝右，刀尖朝前；左掌直臂擺至身體左側，掌指朝上。目視刀尖。（圖 86）

【用途】：先發制人，疾步削斬右方欲攻我之對手。

【要點】：跳步要輕靈快捷，削斬刀要有力量。

44. 緊守天門

右腳向後退一步落地，雙腿屈膝，左腳前掌著地成左虛步。右手持刀臂外旋，在右肩外側向後、向左、向前裹腦繞行，至身前時向右後方拉刀，刀刃朝下；左掌隨刀繞行向前、向右擺至右腋前，右手拉刀時，向身前推掌，掌心朝右，掌指朝上。目視前方。（圖 87）

【用途】：定勢待發。

【要點】：退步要輕靈，刀裹腦要柔和快速，兩個動作

圖 87

圖 88

要協調一體。

45. 飛將騙馬

①右腳向前邁一步落地，腿微屈膝。右手持刀，向後、向上、向前、向下弧形劈落，刀刃朝下；左掌向後擺至身體後方。目視刀尖。（圖 88）

圖 89

②上動不停。身體左轉，雙腿屈膝成馬步。右手持刀，向右後方斬刀，刀刃朝右下方，刀尖朝右方；左掌屈肘向上橫於頭上方，掌心朝上。目視刀尖。（圖 89）

【用途】：對手從前方持械攻我時，我用刀向左、向下磕攔後，順勢向右砍其臂身。

【要點】：刀磕攔、斬砍要連貫、緊湊，連攔帶砍，並且速度要快，力量要足。

圖 90

46. 黃龍轉身

以雙腳前掌為軸碾地，身體向左翻轉 270°，左腳向前邁一步落地，腿即屈膝，右腿伸直。右手持刀，身體左轉時，向左、向上撩刀，刀刃朝上；左腳向前邁步時，向前、向下劈刀，刀刃朝下，刀尖朝前；左掌隨身擺動，在右手向下劈刀時，屈肘立於右胸前，掌指朝上。目視刀尖。（圖 90）

【用途】：左轉身躲過對手攻來之械，同時，刀劈其頭部。

【要點】：轉身要疾速、突然，劈刀要猛、要有力。

47. 雄獅回首

身體右轉，雙腿屈膝半蹲成馬步。右手持刀，隨轉身臂內旋，向上、向右、向下弧形劈落，刀刃朝下，刀尖朝右；左掌屈肘橫於頭上方，掌心朝上。目視刀尖。（圖 91）

【用途】：轉身劈剁右側欲攻我之對手。

【要點】：轉身要突然疾速，劈刀要猛、要狠，要用全身之力。

圖 91

48.跨馬劈刀

①身體左轉，右腳向前擺起，左腳向上跳起，身體騰空前跳。與此同時，右手持刀，先向左、後向右磕掛；左掌擺至身體左側。目隨刀尖。（圖 92）

圖 92

②上動不停。左右腳先後依次落地，左腿屈膝，右腿蹬直，成左弓步。右手持刀，向上、向前、向下猛力劈刀，臂伸直，刀刃朝下，刀尖朝前；左掌屈肘橫於頭上方，掌心朝上。目隨刀尖。（圖 93）

【用途】：對手從前方持械攻我中、上盤時，我用刀向左或右撥攔後向前劈砍對方頭部，對手後退時，跳步追劈之。

【要點】：跳步要輕快，刀磕掛要有力，前劈刀要迅猛、狠準。

圖 93

49.葉底偷果

①右腳向前邁一步落地，腿微屈膝。右手持刀屈腕，使刀尖向上崩挑，刀尖朝前上方。目視刀尖。（圖 94）

圖 94

②上動不停。身體左轉，左腳從右腳後向右插步，雙腿屈膝成偷步。同時，右手持刀臂內旋，向下、向右平斬，刀刃朝後，刀尖朝右；左掌直臂擺至身體左側，掌指朝上。目視刀尖。（圖 95）

【用途】：用刀向上崩挑對方攻來之械後，即上步推刀

圖 95

斬其身。

【要點】：崩刀要用彈勁，推斬刀要用全身之力。

50. 退步刺刀

圖 96

身體左轉，右腳後退一步落地，左腿屈膝，右腿伸直。與此同時，右手持刀，向前猛力直刺，刀刃朝下，刀尖朝前；左掌屈肘橫至頭上方，掌心朝上。目視刀尖。（圖 96）

【用途】：對方從左側持械攻我時，我轉身後退躲閃的同時，用刀前刺對方胸部。

【要點】：轉身退步要疾速，刺刀要有力。

51.穩守泰山

圖 97

左腳後退一步，右腳隨即向後退一步，雙腿屈膝，左腳前掌著地成左虛步。在雙腳後退步的同時，右手持刀臂外旋，從右肩外側向後、向左、向前裹腦繞行，至身前時，向右後方拉刀，刀刃朝下；左掌隨之向右、向後擺至右胸前，右手拉刀時，向身前推掌，掌指朝上，掌心朝右。目視前方。（圖 97）

【用途】：退步定勢待發，可攻可守。

【要點】：退步、裹腦要同時進行。

收勢

①右腳向前邁一步落地，右腿屈膝，左腿伸直。右手持刀臂外旋，向前、向左平斬至左前方，刀刃朝左後方；左掌直臂擺至身體後方，掌指朝上。目視刀尖。（圖 98）

②右腳後退一步；右手持刀臂外旋，從右肩外側向後、向左、向前纏繞，至左胸前時，使刀身直立，刀尖朝上；左掌隨身擺動，當右手直立刀時，接握刀柄。隨即，身體右轉，左腳向右腳靠攏併齊；左手握刀柄，立身體左側；右掌

圖 98

圖 99

圖 100

屈肘向上橫於頭上方，掌心朝上。目視左方。（圖 99）

③右掌向下直臂貼於右大腿外側。頭右轉正，目視前方。（圖 100）

第二節 六合花槍

動作名稱

預備勢

第一段

1. 提槍上陣
2. 飛龍入海
3. 青龍吐鬚
4. 餓虎闖群
5. 惡虎攔路
6. 橫掃千軍
7. 左舞花槍
8. 右舞花槍
9. 蛟龍轉身
10. 白蛇吐信

第二段

11. 左舞花槍
12. 右舞花槍
13. 蘇秦背劍
14. 漢王挑石
15. 怪蟒翻身
16. 崩槍刺喉（左）
17. 崩槍刺喉（右）
18. 撥草尋蛇
19. 挑槍驚天

第三段

20. 獨龍回首
21. 青龍吐鬚
22. 靈猿跳澗
23. 金蛇纏身
24. 二郎擔山
25. 獨槍破陣
26. 雄鷹獨立
27. 青龍甩尾

第四段

28. 怪蟒盤枝
29. 金雞點頭
30. 槍挑梁王
31. 餓豹捕食

32. 一槍獨占（左）
33. 懷中抱月
34. 一槍獨占（右）
35. 回馬殺槍

第五段

36. 仙童舞花（左）
37. 仙童舞花（右）
38. 遊龍盤身
39. 金槍繞喉
40. 金龍吐鬚
41. 拙童撩槍（右）
42. 拙童撩槍（左）
43. 天神降妖

第六段

44. 平地插香
45. 地神趟腳
46. 右舞花槍
47. 左舞花槍
48. 追風趕月
49. 偷襲山門
50. 緊閉三關
51. 獨闖營寨
52. 浪子行步
53. 青龍出水
54. 仙人歸洞

收　勢

動作圖解

預備勢

雙腳併步站立；右手握槍身，立於身體右側，把端落於地面；左手五指併攏，下貼靠左大腿外側。目平視前方。（圖1）

圖1

第一段

1. 提槍上陣

右手握緊槍身，上提前送，使槍立於身體右前方，把端離地面約 30 公分，肘彎曲。目視槍尖。（圖 2）

【用途】：向前推槍身，格擋對方從右前方攻來之械。

【要點】：提槍推送要快速有力。

2. 飛龍入海

①左手向前、向上、向右接握槍身前段，肘微屈；右手向下、向右滑握槍身後段，臂伸直。在雙手動作的同時，右腳向前邁一步，膝微屈。目視左方。（圖 3）

②上動不停。右手上提槍把，左手下按槍身，用槍尖向下、向左、向上撥挑後，向前、向

圖 2

圖 3

圖4

下劈落，左手後滑握，左掌心朝上，右掌心朝下。與此同時，身體左轉，左腳向前邁一步，雙腿屈膝，左腳前腳掌著地，成左虛步。目隨槍尖。（圖4）

【用途】：撥攔對方左攻來之械，並劈對方頭部。

【要點】：撥槍、劈槍與轉身上步動作要連貫一體。

3.青龍吐鬚

①右手向後抽把，左手向前滑握，並上提槍身，使槍身與胸平高，隨即，右手內旋向上翻腕，左手外旋向上翻腕，使槍尖向左、向上、向下繞畫約30公分半圓（簡稱：攔槍）。目視槍尖。（圖5）

②右手外旋，向下翻腕，左手內旋，向下翻腕，使槍尖向右、向上、向下繞畫約30公分半圓（簡稱：拿槍）。目隨槍尖。（圖6）

圖 5

圖 6

③右手用力向前平推槍，臂伸直，左手向後滑握（簡稱：中平扎槍）。同時，右腳向前邁一步，雙腿屈膝，右腳尖著地，成右虛步。目隨槍尖。（圖 7）

【用途】：攔拿對手前攻來之械後前扎其身。

【要點】：攔拿槍動作要用身體整體之力，並與前扎槍

圖7

圖8

動作要連貫緊湊，不可間斷。

4.餓虎闖群

①左腳向前邁一步。同時，雙手持槍，做攔槍動作。目隨槍尖。（圖8）

圖 9

圖 10

②右腳向前提起，左腳蹬地跳起，身體騰空前跳。在空中，雙手握槍，做拿槍動作。目視槍尖。（圖 9）

③右腳先落地，左腳向前落地，上身右轉，雙腿屈膝半蹲。目視左方。（圖 10）

圖11

④身體左轉，左腿屈膝半蹲，右腿蹬直，成左弓步。與此同時，右手用力向前中平扎槍；左手後滑握。目視槍尖。（圖11）

【用途】：跳步攔拿對手攻來之械，追刺後退之對手。

【要點】：跳步、攔拿槍、扎槍動作要連貫一體，快速有力。

5. 惡虎攔路

右腳向左前方上一步，身體右轉，右腿屈膝半蹲，左腿伸直成右弓步。同時，右手向後抽把並上提，左手向前滑握，雙手握槍，使槍身直立推至身前，槍尖朝下。目視前方。（圖12）

圖12

圖13

【用途】：攔擋對方右攻來之械。

【要點】：上步、轉身、推槍要同時進行，並要有力。

6. 橫掃千軍

①雙手握槍，向上、向左掄掃至頭前上方，槍尖斜朝上方。同時，左腳向左前方邁一步，上身左轉。目隨槍尖。（圖13）

②上動不停。右腳隨即向前邁一步，身體左轉，右腿屈膝半蹲，左腿伸直。雙手握槍，繼續向左掄掃，當槍頭掃至身體左方時，右手向右抽提槍，左手向左滑握，使槍身橫架於頭上方，槍尖斜向左下，左手心朝上，右手心朝前。目視前方。（圖14）

【用途】：槍掃四周之對手，並上架對方攻來之械。

【要點】：上步轉身要靈活，掃槍要有力，兩個動作要協調，槍身一體。

7. 左舞花槍

身體右轉，左腳向前邁一步。同時，雙手握槍，使槍頭在身體左側向上、向前舞花半周。目視槍尖。（圖15）

【用途】：用槍柄向下撥打對手攻來之械，用槍頭劈打

圖14

圖15

其頭部。

【要點】：槍撥掛劈打要連貫有力。

圖16

8.右舞花槍

上動不停。身體右轉。隨著轉身，雙手握槍，使槍頭繼續在身體右側向下、向右、向上、向左舞花一周。目隨槍頭。（圖16）

【用途】：用槍頭磕打對手從右前方攻來之械，並用槍把和槍頭連續劈打對方頭部。

【要點】：槍舞花要快速有力，身體要柔和協調，達到身槍一體。

9.蛟龍轉身

①身體右轉，右腳向後退一步，雙腿屈膝半蹲。與轉身退步同時，雙手握槍，使槍頭從身體左側向前至槍身平端於胸前。目隨槍尖。（圖17）

②上動不停。身體微左轉，左腿屈膝半蹲，右腿蹬直，

圖17

圖18

成左弓步。同時，右手用力向前中平扎槍，左手後滑握。目視槍尖。（圖18）

【用途】：突然轉身刺身後之對手。

【要點】：轉身要急，刺槍要快，要有力。

圖19

圖20

10. 白蛇吐信

①左腳向後退一步落地。隨著左腳後退步，雙手握槍，做攔槍動作。目隨槍尖。（圖19）

圖21

②右腳緊接著向後退一步落地，雙腿屈膝半蹲。雙手握槍，做拿槍動作。目視槍尖。（圖20）

③身體微左轉，雙腿左屈右直成左弓步。右手用力向前中平扎槍；左手後滑握。目視槍尖。（圖21）

【用途】：退步攔拿對手攻來之械並前刺其身。

【要點】：攔拿刺槍要快速有力，並要與後退步同時進行。

第二段

11.左舞花槍

右手向後抽把，左手向前滑握；右腳向前邁一步，上身左轉。雙手握槍，用槍尖從身體左側向下、向後、向上、向前舞花一周。目隨槍尖。（圖22）

圖22

【用途】：對方持械從左前方攻我時，我用槍把磕砸其械後，用槍頭劈打其頭部。

【要點】：磕砸、劈打要緊湊，不可脫節。

12.右舞花槍

上動不停。左腳向前邁一步落地，上身右轉。雙手握槍，使槍尖繼續向下、向後、向上、向前舞花一周。目隨槍尖。（圖23）

【用途、要點】：同動作8。

13.蘇秦背劍

上動不停。雙手握槍，使槍頭繼續向下、向後、向上舞花至身後，右手握槍身背於身後，槍尖朝上；左手成掌，經臉前向上屈肘橫於頭前上方，掌心朝前。同時，左腿微屈

圖 23

膝，右腿屈膝，右腳尖著地。目視前方。（圖 24）

【用途】：同上。

【要點】：槍舞花要靈活快速。

圖 24

14. 漢王挑石

①右腳向前跟半步，仍腳尖著地。右手握槍，使槍把從身體右側向前、向上繞行至身體右前方；左手從頭前上方向下落至胸前。目視前方。（圖 25）

圖 25

圖 26

②上動不停。右腳全腳掌震腳落地，左腳同時向前邁一步，雙腿微屈膝。右手握槍，使槍尖從身體右側向下、向前、向上繞行至身前；左手接握槍身前段。目視槍尖。（圖26）

圖 27

③隨即，右腳向前邁一步落地，身體左轉，雙腿屈膝半蹲成馬步。在右腳上步的同時，雙手握槍，向身體右側挑把，槍身橫於身前，槍把朝右，右手心朝下，左手心朝上。目隨槍把。（圖 27）

【用途】：對手從前方持械攻我時，我用槍尖向上迎磕，用槍把挑擊對方的襠部。

【要點】：挑把與上步要同時進行，要用爆發力。

15. 怪蟒翻身

以雙腳前掌為軸碾地，身體向左後翻轉，左腳向左上一步。雙手握槍，隨身轉動。緊接著，身體繼續左轉，左腿屈膝半蹲，右腿蹬直成左弓步。右手握槍把，用力向前中平扎槍，左手後滑握。目視槍尖。（圖 28）

【用途】：突然轉身刺身後欲攻我之對手。

【要點】：轉身要急，上步要快，刺槍要猛。

圖28

圖29

16.崩槍刺喉（左）

①右腳向左腳前邁一步落地，身體左轉，雙腿屈膝，右腳尖著地成右丁步。隨著上步轉身，雙手握槍，向前、向

圖 30

左、向上崩槍，槍身橫於右前方，槍頭朝右，雙前臂交叉，左手心朝下，右手心朝上。目視右方。（圖 29）

②身體右轉，右腳向前邁一步落地，右腿屈膝半蹲，左腿蹬直成右弓步。與轉身上步同時，雙手握槍，向前做中平扎槍動作。目視槍尖。（圖 30）

【用途】：對手從左前方持械攻我時，我用槍身向左、向上崩磕後，即右轉身刺對方喉部。

【要點】：崩槍、轉身、刺槍要連貫，不能脫節，一崩即刺。崩槍要用爆發力，刺槍速度要快。

17. 崩槍刺喉（右）

①左腳向右腳前邁一步，身體右轉，雙腿屈膝，左腳尖著地成左丁步。與此同時，雙手握槍，向前、向右、向上崩槍，槍身橫於左前方，槍尖朝左，左手心朝上，右手心朝下。目視左方。（圖 31）

圖 31

圖 32

②身體左轉，左腳向前邁一步落地，雙腿左屈右直成左弓步。伴隨轉身上步，雙手握槍，向前做中平扎槍動作。目視槍尖。（圖 32）

【用途】：用槍身崩擋對手從右前方攻來之械後，即左轉身前刺對方的喉部。

【要點】：同上。

圖 33

18.撥草尋蛇

①右腳從左腳左側向前邁一步，雙腿微屈膝。右手向後抽把並上提，左手前滑握下按槍身，使槍尖斜向下接近地面。目視槍尖。（圖 33）

②上動不停。雙手握槍，用槍尖先向左撥直徑約 30 公分，後向右撥直徑 30 公分。目隨槍尖。（圖 34）

圖 34

③左腳向前邁一步落地，雙腿微屈膝。隨左腳前邁步，雙手握槍前移，槍尖仍接近地面。目視前方。（圖 35）

④上動不停。雙手握槍，用槍尖先向左撥直徑約 30 公

圖 35

分，後向右撥直徑約 30 公分。目隨槍尖。（圖 36）

【用途】：用槍連續撥攔對手從前方攻我下盤之器械。

【要點】：撥槍要快速有力。

圖 36

19. 挑槍驚天

右腳向前邁一步落地。雙手握槍，用槍尖向前、向下接近地面處刺後向上挑至頭前上方，左臂伸直，右臂屈肘。目視槍尖。（圖 37）

【用途】：可與上個動作連用，用槍尖撥攔對方從前方攻我下盤之械後，即上挑其頭部。

【要點】：挑槍要快、要猛、要有力。

圖 37

第三段

20.獨龍回首

身體左轉，右腿站直，左腳向右上方擺起。同時，右手後抽上抬把，左手前滑握，雙手握槍，向左下方扎槍。目視槍尖。（圖38）

圖 38

圖 39

【用途】：左腳前擺躲閃對方從後方攻來之械後，左轉身回槍刺對方下盤。

【要點】：擺腳、回身刺槍要快速有力。

21. 青龍吐鬚

①左腳向左落步，身體微左轉，雙腿微屈膝。右手後抽並下壓把，左手上托槍身，使槍與胸平高，隨即雙手握槍，做攔槍動作。目隨槍尖。（圖 39）

②緊接著，雙手握槍，做拿槍動作。目隨槍尖。（圖 40）

③身體左轉，左腿屈膝半蹲，右腿蹬直成左弓步。同時，雙手握槍，向前做中平扎槍動作。目視槍尖。（圖 41）

【用途】：攔拿對手從左前方或右前方攻來之械後，前刺其身。

圖 40

圖 41

【要點】：攔拿槍、刺槍速度要快，力量要足。攔拿槍與刺槍要緊湊，一攔即刺。

22.靈猿跳澗

圖 42

①右腳向前擺起。同時，雙手握槍，做攔槍動作。目視槍尖。（圖 42）

②上動不停。左腳蹬地跳起，身體騰空。在空中，雙手握槍，做拿槍動作。目隨槍尖。（圖 43）

圖 43

③右腳先落地，左腳向前落地，上身右轉，雙腿屈膝半蹲。目視左方。（圖 44）

④身體左轉，左腿屈膝半蹲，右腿蹬直成左弓步。在雙腳動作的同時，右手用力向前推槍，左手後滑握。目視槍尖。（圖 45）

【用途】：跳步用槍尖攔拿對手從前方攻來之械，追刺後退之對手。

圖 44

圖 45

【要點】：跳步、攔拿槍、扎槍要連貫，要迅猛有力。

23. 金蛇纏身

①身體右轉，右腿屈膝半蹲，左腳向右趟撩，腿屈膝，

圖 46

腳離地。右臂內旋，向右抽把，手心握托把端；左手向左滑握槍身前段。目視左方。（圖 46）

②上動不停。右手用手心部位向左推把至胸前後，臂內旋，向下翻腕，使手心朝上反握把端；左手隨之滑握槍身。在右手向左推把的同時，左腳向左落步，腿即屈膝；右腳向左蹓撩，腳離地，腿屈膝。目隨槍尖。（圖 47）

③上動不停。右手托握把端，向上至頭右前上方，左手隨之向左、向上滑握，使槍身抬至頭上方；緊接著，右手握把端臂外旋，向身右後下方降落，左手握槍身前段，臂外旋，向下落至身左後下方，使槍身橫落於身後，右手心朝下，左手心朝上。在雙手動作的同時，右腳向右落步，腿屈膝；左腳向右趟撩，腿屈膝，腳離地。目視槍尖。（圖 48）

④上動不停。左腳向左落步，雙腿屈膝半蹲。右手從身後用力向左推槍，使槍脫手左刺；左手滑握槍身把端。目視

圖 47

圖 48

槍尖。（圖 49）

【用途】：槍從背後穿刺左側欲攻我之對手。

【要點】：推槍穿刺要靈活有力，要與左右趟步連貫一體。

圖 49

圖 50

24. 二郎擔山

①身起並左轉，右腳向前擺起，左腳蹬地跳起，身騰空。同時，右手接握槍把，直臂向前扎槍，左手擺於身體左後下方。目隨槍尖（圖 50）

圖 51

②右腳落地，腳尖左扣，身體向左後轉，左腳向左落步。隨著轉身，右手握槍把，使槍身背於頸後；隨即，左臂外旋，向上接握槍身前段；右腳屈膝上提身前，成左獨立步。目視槍尖。（圖 51）

【用途】：跳步追刺後退之對手。

【要點】：跳步、刺槍要同時進行，跳步要輕快，刺槍要有力。

25.獨槍破陣

①右腳向右落步。目視左方。（圖 52）

圖 52

②右腳尖右撇，身體右轉，左腳向前擺起，右腳蹬地跳起，身體騰空。在空中，身體向右後

圖 53

轉，右手握槍，直臂向前猛力扎槍；左手鬆把下落身體左側；緊接著，左腳向前落地，右腳向後落地。目視槍尖。（圖 53）

【用途】：退中轉身突刺來攻之對手。

【要點】：轉身要快，扎槍要有力，轉身與扎槍要連貫、緊湊。

26. 雄鷹獨立

右手向後抽把並上提，左手接握槍前滑握，使槍直立於身體左側，槍尖朝下。與此同時，右腿站直，左腿屈膝上提身前，成右獨立步。目視槍尖。（圖 54）

圖 54

圖55

【用途】：對手從左側持械攻我下盤時，我提左腿躲閃，同時，用槍向左撥攔其械。

【要點】：提腳要快，撥攔槍要有力。

27.青龍甩尾

①左腳向前落步，右腳隨即向前震腳落左腳處，左腳再向前上一步。目視前方。（圖55）

②上動不停。右腳再向前邁一步落地，以雙腳前掌為軸碾地，身體向左後轉，左腿屈膝半蹲，右腿蹬直成左弓步。同時，右手用力向前中平扎槍；左手後滑握。目視槍尖。（圖56）

圖56

【用途】：對手從身後持械攻我時，我上步左轉身躲閃的同時，用槍刺對方的胸部。

【要點】：上步轉身要輕靈快速，刺槍要突然有力。

圖 57

第四段

28. 怪蟒盤枝

①右腳向前邁一步落地，雙腿微屈膝。與上步同時，右手向後抽把，左手前滑握，隨即，以左手為軸，右手轉握槍把，使槍尖向左、向下、向右、向上繞圓一周。目隨槍尖。（圖 57）

圖 58

②上動不停。左腳向前邁一步，雙腿微屈膝。在左腳上步的同時，以左手為軸，右手轉握槍把，使槍尖向左、向下、向右、向上繞圓一周。目隨槍尖。（圖 58）

③上動不停。右腳再向前邁一步落地。雙腿微屈膝。仍以左手為軸，右手轉動槍把，使槍尖向左、向下、向右、向上繞圓一周。目隨槍尖。（圖 59）

圖 59

【用途】：連續磕掛對手前攻來之械，並可隨機前刺其身。

【要點】：走行步要走迷蹤拳獨特的蹬泥步，身體要下沉，前腳掌要向後翻蹶。行步要與絞槍協調一致，步槍一體。

29. 金雞點頭

①雙腿屈膝下蹲。右手下按槍把，左手上挑槍身，使槍尖上挑至頭前上方。目隨槍尖（圖 60）

圖 60

②右腿站直，左腿屈膝上提，使腳背貼靠於右腿膝窩處。同時，右手向上抬槍把，左手向下按槍身，使槍尖向前下方點擊。目隨槍尖（圖 61）

圖 61

【用途】：用槍尖向上挑開對手攻來之械後，用槍尖向前下方點擊對方頭部或胸部。

【要點】：挑槍要有力，點槍要快、要準、要狠。

30. 槍挑梁王

①左腳向前落步。目視前方。（圖 62）

圖 62

②右腳緊跟著向前邁一步落地，身體左轉，左腿屈膝，右腿伸直。隨著上步轉身，右手向下按壓槍把，左手向上抬槍身，使槍尖向身體左上方挑擊。目隨槍尖。（圖 63）

圖 63

【用途】：①對手從身後持械攻我時，我上步轉身躲其攻擊，同時，用槍挑其身。

②突然轉身槍挑身後欲攻我之對手。

【要點】：上步轉身要疾，挑槍要有力。

31.餓豹捕食

身體右轉，左腳向前邁一步落地，右腿屈膝全蹲，左腿平鋪伸直成左仆步。與此同時，雙手握槍，向前下方地面摔槍。目隨槍頭。（圖 64）

【用途】：對方從前方持械攻我上盤時，我用槍攔其械的同時，順其械下劈其頭部。

【要點】：上步、摔槍要同時進行，摔槍要迅猛有力。

圖 64

圖 65

32.一槍獨占（左）

身體直起，重心前移，左腿屈膝半蹲，右腿蹬直成左弓步。雙手握槍，隨身直起後向前做中平扎槍動作。目隨槍尖。（圖 65）

【用途】：可與上個動作合用，槍劈對方身體，對方後

圖 66

退時，我疾速前刺其胸部。

【要點】：起身要快，刺槍要猛、要有力。

33. 懷中抱月

右腳向前邁一步落地，腳尖左扣，身體左轉，雙腿屈膝半蹲成馬步。隨上步轉身，雙手均臂外旋，橫抱槍於胸前，雙前臂交叉，手心均朝上。目視右方。（圖 66）

【用途】：迎擋對手從左前方攻來之械。

【要點】：上步轉身與雙手抱槍要同時進行。

34. 一槍獨占（右）

身體右轉，雙腿由馬步變右弓步。雙手握槍，向前做中平扎槍動作。目隨槍尖。（圖 67）

【用途】：可與上勢聯用，用槍迎擋對手從左前方攻來之械後，右轉身前刺其身。

【要點】：轉身變步要靈活，前刺槍要快速有力。

圖 67

圖 68

35. 回馬殺槍

①右腳向前邁一步落地，腳尖左扣。右手後抽槍把，左手前滑握。目視槍尖。（圖 68）

②右腳向前邁一步，腳不落地，以左腳前掌為軸碾地，身體向左後轉，右腳向前落步，雙腿右屈左直成右弓步。雙

圖 69

手握槍，當右腳向前落步時，右手握槍把，用力向前中平扎槍，左手擺落身體左後方。目隨槍尖。（圖 69）

【用途】：對方從身後持械攻我時，我上左步閃之，同時急轉身刺對方胸部。

【要點】：上步轉身要急，扎槍要快速有力。

第五段

36. 仙童舞花（左）

①身體稍起，左腳向前邁一步落地。右手向後抽槍把，左手向前接握槍身前段。目視前方。（圖 70）

②右腳向前邁一步落地，身體微左轉，雙腿微屈膝。同時，雙手握槍，使槍尖在身體左側向下、向後、向上、向前舞花一周。目隨槍尖。（圖 71）

【用途、要點】：同動作 7。

圖 70

圖 71

37. 仙童舞花（右）

上動不停。左腳向前邁一步落地，身體微右轉，雙腿微屈膝。雙手握槍，使槍尖繼續在身體右側向下、向後、

向上、向前、再向下、向後舞花一周半，槍身夾於右腋下，槍把朝前。目視前方。（圖72）

圖72

【用途】：用槍撥掛對方攻來之械，並劈打其身。

【要點】：舞槍要快速有力，上步轉身要靈活輕快，兩者要協調連貫，達身槍一體。

38.遊龍盤身

①雙手倒換握把，右手向後握槍身前段，虎口朝後；左手向前握槍身後段，虎口朝前。目視右後方。（圖73）

②雙腳蹬地跳起，在空中，身體向右後轉，左腳向前落地，右腳向後落地，雙腿微屈膝。在起跳轉身時，雙手握槍向右

圖73

穿刺；當轉身後雙腳落地時，雙手滑握倒把，右手握槍身後段，左手握槍身前段，右手並於腰間向右抽槍。目隨槍尖。（圖74）

圖74

③雙腳蹬地跳起，在空中，身體向右後轉，左腳向前落地，右腳向後落地，雙腿微屈膝。在起跳轉身時，雙手握槍，用槍把向右穿戳；轉身後雙腳落地時，雙手滑握倒把，右手握槍身前段，左手握槍身後段，右手並於腰間向右抽刺槍。目視槍尖。（圖75）

圖75

④雙腳蹬地跳起，在空中身體向右後轉，左腳向前落

地，右腳向後落地。在起跳轉身時，雙手握槍向右穿刺；轉身後雙腳落地時，雙手滑握倒把，右手握槍身後段，左手握槍身前段，右手並於腰間向右抽槍。目視槍尖。（圖76）

圖76

【用途】：連續轉身跳步穿刺左右之對手。

【要點】：跳步轉身要輕、要靈，穿刺槍要快。跳步轉身、穿刺槍動作要一致。

圖77

39. 金槍繞喉

①雙手握槍，使槍尖向下、向後、向上繞行半周，槍身夾於右腋下，槍把朝前。目視前方。（圖77）

②雙手倒換握槍把，右手向後滑握槍身前段，虎口朝

後；左手向前滑握槍身後段，虎口朝前。目視右後方。（圖78）

圖78

③雙腳蹬地跳起，在空中，身體向右後轉，左腳向前落地，右腳向後落地。在起跳轉身時，雙手握槍向右穿刺；轉身後雙腳落地時，雙手滑握倒把，右手握槍身後段，左手握槍身前段，右手併於腰間向右抽槍。目隨槍尖。（圖79）

圖79

④雙腳蹬地跳起，在空中，身體向右後轉，左腳向前落地，右腳向後落地。在起跳轉身時，雙手握槍用槍把向右穿戳；轉身後雙腳落地時，雙手滑握倒把，右手握槍身前段，

左手握槍身後段，右手並於脖前向右抽刺槍。目視槍尖。（圖80）

圖80

⑤雙腳蹬地跳起，在空中，身體向右後轉，左腳向前落地，右腳向後落地。在起跳轉身時，雙手握槍向右穿刺。轉身後雙腳落地時，雙手倒換握把，右手握槍身後段，左手握槍身前段，右手併於腰間向右抽槍。目視槍尖。（圖81）

【用途、要點】：同上。

圖81

圖82

40.金龍吐鬚

①右腳站穩，左腳向後趟撩，腿屈膝，腳離地。與左腳向後趟撩同時，右手向後抽把並上提，左手向下按槍身，使槍尖斜向下，離地約10公分。目隨槍尖。（圖82）

②上動不停。左腳向前落地，腿微屈膝，右腳隨之向前趟撩，腿屈膝，腳離地。在雙腳動作的同時，雙手握槍，向前、向上撩擊至頭前上方。目隨槍尖。（圖83）

【用途】：對手從前方持械攻我中、下盤時，我用槍向下磕掛後即向上撩其身。

【要點】：撩槍要快，要狠，要有力。

41.拙童撩槍（右）

①上動不停。雙手握槍，使槍尖從頭上方繼續向後繞

圖 83

圖 84

行，同時，雙手滑握倒換把，左手握槍身後段，右手握槍身前段，使槍尖下落身體右後方。隨槍後繞下落，右腳向後落步，身體右轉，左腳向右趟撩，腿屈膝，腳離地。目隨槍尖。當槍尖向右下落時，目視左方。（圖 84）

圖 85

②上動不停。左腳向左落步，身體左轉，右腳緊接著向前邁一步落地，雙腿微屈膝。與轉身上步同時，雙手握槍，使槍尖從身體右側向下、向前繞行至身體右前下方。目視前方。（圖 85）

③上動不停。雙手握槍，使槍尖繼續向上撩擊至頭前上方。同時，左腳向前趟撩，腿屈膝，腳離地。目隨槍尖。（圖 86）

【用途】：用槍把向上迎封對手從前方攻來之械，用槍尖撩擊對方襠部。

【要點】：槍撩擊要快速有力，要與上步同時進行。

42. 拙童撩槍（左）

①上動不停。雙手握槍，使槍尖繼續從頭上方向後繞行，同時，雙手倒換握把，左手握槍身前段，右手握槍身後段，使槍尖下落身體左下方。隨槍後繞下落，左腳向後落

圖 86

圖 87

步，身體左轉，右腳向左趟撩，腳離地，腿屈膝。目隨槍尖，當槍尖向左下落時，目視左方。（圖 87）

②上動不停。右腳向右落步，身體右轉，左腳緊接著向

前邁一步，雙腿微屈膝。與此同時，雙手握槍，從身體左側向前、向上撩擊至頭前上方。目隨槍尖。（圖88）

圖88

【用途、要點】：同上。

43.天神降妖

以雙腳前掌為軸碾地，身體向右後轉，右腿屈膝全蹲，左腿蹬直成右低弓步。同時，右手握槍把，向前、向下掄摔槍至地面；左手伸於身體後側。目隨槍頭。（圖89）

圖89

【用途】：劈蓋從身後攻我之對手。

【要點】：轉身要突然、快速，劈槍要猛、要有力。

第六段

44. 平地插香

圖 90

身體起立並左轉，左腳向右移半步。同時，右臂內旋，上提槍把，使槍尖後拉著地面，槍身直立。目視槍尖。（圖 90）

【用途】：迎擋對手攻我下盤之械。

【要點】：起身、後拉槍要快。

45.地神趟腳

圖 91

右腿提起，右腳向左前方趟踢槍頭，使槍尖離地面。左手向前接握槍身前段，右腳落於地面。目隨槍頭。（圖 91）

【用途】：腳踢槍頭撩擊對手襠部。

【要點】：腳踢槍要快速

圖 92

有力。

46. 右舞花槍

圖 93

①身體右轉，左腳向前邁一步落地。雙手握槍，使槍尖向上、向前繞行至頭前方。目視槍尖。（圖92）

②上動不停。上身右轉。雙手握槍，使槍尖在身體右側繼續向下、向後、向上、向前，再向下、向後舞花一周半，槍身夾於右腋下，槍把朝前。目視槍把。（圖 93）

圖 94

【用途】：用槍磕掛對手攻來之械後，劈打其頭部。

【要點】：上步、轉身、舞槍要協調一體。

47. 左舞花槍

上動不停。身體左轉，右腳向前邁一步落地。雙手握槍，使槍把繼續向下、向後、向上、向前、再向下、向後舞花一周半，槍身夾於左腋下，槍頭朝前。目視槍頭。（圖94）

【用途、要點】：同上。

48. 追風趕月

上動不停。左腳向前擺起，右腳蹬地跳起，身體騰空前跳；在空中身體右後轉，左腳落地，右腳從左腳內側向左落地，雙腳成偷步。與雙腳動作同時，雙手握槍，使槍尖向

下、向後、向上、向前、向下畫圓落至身體左下方。目視左方。（圖 95）

49. 偷襲山門

①雙手握槍，用槍尖向身體左後下方扎槍，槍尖接近地面。目視槍尖。（圖 96）

②雙手握槍，向身體左後上方刺槍。目隨槍尖。（圖 97）

圖 95

【用途】：可與上個動作連用，起跳攔撥對方從前方攻來之械，並追刺後退之對手。

【要點】：跳身要輕靈，攔刺槍要快速有力。

圖 96

圖 97

圖 98

50. 緊閉三關

①右腳向後退一步落地。右手上提後抽槍把；左手平拖槍於胸前。目視槍尖。（圖 98）

圖 99

②雙腳蹬地跳起，右後左前向後落地。與此同時，雙手握槍，做攔槍動作。目隨槍尖。（圖 99）

③雙手握槍，做拿槍動作。目隨槍尖。（圖 100）

圖 100

51. 獨闖營寨

①右腳向前震腳落左腳處，左腳同時向前邁一步。目視槍尖。（圖 101）

②上動不停。右腳再向前邁一步落地，腿即屈膝半蹲，左腿蹬直成右弓步。右手握槍，隨右腳前上步向前中平扎槍；左手成掌，屈肘向上橫於頭上方，掌心朝上。目隨槍

圖 101

圖 102

尖。（圖 102）

【用途】：可與上個動作連用，退步攔拿對方攻來之械後上步刺對手胸部。

圖 103

圖 104

【要點】：退步攔拿槍要輕快，上步刺槍要迅猛，要有力。

52.浪子行步

①身體左轉，左腳向前邁一步，右腳緊接著向前邁一步，腳尖左扣。右手平端槍於身體右側，左手仍至頭上方。目視槍尖。（圖 103）

②上動不停。身體左轉，左腳向前邁一步，右腳隨即

向前上一步，腳尖左扣。隨轉身，右手平端槍於頭上方，左手動作不變。目視前方。（圖 104）

圖 105

③上動不停。身體左轉，左腳向前邁一步，右腳隨即向前邁一步。雙手動作不變。目視前方。（圖 105）

④左腳向左平鋪伸直，右腿屈膝全蹲，雙腿成左仆步。右手端槍向下平落身前，左手同時下落身前，槍身搭落左腕上。目視左方。（圖 106）

圖 106

圖 107

【用途】：走行步，待守待攻。

【要點】：走行步時，身體要下沉，雙腿膝微屈，前腳掌要向後翻蹶，走迷蹤拳蹬泥步。

53. 青龍出水

身起並左轉，重心前移，左腿屈膝半蹲，右腿蹬直成左弓步。左臂外旋，拖握槍身；右手用力向前中平扎槍，左手後滑握。目視槍尖。（圖 107）

【用途】：突刺左側欲攻我之對手。

【要點】：起轉身要疾，前扎槍要突然、快速、有力。

54. 仙人歸洞

①身體稍起，右腳向前滑半步。右手後抽把，左手前滑握。目視前方。（圖 108）

②右腳向前邁一步，身體左轉。雙手握槍，使槍尖從身

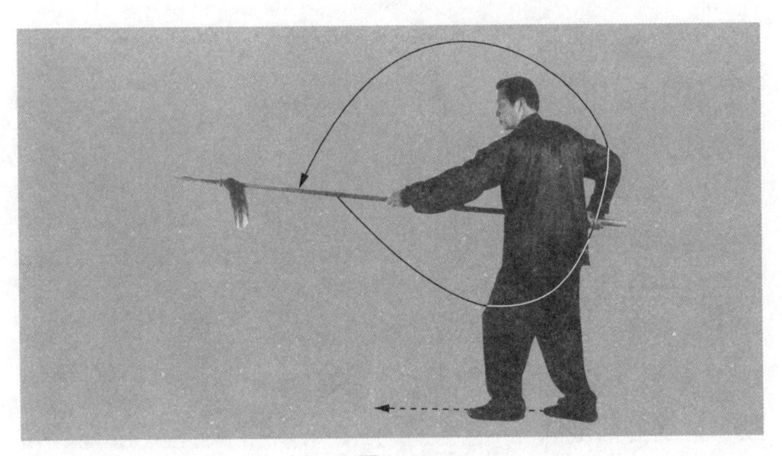

圖108

圖109

體左側向下、向後、向上、向前舞花一周。目視槍尖。（圖109）

③上動不停，左腳向前上一步，身體右轉。雙手握槍，使槍尖從身體右側向下、向後、向上、向前舞花一周。目視

槍尖。（圖 110）

圖 110

④上動不停。雙腳跳起，身騰空；在空中，身體向右後轉，左腳向前落地，右腳向後落地，雙腿左屈右直成左弓步。雙手握槍，隨身轉動，當雙腳落地成左弓步時，右手用力向前中平扎槍，左手後滑握。目視槍尖。（圖 111）

【用途】：退中突然轉身刺身後之對手。

【要點】：轉身舞槍要輕靈快速，刺槍要突然有力。

圖 111

圖112

圖113

收　勢

①雙手握槍，使槍尖向右繞行半周後，變向左繞行至頭左前上方。身體隨槍繞行向右轉，當槍至頭左前上方時，左腿屈膝上提身前，成右獨立步。同時，右手向右下抽把，左手向左上滑握，使槍立於身前。目視槍尖。（圖112）

②左腳落地，與右腳靠攏併齊。右手握槍身，立於身體右側，槍把端著地；左手成掌，下貼左大腿外側。目視前方。（圖113）

第三節 雙頭蛇

動作名稱

預備勢

第一段

1. 潛龍抬頭
2. 驚蟒出洞
3. 攻前擊後
4. 回頭殺槍
5. 餓蟒偷食
6. 獨龍掃尾
7. 雙龍出洞
8. 毒蛇回首
9. 騰龍奔月

第二段

10. 銀蛇翻舞
11. 金龍盤坐（左）
12. 銀蛇翻舞
13. 金龍盤坐（右）
14. 白蛇吐芯
15. 黃龍甩尾
16. 飛龍雙奔
17. 怪蟒歸洞
18. 撥槍挑喉

第三段

19. 槍挑連環
20. 劈槍蓋頂
21. 金蛇擺尾
22. 遊龍轉頭
23. 連環刺槍

第四段

24. 惡蟒闖群
25. 左舞花槍
26. 右舞花槍
27. 遊龍吐鬚
28. 舞花蓋頂
29. 遊龍甩尾
30. 金蛇尋穴
31. 葉底偷桃

32. 靈蛇歸洞

第五段

33. 撥葉尋果
34. 金雞獨立（右）
35. 葉底摘花
36. 金雞獨立（左）
37. 蒼龍轉身
38. 潛龍出水（左）
39. 潛龍出水（右）
40. 潛龍出水（左）
41. 騰龍奔月

第六段

42. 惡蟒捕食
43. 二龍吐珠（左）
44. 二龍吐珠（右）
45. 怪蟒盤枝
46. 鳳凰點頭
47. 黃龍轉身
48. 驚蟒回首
49. 遊龍歸洞
50. 飛龍躥天

收　勢

動作圖解

預備勢

雙腳併步站立。右手屈肘握槍身，直立於身體右前方，前槍頭槍尖朝上，後槍頭槍尖朝下。離地面約 10 公分（杆梢安槍頭者為前槍頭，杆根安槍頭者為後槍頭，連同槍身前後段，後類同）；左手五指併攏，自然下垂貼於左大腿外側。目平視前方。（圖 1）

圖 1

第一段

1.潛龍抬頭

右手向身體正前上方直立推槍，肘微屈。目視前槍頭。（圖2）

【用途】：用槍身前段磕擋對手從前方攻我上盤之械。

【要點】：推槍要快速有力。

圖2

2.驚蟒出洞

①左手從左大腿外側向前、向上、向右接握槍身前段，同時前推下按；右手滑握槍身後段，並後拉上提。在雙手動作的同時，左腳向前邁一步。目隨前槍頭。（圖3）

圖3

②右腳向前邁一步落地，右腿屈膝，左腿伸直。隨著右腳前邁步，右手握槍身後段，使後槍頭向上、向前、向下繞行至頭前方；左手握槍身前段，使前槍頭向下、向後繞行至身體左後方。目視後槍頭。（圖4）

【用途】：前槍頭磕攔對方從前方攻來之械，後槍頭劈其頭部。

【要點】：雙手握槍前推後拉要協調、連貫，上步與劈槍要一體。

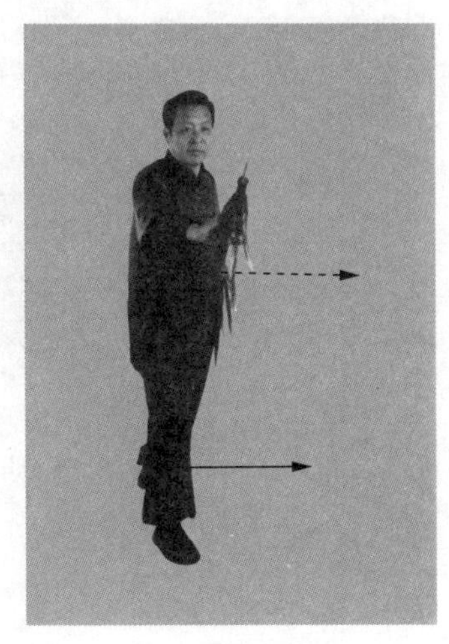

圖4

3. 攻前擊後

①身體左轉，左腳向前邁一步。與此同時，左手握槍身前段向右，右手握槍身後段向左，雙手之合力使前槍頭向右磕掛。目視前槍頭。（圖5）

②上動不停。右手用力向前中平扎槍，左手後滑握。左

圖5

圖6

圖7

腿屈膝，右腿伸直。目視前槍尖。（圖6）

③右手後抽槍身，左手前滑握，隨即，左手用力向後刺槍，右手前滑握。同時，右腳向前邁一步落地，上身右轉。目視後槍頭。（圖7）

【用途】：前槍頭磕掛對方從前方攻來之械後，即前刺其身。並用後槍頭刺身後欲攻我之對手。

【要點】：磕掛、刺槍要連貫，不可間斷，前後刺槍要快速有力。

圖8

4.回頭殺槍

左手左抽槍身，右手右滑握，緊接著，右手握槍身後段，向後拉上提，左手握槍身前段，向前推下按，並後滑握，使前槍頭向前、向下劈擊。與雙手劈槍同時，身體右轉，左腳後退一步，右腿屈膝，左腿伸直。目視前槍頭。（圖8）

【用途】：後槍頭磕掛對方從身後攻來之械，前槍頭劈擊其頭部。

【要點】：磕掛、劈擊要迅猛有力，要與轉身退步同時進行。

5.餓蟒偷食

身體右後轉，右腳向前邁一步落地，右腿屈膝，左腿伸直。隨著轉身上步，雙手握槍，用後槍頭向前中平扎槍。目

視後槍尖。（圖 9）

圖9

【用途】：突然轉身偷刺身後欲攻我之對手。

【要點】：偷刺槍要突然、快速、有力，並要與轉身上步同時。

6. 獨龍掃尾

左腳向前邁一步落地，上身微右轉，左腿屈膝半蹲，右腿蹬直成左弓步。在左腳上步的同時，左手握槍身前段，向前、向右推，右手握槍身後段，向後、向左拉，雙手之合力使前槍頭從身體左側向前、向右平掃至身前方。目隨前槍尖。（圖 10）

【用途】：用後槍頭向右撥掛對手從前方攻來之械，同時用前槍頭掃擊其身。

【要點】：上步與掃槍要同時進行。掃槍時運用好雙手前推後拉之合力。

圖10

7. 雙龍出洞

①雙手握槍，右

圖 11

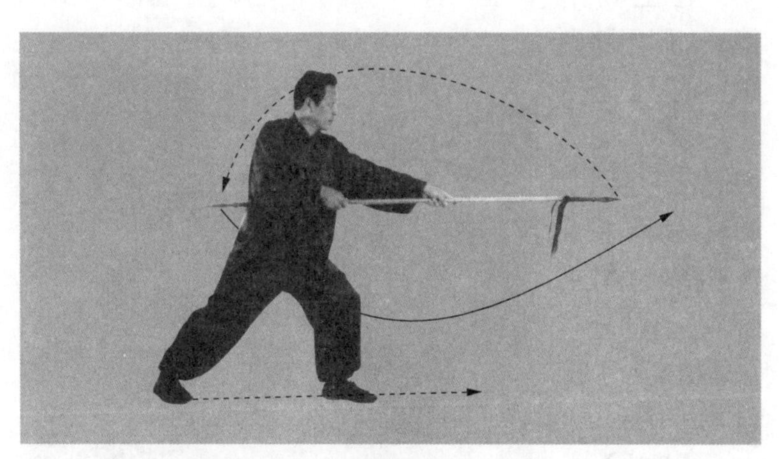

圖 12

臂內旋，向上翻腕擰槍身，左臂外旋，向左帶槍身，使前槍頭向左攔掛。目隨前槍尖。（圖 11）

②緊接著，雙手握槍，用前槍頭向前中平刺槍；上身前探。目隨槍尖。（圖 12）

圖13

③右腳向前邁一步落地。同時，右手向後抽槍身，並下壓前推，左手向上、向前滑握，並向後拉帶槍身，使後槍頭朝前平拖胸前。目視後槍尖。（圖13）

圖14

④上動不停。右腿屈膝半蹲，左腿伸直，成右弓步。雙手握槍，左手用力向前平刺，右手後滑握，左臂屈肘，右臂伸直。目隨槍尖。（圖14）

【用途】：用前槍尖掛攔對手攻來之械後，前刺其身。對方如後退，我上步用後槍頭連續刺其身。

【要點】：掛攔槍、前刺槍要連貫、緊湊，上步要急，刺槍要快，上步、刺槍要同時進行。

8.毒蛇回首

圖15

左手向後抽槍身，右手向前滑握，隨即，右手用力向左下方扎槍，左手右滑握。同時，身體左轉，雙腿微屈膝。目視前槍尖。（圖15）

9.騰龍奔月

圖16

①以雙腳前掌為軸碾地，身體向左後轉，左腳向左跨一步。雙手握槍，隨身轉動。目視左方。（圖16）

②上動不停。右腳從左腳後向左插步，雙腿屈膝成偷步。在右腳插步的同時，雙手握槍，用前槍頭於身體左後方向左撥攔後向左後上方扎槍。上身隨之向左擰轉。目視前槍尖。（圖17）

圖17

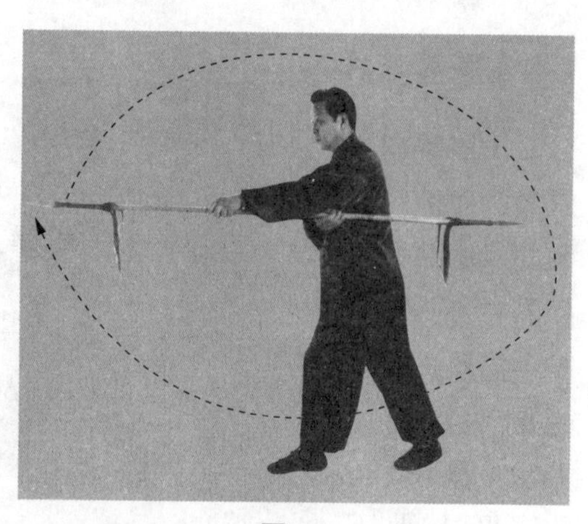

圖18

【用途】：用前槍頭撥攔對方從左方攻來之器械後刺其頭部。

【要點】：轉身、插步要輕靈，撥槍、刺槍要迅猛有力。

第二段

10.銀蛇翻舞

①身體向右轉，右腳向前邁一步。隨轉身上步，雙手握槍，使前槍尖從身體左側向上、向前舞花半周。目隨前槍尖。（圖18）

②上動不停。雙手握槍，使前槍尖從身體右側繼續向下、向後、向上、向前舞花一周。上身隨舞槍先向右、後向左轉動。目視前槍尖。（圖19）

圖19

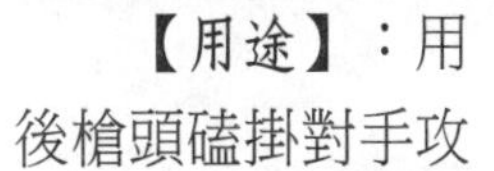

【用途】：用後槍頭磕掛對手攻來之械，用前槍頭劈打其頭部。

【要點】：舞花、上步、轉身要協調一致，槍身一體。

11. 金龍盤坐（左）

①以雙腳前掌為軸碾地，身體向左轉270°，雙腿屈膝盤坐。雙手握槍，隨身轉動，當雙腿盤坐時，雙手握槍，平放於胸前。目視前槍尖。（圖20）

圖20

圖21

②上動不停。雙手握槍，用前槍頭用力向左平刺，左臂伸直，右臂屈肘，左手心朝前，右手心朝下。目視前槍尖。（圖21）

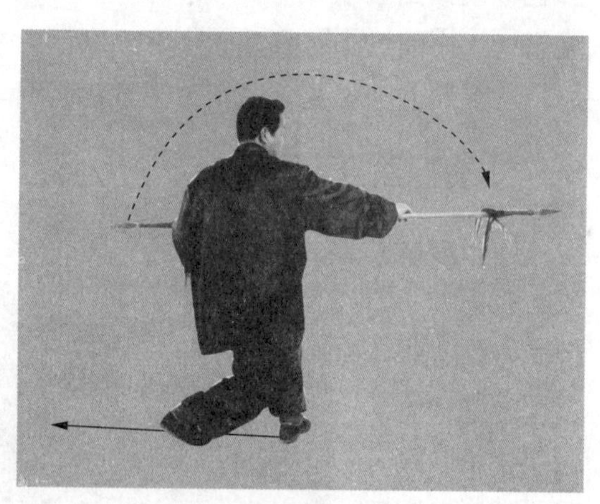

圖22

③上動不停。右手向右抽槍身，左手前滑握，隨即，左手用力用後槍頭向右平扎槍，右手左滑握，左手心朝後，右手心朝下。目視後槍尖。（圖22）

【用途】：轉身刺左右之對手。

【要點】：轉身盤坐要柔和。左右刺槍要快速有力。

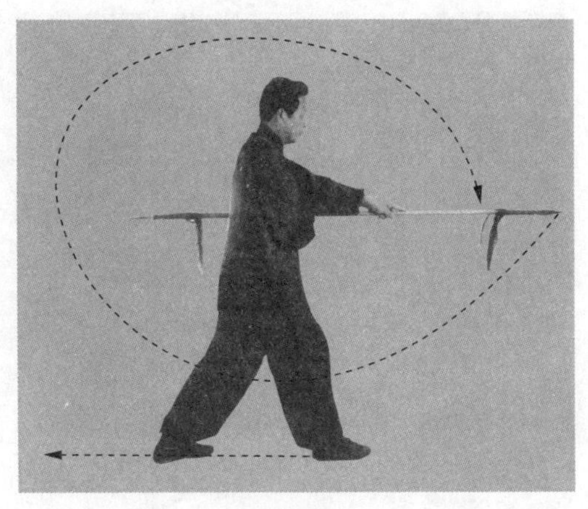
圖23

12. 銀蛇翻舞

①身體站起並右轉，左腳後退一步。雙手握槍，使前槍頭向上、向前、向下舞花半周。目隨前槍尖。（圖23）

圖24

②上動不停。右腳後退一步，身體右轉。雙手握槍，隨轉身退步，使前槍尖在身體右側向下、向右、向上、向左舞花一周。目視前槍尖。（圖24）

【用途、要點】：同動作10。

13. 金龍盤坐（右）

①以雙腳前掌為軸碾地，身體向右後轉，雙腿屈膝盤

圖25

圖26

坐。雙手握槍，隨身轉動，當雙腿盤坐時，雙手平握槍於胸前。目視右方。（圖25）

②上動不停。雙手握槍，用後槍頭向右平刺，左臂屈肘，右臂伸直。目隨後槍尖。（圖26）

③左手向左抽槍身，右手右滑握，隨即，右手握槍身後段，用力向左平刺，左手右滑握。目視前槍尖。（圖27）

圖 27

圖 28

【用途】：轉身突然刺右左之對手。

【要點】：轉身盤坐要柔和，不可呆僵。左右刺槍要連貫、緊湊，快速有力。

14. 白蛇吐芯

①雙腿站起。右手向右抽槍身，左手左滑握。目視右

方。（圖 28）

②身體右轉，左腳後退一步，雙腿右屈左直成右弓步。左手握槍身前段，用力向前平刺，右手後滑握。目隨後槍尖。（圖 29）

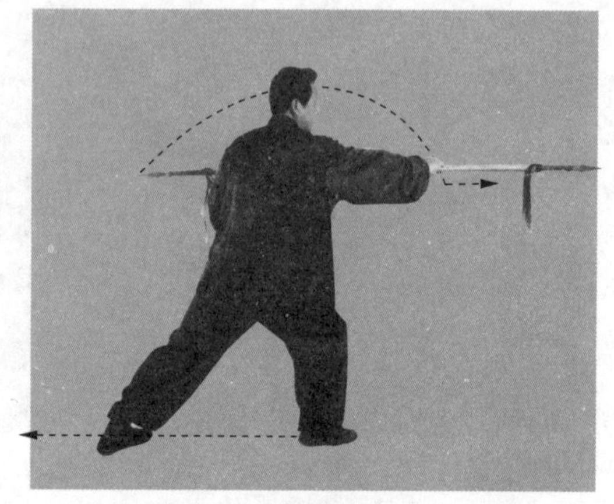

圖 29

【用途】：對手從前方持械攻我時，我退步閃身，同時用後槍頭刺對方胸部。

【要點】：轉身退步與前刺槍要同時進行。

圖 30

15. 黃龍甩尾

左手後抽槍身，右手前滑握；緊接著，右手握槍身後段上提後拉，左手握槍身前段前推上提，雙手平握槍於身前；隨即，右手握槍，用前槍尖向前平刺，左手後滑握。在雙手動作的同時，右腳後退一步，左腿屈膝半蹲，右腿伸直成左弓步。目視前槍尖。（圖 30）

圖31

圖32

【用途】：對手持械攻我上盤時，我用後槍頭向上迎架，同時，用前槍尖刺對方胸部。

【要點】：上迎架用力要猛，前刺槍要快，刺槍、退步要協調一體。

16.飛龍雙奔

①右手後抽槍，左手前滑握，右手握槍身後段上提前推，左手握槍身前段向後拉，用前槍頭向左後撥掛。目視前槍尖。（圖31）

②上動不停。雙手握槍，用前槍尖向左上方刺槍，左臂伸直，右臂屈肘。目視前槍尖。（圖32）

③右手右抽槍身，左手左滑握，隨即，左手握槍身前段，用後槍尖向右上方猛刺，右手左滑握。目視後槍尖。

（圖 33）

【用途】：用前槍頭撥攔對手從左方攻來之械後，順勢刺其頭部，並連續刺右方欲攻我對手頭部。

【要點】：撥槍用力要猛，撥槍、刺槍要連貫、緊湊，並要有力。

圖 33

17. 怪蟒歸洞

①身體右轉，左腳從右腳後向右插步，雙腿成偷步。同時，雙手握槍，用後槍頭向身體右後下方撥攔。目隨後槍尖。（圖 34）

②緊接著，雙手握槍，用後槍尖向右平刺。目隨後槍尖。（圖 35）

【用途】：用後槍頭撥掛對手從右方攻來之械後，並速刺其身。

【要點】：撥槍、刺槍用力要猛，動作要快。插步、撥刺槍要同時進行。

圖 34

圖 35

18. 撥槍挑喉

圖 36

身體右轉，右腳向前邁一步落地，雙腿右屈左直成右弓步。在轉身上步的同時，雙手握槍，用後槍頭先向右後下方撥槍，後向左前上方崩挑槍。目隨後槍尖。（圖 36）

【用途】：先用後槍頭向右後下方撥掛對手攻來之械，後向上崩挑對方咽喉部位。

【要點】：撥槍要迅猛，挑槍要有力，撥挑槍與上右步動作要一致。

第三段

19. 槍挑連環

圖 37

①身體左轉，左腿屈膝，右腿伸直。雙手握槍，使前槍尖向身體左下方刺槍，槍尖離地面約 10 公分。目視前槍尖。（圖 37）

圖 38

②上動不停。雙手握槍，用前槍尖向左前上方挑擊。身體微左轉。目視前槍尖。（圖 38）

③上動不停。右腳向前邁一步落地，身體左轉，右腿屈膝，左腿伸直。與此同時，雙手握槍，用後槍頭向前、向上挑擊至頭前上方，前槍頭向後、向下落至身體左後下方。目隨後槍頭。（圖 39）

④上動不停。左腳向前邁一步，腿即屈膝，右腿蹬直。

圖 39

圖 40

在左腳上步的同時，雙手握槍，用前槍尖向前、向上挑擊至頭前上方，後槍頭向後、向下落至身體右後下方。目隨前槍尖。（圖 40）

【用途】：用前槍頭挑磕對手攻來之械，用後槍尖挑擊其身。

【要點】：磕撥槍要猛，挑槍要有力。上步、進身、挑槍要連貫緊湊，不可脫節。

圖 41

20. 劈槍蓋頂

①右腳向前上一步，右腿屈膝，左腿伸直。右手握槍身後段，向上、向前、向下，左手握槍身前段，向下、向後、向上，使後槍頭向前下劈落，前槍頭繞行至身體左後方。目視後槍尖。（圖 41）

圖 42

②上動不停。雙手握槍，使前槍頭繼續向上、向前、向下劈落頭前方；後槍頭向下、向後、向上繞行至身體右後方。與劈槍同時，左腳向前上一步，左腿屈膝，右腿伸直。目視前槍尖。（圖 42）

【用途】：用前槍頭向下磕掛對手攻來之械，用後槍頭劈擊其頭部。

圖 43

【要點】：劈槍與上步要同時進行。磕掛、劈槍要迅猛有力。

21. 金蛇擺尾

①左手向下按壓槍身前段，右手上抬槍身後段，緊接著，雙手握槍，用前槍頭向左撥掛。目視前槍頭。（圖 43）

②上動不停。右腳向前上一步，身體左轉，右腿屈膝，左腿伸直。雙手握槍，用後槍頭向前、向下、向左掃擊。目視右槍頭。（圖 44）

圖 44

【用途】：前槍頭撥掛對手攻來之械，後槍頭掃其下盤。

【要點】：前槍頭撥掛與後槍頭掃擊要連貫、緊湊，不可間斷。掃擊要迅猛，用力要足。

圖45

22.遊龍轉頭

①以雙腳前掌為軸碾地，身體向左轉 270°，左腳向前邁一步，左腿屈膝，右腿伸直。雙手握槍，隨身轉動，當左腳落地時，用前槍尖向前平刺。目視前槍尖。（圖45）

②上動不停。身體微右轉。雙手握槍，用後槍頭向後平刺。目視後槍尖。（圖46）

圖46

圖 47

圖 48

【用途】：轉身突然並連續刺前後之對手。

【要點】：轉身要急，上步要快，刺槍要有力。

23. 連環刺槍

①以雙腳前掌為軸碾地，身體向右轉 180°，右腳後退一步。雙手握槍，隨身轉動，當右腳向後落步時，雙手握槍，用後槍尖向後平刺。目視後槍尖。（圖 47）

②緊接著，雙手握槍，用前槍頭向前平刺。左腿屈膝，右腿伸直。目視前槍尖。（圖 48）

【用途、要點】：同上。

第四段

24.惡蟒闖群

①右腳向前擺起。雙手握槍，用前槍頭向左撥攔。目隨前槍頭。（圖49）

圖49

②上動不停。左腳蹬地跳起，身體騰空。在空中，雙手握槍，用前槍頭向右撥攔。目隨前槍頭。（圖50）

圖50

③右腳落地，左腳向前落地，雙腿左屈右直成左弓步。與此同時，雙手握槍，用前槍尖向前平刺。目視前槍尖。（圖51）

圖 51

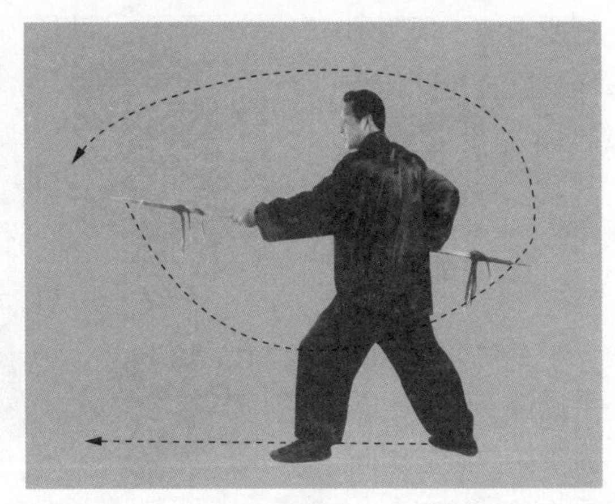

圖 52

【用途】：跳步撥攔對手攻來之械，並追刺後退之對手。

【要點】：跳步、槍撥攔前刺要連貫一體，不可脫節。撥攔槍要用爆發力，前刺槍要迅猛。

25.左舞花槍

①右手向後抽槍身，左手前滑握。目視前方。（圖52）

②上動不停。右腳向前邁一步，上身微左轉。雙手握

槍，使前槍頭從身體左側向下、向後、向上、向前舞花一周。目隨前槍頭。（圖 53）

圖 53

【用途】：用前槍頭向下磕掛對手攻來之械，用後槍頭劈打其頭部。

【要點】：槍下磕掛要有力，劈打要迅速，兩個動作要協調連貫，並要與上步同時進行。

圖 54

26. 右舞花槍

上動不停。雙手握槍，使前槍頭繼續從身體右側向下、向後、向上、向前，再向下、向後舞花一周半，槍身夾於右腋下，後槍頭朝前。同時，左腳向前邁一步，上身隨雙手舞槍先向右、後向左轉動。目視後槍頭。（圖 54）

【用途、要點】：同上。

27.遊龍吐鬚

①雙手倒換握槍身，左手握槍身後段，右手握槍身前段，雙手心均朝上。目視右後方。（圖55）

圖55

②上動不停。雙腳蹬地跳起，身騰空；在空中，身體向右後轉，左腳向前落地，右腳向後落地。身體跳起時，雙手握槍，用前槍頭向右後平刺；轉身後雙腳落地時，雙手倒換握槍身，右手握槍身後段，並向右抽槍身，左手滑握槍身前段。目視前槍頭。（圖56）

圖56

③上動不停。左手用力向右平推槍，右手左滑握。同時，身體右轉，右腿屈膝，左腿伸直。目視後槍尖。（圖57）

圖57

④上動不停。左腳向前邁一步，身體右轉，左腿屈膝，右腿伸直。隨上步轉身，左手繼續向前推槍，使後槍尖繼續前刺，並使前槍頭至身體右側，右手後滑握。目視後槍尖。（圖58）

⑤雙手倒換握，右手握槍身前段，左手滑握槍身後段；隨即，右手後拉，左手後推，使前槍尖向後平刺。目視前槍

圖58

尖。（圖59）

【用途】：轉身連續刺前後之對手。

【要點】：轉身要輕、要靈，倒換槍身要強、要快，刺槍要猛、要有力。三個動作要協調、連貫、緊湊。

圖59

28.舞花蓋頂

雙手握槍，使前槍頭從身後向上、向前、向下劈蓋，槍身夾於右腋下。目視前槍頭。（圖60）

【用途】：用後槍頭下磕對手從前方攻來之械，用前槍頭劈蓋其頭部。

圖60

【要點】：槍下磕、劈蓋要迅猛有力。

29.遊龍甩尾

①雙手倒換握槍身，左手握槍身前段，右手握槍身後段。目視前方。（圖 61）

②右腳向前邁一步落地，以雙腳前掌為軸碾地，身體向左後轉，左腿屈膝，右腿伸直。雙手握槍，隨轉身用前槍尖向前平刺，左手後滑握。目視前槍尖。（圖 62）

③上動不停。身體左轉，左腳向後退一步，左腿屈膝，右腿伸直。隨轉身退步，左手握槍身後段，從身體左側向後、向左拉拽，右手滑

圖 61

圖 62

圖63

圖64

握槍身前段後，用力向左推槍，雙手拉推之合力，使後槍尖向左平刺。目視後槍尖。（圖63）

④身體右轉，右腿屈膝，左腿伸直。左手握槍身後段，隨轉身用前槍尖用力向前推槍，右手後滑握。目視前槍尖。（圖64）

⑤右腳後退一步，上身右轉，左腿屈膝，右腿伸直。與此同時，右手握槍身後段，從身體右側向後拉拽，左手滑握槍身前段後，用力向右、向後推槍，雙手拉推之力，使後槍

圖 65

尖向右平刺。目視後槍尖。（圖 65）

【用途、要點】：同動作 27。

30. 金蛇尋穴

身體右轉，左腳向前邁一步落地。同時，雙手握槍，右手上提槍身後段，左手下按槍身前段，用後槍頭向身體右後方挑擊。目視後槍尖。（圖 66）

【用途】：突然轉身挑擊對手之身。

【要點】：轉身要急，上步要快，挑槍要用爆發力。

圖 66

31. 葉底偷桃

右腳向前邁一步，身體左轉。同時，雙手握槍，用前槍尖向身體左後方挑擊。目視前槍尖。（圖 67）

【用途、要點】：同上。

圖 67

圖 68

32. 靈蛇歸洞

左腳從右腳後向右插步，雙腿屈膝成偷步。隨著左腳邁步，雙手握槍，用後槍尖向身體右下方刺槍。目視後槍尖。（圖 68）

【用途】：突然刺右側之對手下盤。

【要點】：插步與刺槍要同時進行，刺槍要有力。

第五段

33. 撥葉尋果

圖 69

雙手握槍，用後槍頭向左、向上撥槍後向左前上方扎槍。身體微右轉。目視後槍尖。（圖 69）

【用途】：用後槍頭撥掛對手從左攻來之械後，順勢刺對方頭部。

【要點】：撥槍要有力，刺槍要快速。

34. 金雞獨立（右）

圖 70

右腿站直，左腳從身後屈膝上提身前，腳尖朝下。在左腳上提的同時，雙手握槍，用前槍尖向身體左下方刺槍；上身隨之左轉。目視前槍尖。（圖 70）

【用途】：左腳上提閃避對手從左方攻來之械，同時，

圖 71

用前槍尖刺對方下盤。

【要點】：左腳上提要快，刺槍要猛、要有力。兩個動作要同時進行。

35. 葉底摘花

左腳向左後方落地，腳尖左扣，身體左轉。雙手握槍，用前槍頭向左下方撥槍後，即向左上方刺槍。目視前槍頭。（圖 71）

【用途】：撥攔對方從左方攻來之械後並刺其頭部。

【要點】：撥攔槍、刺槍要迅速，要有力。

36. 金雞獨立（左）

左腳站穩，右腳屈膝上提身前，成左獨立步。雙手握槍，用後槍尖向右下方刺槍。目視後槍尖。（圖 72）

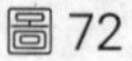

圖 72　　圖 73

【用途】：右腳上提躲閃對方從右方攻我下盤之械後，即用槍尖刺其身。

【要點】：提腿躲閃要快，刺槍要有力。

37. 蒼龍轉身

①右腳向右落地。目視後槍尖。（圖 73）

②身體右轉，左腳向前邁一步，左腿屈膝，右腿伸直。隨著轉身上步，雙手握槍，用後槍尖向身體右後方平刺。目隨後槍尖。（圖 74）

【用途】：突刺身後之對手。

【要點】：刺槍要快速有力，上步轉身要急，兩個動作要一體。

38. 潛龍出水（左）

①雙手握槍，用前槍頭向下磕掛。同時，左腳向後

圖 74

圖 75

趟撩，腿屈膝，腳離地，上身微右轉。目視前槍尖。（圖75）

②上動不停。左腳向前邁步，腿微屈膝，右腳向前趟撩，腿屈膝，腳離地。雙手握槍，與雙腳動作同時用前槍尖

向前、向上撩擊。目隨前槍尖。（圖 76）

【用途】：對方持械從前方向我下盤攻擊時，我左腳後提躲閃，同時，用前槍頭向下磕掛對方之械，然後用前槍頭向上撩擊其身。

【要點】：閃腳、槍下磕掛要快，上撩槍要猛、要狠、要有力。

圖 76

39. 潛龍出水（右）

①上動不停。雙手倒換握槍身，左手握槍身後段，右手滑握槍身前後段，使前槍頭從頭前上方向右、向下繞行至身體右後方。同時，右腳向後落地，左腳向後趟撩，腿屈膝，腳離地；上身隨之右轉。目視右方。（圖 77）

②上動不停。左腳向左落地，身體左轉，右腳向前邁一步。在右腳向前邁步的同時，雙手握槍，用前槍尖向前、向上撩擊；左腳向前趟撩，腿屈膝，腳離地。目視前槍尖。（圖 78）

【用途】：用後槍頭向上挑架對方攻來之械，用前槍頭撩擊其身。

【要點】：槍挑架、撩擊、上步要連貫，不可脫節。

圖77

圖78

40.潛龍出水（左）

①上動不停。雙手倒換握槍身，右手握槍身後段，左手握槍身前段，雙手握槍，使前槍頭從頭前上方向後、向下繞

圖79

行至身體左後方。同時，左腳向後落地，右腳向後趟撩，腿屈膝，腳離地；上身隨之左轉。目視左方。（圖79）

圖80

②上動不停。右腳向前落地，上身右轉，左腳向前邁一步落地。雙手握槍，用前槍尖從身體左側向前、向上撩擊至頭前上方。目視前槍尖。（圖80）

【用途、要點】：同動作38。

圖 81

41.騰龍奔月

圖 82

①以雙腳前掌為軸碾地，身體向右後轉270°。雙手握槍，隨身轉動。目視右方。（圖81）

②右腳向右跨一步，左腳從右腳後向右插步，雙腿屈膝。左腳插步時，雙手握槍，用後槍尖向右後上方刺槍。目隨後槍尖。（圖82）

【用途】：轉身突然刺欲攻我之對手頭部。

【要點】：轉身要急，刺槍要快。

第六段

42. 惡蟒捕食

圖83

①身體左轉，左腳向前邁一步落地。雙手握槍，用前槍頭向前、向左、向上挑擊。目視前方。（圖83）

圖84

②右腳向前擺起，左腳蹬地跳起，身體騰空前跳；右腳落地，左腳向前落地，身體右轉，右腿屈膝全蹲，左腿平鋪伸直成左仆步。雙手握槍，隨身上跳繼續向上挑槍；雙腿成仆步時，雙手握槍，向身前地面平摔槍。目視前槍頭。（圖84）

【用途】：挑開對手從前方攻來之械後，跳步向前劈打對方頭部。

【要點】：跳步要輕靈快捷，摔槍要猛、要狠、要有

圖 85

力。

43. 二龍吐珠（左）

①身起，右腳從左腳後向左插步，雙腿成偷步。雙手握槍，用前槍尖向身體左後下方斜刺。目隨前槍尖。（圖 85）

圖 86

②上動不停。雙手握槍，用前槍尖向身體左後上方斜刺。目隨前槍尖。（圖 86）

【用途】：連續刺左後方之對手下盤和上盤。

【要點】：刺槍速度要快，力量要足。

圖87

圖88

44.二龍吐珠（右）

①以雙腳前掌為軸碾地，身體向右轉180°，左腳從右腳後向右插步，雙腿成偷步。雙手握槍，隨身轉動，當左腳插步時，用後槍尖向身體右後下方斜刺。目視後槍尖。（圖87）

②上動不停。雙手握槍，用後槍尖向身體右後上方斜刺。目視後槍尖。（圖88）

【用途、要點】：同上。

45.怪蟒盤枝

①右腳向右後方邁一步，雙腿微屈膝。同時，雙手握槍，用後槍頭從身體右後方向下、向右、向上、向左繞圓（直徑約50公分）一周。目隨後槍尖。（圖89）

圖 89

圖 90

②上動不停。左腳從右腳後向右後方插步，雙腿微屈膝。與此同時，雙手握槍，用後槍頭繼續向下、向右、向上、向左繞圓（直徑約 50 公分）一周。目隨後槍頭。（圖 90）

③上動不停。右腳繼續向右後方邁一步，雙腿微屈膝。雙手握槍，用後槍頭繼續向下、向右、向上、向左繞圓（直徑約 50 公分）一周。目隨後槍尖。（圖 91）

圖 91

【用途】：用槍頭撥攔對手從右後方攻來之械並上挑其頭部。

【要點】：槍繞圓與邁步要同時進行。

46. 鳳凰點頭

①雙腿屈膝下蹲。雙手握槍，右手上抬槍身後段，左手下壓槍身前段，使後槍頭向上崩挑至頭右後上方。目視後槍尖。（圖 92）

圖 92

②上動不停。身體站起，右腿站直，左腿屈膝上提，左

腳背貼於右大腿膝窩處。左手上抬槍身前段，右手下拉槍身後段，使後槍尖向身體右後下方點扣。目隨後槍尖。（圖 93）

圖 93

【用途】：對手從右後方持械攻我中盤時，我用後槍頭向上磕崩後，即向下點刺對手下盤。

【要點】：崩槍要用爆發力，點扣槍要快、要狠、要有力。

47. 黃龍轉身

①左腳向左後方落步，腳尖左扣，身體左轉。雙手握槍，隨身轉動。目視左方。（圖 94）

圖 94

②右腳向前邁一步，雙腳以前掌為軸碾地，身體向左後轉，左腿屈膝，右腿伸直成左弓步。雙手握槍，隨身轉動，雙腿成左弓步時，用前槍尖向前平刺。目

圖 95

隨前槍尖。（圖 95）

【用途】：此勢為退中取勝之勢，後退中突然轉身刺進攻之對手。

【要點】：退步轉身要急速，刺槍要迅猛，要有力。

圖 96

48. 驚蟒回首

雙手握槍，用後槍尖向身後平刺。雙腿動作不變。目視後槍尖。（圖 96）

【用途】：突然刺身後之對手。

【要點】：刺槍要突然快速，用力要足。

49. 遊龍歸洞

以雙腳前掌為軸碾地，身體向右後轉，右腳向後退一步。雙手握槍，隨身轉動，右腳向後退步時，用後槍尖從身體右側向後平扎。目隨後槍尖。（圖 97）

圖 97

【用途】：此是猝擊對手之法，突然轉身刺欲攻我之對手。

【要點】：轉身要疾，刺槍要快，兩者要同時進行。

50. 飛龍躥天

身體右轉，左腳向前邁一步落地，腳尖點地成高點步。同時，右手握槍身，用前槍尖向頭右前上方直刺；左手成掌，屈肘放至左腰間，掌心朝上。目視前槍尖。（圖 98）

圖 98

收　勢

左腳全腳掌落地站穩，右腳向左腳靠攏併齊。右手握槍身垂直下落，後槍尖離地面約10公分，前槍尖朝上；左掌直臂向下貼靠於左大腿外側。目視前方。（圖99）

圖99

第四節　昆吾劍

動作名稱

預備勢

第一段

1. 迎風揮扇
2. 蜻蜓點水
3. 轉身伏虎
4. 仙人指路
5. 漁郎問津
6. 白鶴展翅
7. 金針入地
8. 力劈華山
9. 竹簾倒卷（右）
10. 竹簾倒卷（左）
11. 仙人托塔

12. 千斤墜地

第二段

13. 磨式伏身
14. 降雲捧日
15. 仙人歸洞
16. 燕子啄目
17. 倒刺金冠
18. 冰柱垂檐

第三段

19. 內提金爐
20. 外提金爐
21. 內提金爐
22. 金雞點頭
23. 天神擒妖

第四段

24. 黃龍轉身
25. 昆山透石
26. 青龍脫骨
27. 燕鳴折菊
28. 黃龍擺尾
29. 昆山透石
30. 青龍脫骨
31. 燕鳴折菊

第五段

32. 青龍回頭
33. 海底撈月
34. 夜叉探海
35. 撥雲見日
36. 靈貓捕鼠
37. 鵲雀飛空
38. 浩然折梅
39. 鵲雀飛空
40. 浩然折梅

第六段

41. 巧燕捉食
42. 劍刺三里
43. 平地插香
44. 藤蘿掛壁（左）
45. 藤蘿掛壁（右）
46. 迎前擋後
47. 順風領衣（左）
48. 順風領衣（右）
49. 打落金錢

第七段

50. 連環三劍
51. 走馬回頭

第八段

動作圖解

預備勢

兩腳併步站立。左手反握劍柄，使劍身直立於左臂後側，劍尖朝上；右手五指併攏，自然下垂貼於右大腿外側。目平視前方。（圖1）

【要點】：要沉肩下氣，鬆靜自然。

圖1

第一段

1.迎風揮扇

①身體右轉，左腳向前邁一步落地，雙腿微屈膝。同時，左手持劍向上、向右擺至身前，屈肘，掌心朝下，劍身貼於左前臂下側，劍尖朝左後方；右手從身體右側向上、向左、向前接握劍柄，屈肘，掌心朝下。目視前方。（圖2）

圖2

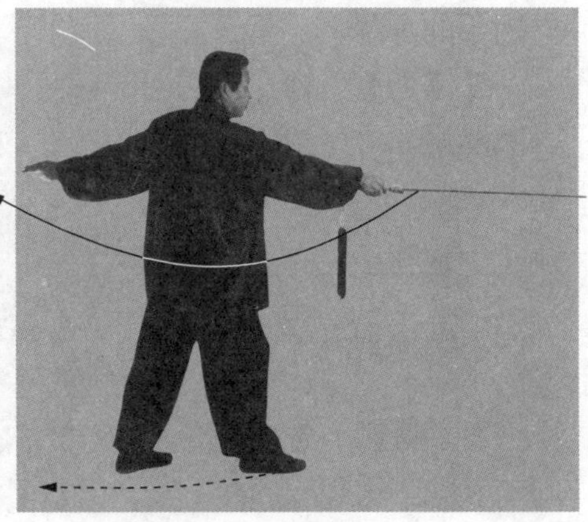
圖3

②雙腳以前腳掌為軸碾地，身體向右後轉，雙膝微屈。伴隨轉身，右手持劍，向右平削至身前，肘微屈，劍尖朝前；左手變劍指，直臂伸於身後。目隨劍尖。（圖3）

③上動不停。身體繼續向右後轉，右腳向前邁一步落地，右腿屈膝，左腿伸直。右手持劍，隨轉身臂外旋，向下、向前、向上挑劍，臂伸直，劍尖朝上；左手劍指隨轉身屈肘擺至頭左後上方，拇指一側朝下。目視劍尖。（圖4）

圖4

【用途】：用劍攔掛從四周攻我之對手的器械，並用劍上挑身前之對手的身體。

【要點】：轉身要輕靈連貫，削劍、挑劍速度要快，力量要足。

圖5

2.蜻蜓點水

右手持劍，先向前、向下點刺，後向上崩挑，劍尖斜朝前上；左手劍指不變。右腿站穩，左腳向後翻蹶，腳離地，腿屈膝，腳掌斜朝後上。目視劍尖。（圖5）

【用途】：對方持械從前方攻我時，我用劍向下點磕後即向上、向前崩挑對方胸口部位。

【要點】：點刺劍要有力，崩挑劍要快速，兩個動作要連貫，一點即挑。

圖6

3.轉身伏虎

①左腳落地。目視前方。（圖6）

②以雙腳前腳

掌為軸碾地，身體向左後轉，右腳向前邁一步落地。右手持劍，隨轉身上步向下、向前、向上撩擊至身前。隨即，身體繼續左轉，左腿屈膝半蹲，右腿伸直成右高仆步。同時，右手持劍，平放身體右前方，屈肘，手心朝上，劍尖朝右；左手劍指擺落右腋前，手心朝右，劍指朝上。目視劍尖。（圖7）

圖7

【用途】：對方從身後持械攻我頭部，我左轉身同時前伏身躲對方攻我之械，右腳上步用劍撩對方襠部。

【要點】：轉身要急，上步要輕靈，撩劍要快速有力，上步撩劍要同時進行。

4.仙人指路

上動不停。右手持劍，從身體左側繼續向上、向後、向下、向前、向上撩擊至頭前上方，手心朝右，劍尖朝前；左手劍指隨劍擺至身前，臂伸直，手心朝前，劍指朝上。在雙手動作的同時，身體右轉，左腳向前邁一步落地，雙腿屈膝，左腳腳尖著地成左虛步。目視前方。（圖8）

【用途】：對方持械從身體右側攻我時，我轉身上步，用劍迎擋對方器械的同時並撩刺其身。

【要點】：轉身上步要快，撩劍要猛、要狠、要有力。

圖8　圖9

5.漁郎問津

右腳向前上步，震腳落至左腳右側，雙腳併步，雙腿屈膝下蹲。隨著併步下蹲，右手持劍臂外旋，屈肘下落胸前後向前下方斜刺，臂伸直，手心朝左，劍尖斜朝前下；左手劍指左展後，直臂伸於右手左側，拇指一側朝上，劍指斜朝前下。目隨劍尖。（圖9）

【用途】：對方持械從前方攻我時，我用劍外掛或上迎後即向前刺其下盤。

【要點】：震腳落地、前刺劍要同時，刺劍要迅猛有力。

6.白鶴展翅

身體直起，右腳向前邁一步落地，左腿屈膝上提身前，成右獨立步。同時，右手持劍臂外旋，向右、向上展至身體右上方，肘微屈，手心朝上，劍尖斜朝右上；左手劍指臂外旋，向左、向上展至身體左上方，肘微屈，手心朝上，劍指斜朝上。目視前方。（圖10）

圖10

【用途】：對方持械從前方攻我時，我用劍向上、向右撥撩，同時，用左腳向前彈踢對方襠部。

【要點】：展臂撥撩劍要快，用力要足，上步提腳要與展臂同時進行。

7. 金針入地

左腳向前落地，身體左轉，右腳向前邁一步落於左腳右側，雙腿屈膝，右腳尖著地成右丁步。右手持劍，與右腳前上步同時臂內旋，向前、向左、向下刺落至右腿右側，手心朝後，劍身垂直，劍尖接近地面；左手劍指擺至頭左前上方，肘微屈，小指一側斜朝前上。目視前方。（圖11）

圖11

圖12

【用途】：對方持械從前方攻我時，我用劍向下、向右磕掛的同時，刺對方下盤。

【要點】：雙腳上步，劍尖下刺要成一體，整個動作要快速俐落。

8.力劈華山

①身體左轉，右腳後退一步，左腿屈膝半蹲，右腿蹬直成左弓步。與轉身退步同時，右手持劍，向前直刺，手心朝左，劍尖朝前；左手劍指直臂伸於身後，拇指一側朝上。目隨劍尖。（圖12）

②上動不停。左腳後退一步，以雙腳前掌為軸碾地，身體向左後轉，雙腿左屈右直成左弓步。在退步轉身的同時，右手持劍，向上、向前、向下猛劈，臂伸直，手心朝左，劍尖朝前下；左手劍指擺至頭左後上方，肘微屈，小指一側朝上。目視前方。（圖13）

圖13

【用途】：對方持械從左側攻我時，我左轉身躲其攻擊的同時，用劍向前刺其身體。對方從身後持械攻我時，我左後轉身用劍向左攔擋的同時，順其械下劈對方臂、身。

【要點】：轉身要急，刺劍要快，劈劍要猛，用力要足，要用全身整體之力。

9.竹簾倒卷（右）

右手持劍臂外旋，向前、向右、向下、向左、向上卷斬，手心朝上，劍尖朝前，左手劍指隨之擺落右上臂內側，手心朝前，劍指朝上。與雙手動作同時，右腳向前邁一步落地，左腿屈膝全蹲，右腿伸直。目視劍尖。（圖14）

圖14

【用途】：對方持械

從前方攻我上盤時，我身體下蹲躲其攻擊，同時，上步用劍攻對方下盤。

【要點】：上步蹲身要輕靈，劍卷斬要快速有力。

10.竹簾倒卷（左）

身體稍起，雙腳蹬地前跳，左腳落地，右腳向前落地，左腿仍屈膝全蹲，右腿伸直。同時，右手持劍臂內旋，向前、向下、向右、向上卷斬，手心朝下，劍尖朝前；左手劍指屈肘立於右腋前。目視前方。（圖15）

圖15

【用途】：可與上個動作連接使用。我用劍攻對方下盤時，對方後退步躲閃，我即跳步連續攻下盤。

【要點】：前跳步要輕靈快速，劍卷斬要用爆發力，柔中寓剛。

11.仙人托塔

身體站起，並左轉45°，左腳向前與右腳靠攏，雙腳併步站立。右手持劍，向上平托至身體右前上方，手心朝下，劍尖朝右前方；左手劍指屈肘立於右上臂左側。目視劍尖（圖16）。

【用途】：用劍向上挑托對方攻來之械，並可順勢前刺對方頭部。

【要點】：起身、上步、托劍要連貫一體，托劍要有力。

圖16

12. 千斤墜地

右手持劍臂外旋，向前、向下點刺，手心朝左、劍尖朝右前下方。身體和左手劍指動作不變。目隨劍尖。（圖17）

圖17

【用途】：可與上個動作連接使用。對方持械從前方攻我時，用劍向上挑托後即向前、向下點刺對方頭部、胸部。

【要點】：點刺劍要用手腕抖彈之力。

第二段

13.磨式伏身

圖18

身體左轉，右腳向右跨一步，右腿屈膝半蹲，左腿伸直，成左高仆步。在轉身跨步的同時，右手持劍，向前、向左、向右平掃抹至身前，肘屈，手心朝下，劍尖朝左；左手劍指屈肘立於右手腕左側，手心朝右。目平視左方。（圖18）

【用途】：對方從身體左側持械攻我時，我轉身跨步躲閃對方的同時，用劍掃抹對方頭部。

【要點】：轉身、上步、掃抹劍要同時進行，掃抹劍速度要快，達到後發先至。

14.降雲捧日

身體左轉，右腳向前邁一步，腳尖點地，成右高點步。右手持劍，隨轉身上步臂外旋，向前、向左、向上捧托，劍身平放身前，肘微屈，手心朝上，劍尖朝前；左手劍指在身體左轉時向左展臂，隨即臂外旋，向前、向右、向上捧托至身前，肘微屈，手心朝上，劍指朝前。目平視前方。（圖19）

【用途】：對方持械從前方攻我時，我用劍向上挑崩，

圖 19

同時，用劍順勢前刺對方胸部、頭部。

【要點】：捧挑劍要有力，前刺劍要用彈抖勁。

15. 仙人歸洞

①右腳全腳掌著地，左腳向前邁一步。目視前方。（圖 20）

圖 20

②上動不停。以雙腳前掌為軸碾地，身體向右轉 360°，右腳向前邁一步落地，右腿屈膝半蹲，左腿蹬直成右弓步。右手持劍，隨右轉身臂內旋，向右平掃，當右腳向前邁步落地時，向前下方猛力刺劍，臂伸直，手心朝右，劍尖朝前下方；左手劍指隨身擺動，右手持劍向前下方刺劍時，直臂伸於身後，拇指一側朝上，劍指朝後上方，與劍身成一條直線。目視劍尖。（圖

21）

【用途】：在轉身中掃擊四周之對手攻我之器械，並猛刺身前之對手。

【要點】：轉身上步要急，掃劍迅猛，刺劍要突然、快速、有力。

圖 21

16. 燕子啄目

①身體稍起，左腳向前邁一步落地，雙腿微屈膝。右手持劍臂內旋，向上帶撩至頭右前方，肘屈，手心朝右，劍尖朝前；左手劍指從身後向前擺至身前，屈肘立於右手左下方，手心朝右。目視前方。（圖 22）

圖 22

②上動不停。右手持劍，向前下方猛刺，臂伸直，劍尖朝前下方；左手劍指屈肘立於右前臂左側，手心仍朝右。同

時，右腳向前邁一步，右腿屈膝，左腿伸直。目視劍尖。（圖23）

圖23

【用途】：對方持械從前方攻我時，我用劍向上迎擋後，即向前刺對方眼睛。

【要點】：劍向上帶撩要有力，前刺要快速，兩個動作要成一體，一帶即刺。

17.倒刺金冠

圖24

①左腳墊步向前跳一步，右腳同時向前跳一步。目視前方（圖24）。

②右手持劍，隨身體左轉向下、向左、向上繞行後向右後翻臂直刺，手心朝上，劍尖朝右後方；左手劍指屈肘向上橫至身體上方，手心朝上。同時，左腳站穩，膝微屈，右腿直腿，抬起，腳尖繃緊，上身後仰。目視劍尖。（圖25）

圖 25

【用途】：對方從左前方持械攻我時，我用劍向左掛攔後，即反臂刺對方頭部。

【要點】：雙腳前跳要輕快俐落。仰身刺劍要快速有力。刺劍、抬右腿、左手劍指上舉要同時進行，以保持身體平衡。

圖 26

18. 冰柱垂檐

①身體立起，右腳向前落地。（圖 26）

②上動不停。右手持劍，先向前、向下、向左、向上繞行。撥劍後向前、向下、向右、向上繞行撥劍；左手劍指隨劍擺動。目隨劍尖。（圖27）

圖27

③上動不停。右手持劍，向前、向下直刺，劍身垂直立於身體右上方，手心朝後，劍尖朝下；左手劍指屈肘立於右腋前，手心朝右。與此同時，身體左轉，左腳向右腳併攏，雙腿屈膝半蹲。目視右方。（圖28）

【用途】：對方從左前方持械擊我時，我用劍向左或向右撥掛後，向前、向下刺對方胸部。

【要點】：撥掛劍、前下刺劍速度要快，並要有力，要連貫一體。

圖28

第三段

19. 內提金爐

圖 29

身體直起，左腿站穩，右腿屈膝上提身前，腳尖朝下。右手持劍，隨右腳上提向下、向左、向上穿刺至頭前上方，手心朝後，劍尖斜朝右上；左手劍指隨劍向左、向上擺至頭左前上方，屈肘，小指一側朝上，劍指朝右上方；上身隨之向左擰轉。目隨劍尖。（圖 29）

【用途】：對方從左前方持械攻我時，我用劍向上挑架，同時，可前刺對方頭部。

【要點】：提腿擰身、穿刺劍要協調一體。

20. 外提金爐

圖 30

①上動不停。右腳向右落步，腳尖右扣，身體右轉，雙腿微屈膝。隨著落步轉身，右手持劍，向

前、向下穿刺至身體前下方，手心朝右後，劍尖朝前下方；左手劍指隨之前擺。目隨劍尖。（圖30）

②上動不停。身體繼續右轉，右腿站穩，左腿屈膝上提身前，腳尖朝下。右手持劍，隨轉身繼續從身體右側向右、向上穿刺至頭前上方，肘微屈，手心朝前，劍尖斜朝左上方；左手劍指隨轉身擺動至右上臂左側，屈肘，手心朝右，劍指朝上。目隨劍尖。（圖31）

圖31

【用途、要點】：同上。

21.內提金爐

①上動不停。左腳向左落步，身體左轉，雙腿膝微屈。右手持劍，向前、向下弧形穿刺至身前下方；左手劍指隨之擺至胸前。目視劍尖。（圖32）

圖32

②上動不停。身體繼續左轉，左腿站穩，右腿屈膝上提身前，成左獨立步。同時，右手持劍，向左、向上穿刺至頭前上方，手心朝後，劍尖斜朝右上方；左手劍指隨左轉身擺至頭左前上方，手心朝前，拇指一側朝下，劍指朝右上方。目隨劍尖。（圖 33）

【用途、要點】：同上。

圖 33

22. 金雞點頭

①身體右轉，右腳向前落步，雙腿微屈膝，左腳抬起欲向後翻腳。同時，右手持劍臂內旋，向前、向下劈落身前，手心朝左，劍尖稍斜向前上方；左手劍指隨劍下劈落至右手左側，肘微屈，手心朝右，拇指一側朝上。目隨劍尖。（圖 34）

圖 34

②上動不停。右手持劍，向下點刺後即向上崩挑至原來位

置；左手劍指隨劍上下點挑擺動。伴隨雙手動作，左腳用前腳掌向後翻蹶後向前邁一步落地，雙腿微屈膝，右腳腳跟抬起欲向後翻腳。目隨劍尖。（圖35）

圖35

③上動不停。右手持劍，向上點刺後即向上崩挑至原來位置；左手劍指仍隨劍上下點挑擺動。同時，右腳用前腳掌向後翻蹶後向前邁一步落地，雙腿微屈膝，左腳腳跟抬起欲向後翻腳。目隨劍尖。（圖36）

圖36

④上動不停。右手持劍，向下點刺後即向上崩挑至原來位置，左手劍指隨劍上下點挑擺動。伴隨雙手動作，左腳用前腳掌向後翻蹶後向前邁一步落地，雙腿微屈膝，右腳

圖 37

腳跟抬起欲向後翻腳。目隨劍尖。（圖 37）

⑤上動不停。右手持劍，向上點刺後即向上崩挑至原來位置；左手劍指仍隨劍上下點挑擺動。同時，右腳用前腳掌向後翻蹶後向前邁一步落地，雙腿微屈膝，左腳腳跟抬起欲向後翻腳。目隨劍尖。（圖 38）

圖 38

【用途】：①對方持械從前方攻我時，可用劍向下攔磕後即向上崩挑對方胸、頭部。②對方持械從前方攻我時，可用劍向上挑迎後，即向前、向下點刺對方胸部。

【要點】：點刺、崩挑劍手腕上下幅度要盡量放大，要用彈抖之勁，用力要足。點挑劍與腳走蹬泥步後翻前邁步要協調一體，不可脫節。

圖 39

圖 40

23. 天神擒妖

①左腳向前擺起，右腳蹬地跳起，身體騰空。在空中，右手持劍，向下、向後翻撩，手心朝左，劍尖朝後；左手劍指向前、向上擺至頭左前上方，手心朝右，拇指一側斜向前上方。頭右後轉，目視劍尖。（圖 39）

②上動不停。左腳落地，右腳向前落地，身體左轉，左腿屈膝全蹲，右腿屈膝小腿、膝蓋接近地面。同時，右手持劍，由身後向上、向前、向下按切至身前，手心朝下，劍尖朝前；左手劍指屈肘落於右前臂左側，手心朝右。目視劍尖。（圖 40）

【用途】：①對方從身後持械攻我時，我進身躲閃的同時用劍向後撩擊對方襠部。

②對方持械從前方低身擊我下盤時，我身體前跳，同時，用劍向下攔磕對方之械並按斬其身。

【要點】：起跳要輕、要快，向後撩劍要迅猛有力，向下按斬劍要用身體整體之力。

第四段

24.黃龍轉身

圖 41

身體站起，以左腳前腳掌為軸碾地，身體向右轉 270°，右腳提起隨身轉動至身體前下方，腿屈膝，腳離地約 20 公分。右手持劍臂內旋，隨轉身向右平削斬至身體右前下方，手心朝左，劍尖朝前；左手劍指擺至身體左側。目隨劍行。（圖 41）

25.昆山透石

上動不停。右腳向前落地，右腿屈膝半蹲，左腿蹬直成右弓步。同時，右手持劍，向前猛力直刺，手心朝左，劍尖朝前；左手劍指直臂伸於身後，手心朝左，拇指一側朝上。目視劍尖。（圖 42）

【用途】：以上兩個動作可連接使用：①先發制人，突然右轉身用劍削斬身後欲擊我之對手。

②對方從身後持械攻我時，我快速右轉身，用劍向右攔磕對方之械後，即向前刺對方胸、腹部。

【要點】：轉身、削斬要輕靈快速，前刺劍要狠、要

圖 42

猛、要有力。

圖 43

26. 青龍脫骨

身體重心後移，上身後仰，雙腿屈膝，左小腿接近地面。右手持劍臂外旋，向後橫收平放右肩前，手心朝上，劍尖朝右；左手劍指擺至身體左上方，肘微屈，手心朝前。目視前方。（圖 43）

【用途】：對方從右前方持械攻我時，我用劍向後、向右攔磕其械，並可視情前刺其身。

【要點】：劍向後橫收要用爆發力，要與仰身同時進行。

27.燕鳴折菊

圖44

右手持劍臂內旋，向上、向前、向下、向右削斬，肘微屈，手心朝後，劍尖朝前下方；左手劍指向前擺落於身體左前方，肘微屈，手心朝左，拇指一側朝下。左腳向前邁一步落地，腿即屈膝，右腿伸直。目隨劍行。（圖 44）

【用途】：可與上個動作連用，用劍向後攔磕對方從右前方攻來之械後，即向前、向右削斬其身。

【要點】：劍削斬要快速有力，並要與左腳上步動作一致。

28.黃龍擺尾

圖45

上身微右轉，身體重心後移，右腿屈膝，左腿伸直。同時，右手持劍，下按劍柄並後拉，使劍平直放至小腹前側，手心朝下，劍尖朝前；左

圖 46

手劍指向右、向下擺至小腹前，手心朝右，拇指一側朝上；隨劍後拉，身體左右晃動。目視前方。（圖 45）

【用途】：守勢待發。

【要點】：身體晃動要柔和。

29.昆山透石

右腳向前邁一步落地，右腿屈膝，左腿蹬直成右弓步。右手持劍，隨右腳前上步向前快速猛力直刺；左手劍指擺至身後，臂伸直，手心朝右，拇指一側朝上。目視劍尖。（圖 46）

【用途】：先發制人，用劍突然向前刺欲攻我之對手。

【要點】：右腳上步要急，前刺劍速度要快，用力要足。

圖47

圖48

30. 靑龍脫骨

身體重心後移，上身後仰，雙腿屈膝，左小腿接近地面。右手持劍臂外旋，向後橫收平放右肩前，手心朝上，劍尖朝右；左手劍指擺至身體左上方，肘微屈，手心朝前。目視前方。（圖47）

31. 燕鳴折菊

右腿站直，左腿屈膝上提身前，腳尖朝下。與此同時，右手持劍臂內旋，向上、向前、向下、向右削斬，肘微屈，手心朝後下，劍尖朝前下方；左手劍指向前擺落身體左前方，肘微屈，手心朝左，拇指一側朝下。目隨劍行。（圖48）

【用途、要點】：同動作27。

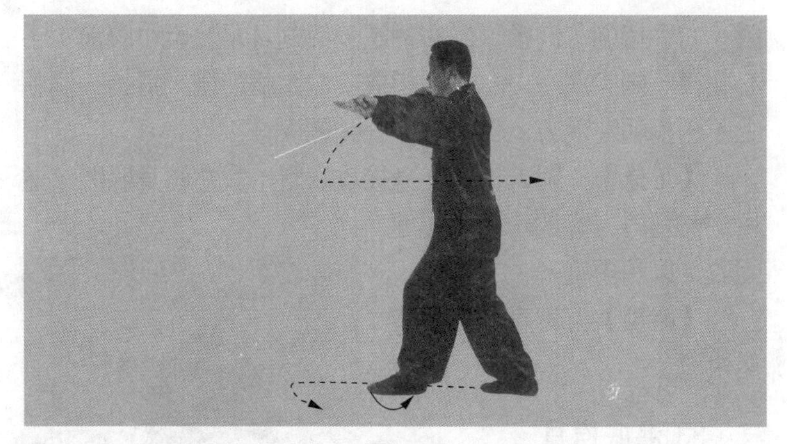

圖 49

第五段

32. 青龍回頭

圖 50

①左腳向前落地。目視前方。（圖 49）

②右腳向前邁一步落地，雙腳以前掌為軸碾地，身體向左後轉，左腿屈膝，右腿伸直。右手持劍，向前猛力直刺，臂伸直，手心朝左，劍尖朝前；左手劍指擺至右手腕左側，手心朝右，拇指一側朝上。目視劍尖。（圖 50）

③身體右轉，右腿屈膝半蹲，左腿伸直成左高仆步。同

時，右手持劍，向後、向右抽拉，使劍身平放至小腹前，手心朝後，劍尖朝左；左手劍指擺於左大腿前側，拇指一側朝上，劍指朝左前方。目視左方。（圖 51）

【用途】：對方持械從身後攻我時，我左轉身躲閃，並用劍前刺對方胸部。前刺後速回收，以利再戰。

【要點】：轉身刺劍要突然快速。

圖 51

33. 海底撈月

身體左轉，右腳向前邁一步落地，右腿屈膝全蹲，左腿屈膝向前，小腿接近地面。同時，右手持劍，向前、向下、向左、向上卷斬，手心朝上，

圖 52

圖 53

劍尖朝前；左手劍指向前、向左、向下、向右、向上擺至右手左側，手心朝上，劍指朝前。目視前方。（圖 52）

【用途】：對方從前方持械攻我頭部時，我上步蹲身躲閃，並用劍向前攻擊對方腿部。

【要點】：上步蹲身要輕靈快速，劍前斬要有力。

34.夜叉探海

右腿站直，左腿向後直伸，腳面繃緊，上身前伏。右手持劍，向前直刺，臂伸直，手心朝左，劍尖朝前；左手劍指直臂伸於身後，手心朝左，拇指一側朝上。目視劍尖。（圖 53）

【用途】：可與上個動作接連使用，對手從前方持劍攻我中盤時，我用劍向上迎擋後，即向前刺對方的胸部。

【要點】：左腿後伸、上身前伏、劍前刺要同時進行，以保持身體平衡和刺劍有力。

圖 54

35. 撥雲見日

圖 55

①身體直起，左腳向前落地。目視前方。（圖 54）

②上動不停。右手持劍臂外旋，向右、向上、向後撥撩，手心朝上，劍尖斜朝右上方；左手劍指向左、向上、向後擺舉至頭左上方，手心朝上，拇指一側朝後與雙手動作同時，右腳從身後向前彈踢，腿伸直，腳面繃平。目視前方。（圖 55）

【用途】：對方持械從前方攻我中上盤時，我用劍向上撥攔，同時，用腳向前彈踢對方襠部。

【要點】：劍撥撩要快速有力，腳彈踢要狠、要猛，一擊必中。

圖 56

36. 靈貓捕鼠

①右腳向前落地；右手持劍，向前、向下磕掛，手心朝下，劍尖朝前下方；左手劍指向前擺落至身體前方，拇指一側朝上。目視前方。（圖 56）

圖 57

②上動不停。右手持劍，向後、向上、向前、向下繞圓劈落，手心朝左，劍尖朝前下方；左手劍指向右、向後擺至頭左後上方，肘微屈，拇指一側朝左後上方。左腳同時向前邁一步，左腿屈膝，右腿伸直。目視前方。（圖 57）

【用途】：對方從前方持械攻我中、下盤時，我用劍向下、向右磕掛後，再向前劈對方頭部。

【要點】：劍磕掛、劈落要緊湊、連貫，並要與落腳上步協調一體。

圖 58

37. 鵪雀飛空

①右手持劍，向上、向右、向後劈落；上身隨之右轉。左手劍指隨劈劍轉身擺至右胸前。目隨劍行。（圖 58）

②上動不停。右手持劍繼續向下、向前、向上弧形撩劍，手心朝上，劍尖朝前；左手劍指向左、向上、擺至左前上方，拇指一側朝下。上身隨之左轉，右腿屈膝上提身前，腳尖朝下。目隨劍行。（圖 59）

【用途】：①右轉身用劍劈斬身後欲攻我之對手。②對手從前方用械攻我中、下盤時，我用劍向上撩擋並撩刺對手胸部，連撩帶刺。

【要點】：轉身劈落劍要突然快速，向前撩刺劍要連成一體，一撩即刺，並要迅猛有力。

圖 59

38. 浩然折梅

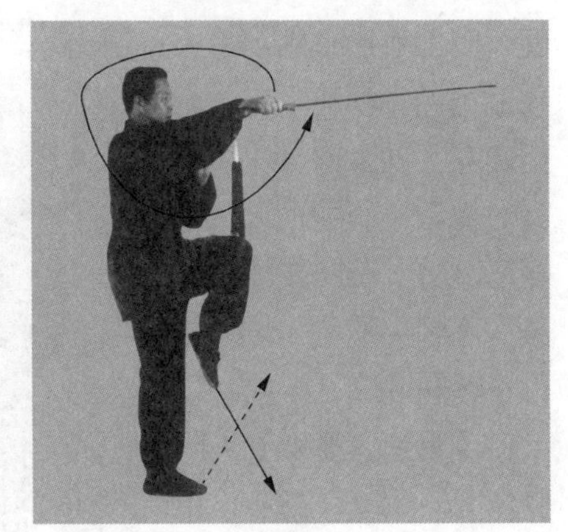

圖 60

右腳落地，左腿屈膝上提身前，腳尖朝下。與此同時，右手持劍臂內旋，向左、向下、向右畫弧削斬，肘微屈，手心朝下，劍尖朝前；左手劍指隨削劍屈肘擺至右前臂左側，拇指一側朝後。目視劍尖。（圖 60）

【用途】：可與上一個動作連用，用劍向上撩擋對手從前方攻我中、上盤之械後，即削斬其頸部。

【要點】：劍削斬速度要快，力量要足，要集全身之力於劍刃之上。

39. 鵲雀飛空

圖 61

①左腳落地。右手持劍，向上、向右、向後劈落；上身隨之右轉；左手劍指隨劈劍轉身擺至右胸前。目隨劍行。（圖 61）

②上動不停。右手持劍，繼續向下、向

前、向上弧形撩劍，手心朝上，劍尖朝前；左手劍指向左、向上擺至左前上方，拇指一側朝下。上身隨之左轉，右腿屈膝上提身前，腳尖朝下。目隨劍行。（圖 62）

圖 62

【用途、要點】：同動作 37。

40. 浩然折梅

右腳落地，左腿屈膝上提身前，腳尖朝下。與此同時，右手持劍臂內旋，向左、向下、向右畫弧削斬，肘微屈，手心朝下，劍尖朝前；左手劍指隨削劍屈肘擺至右前臂左側，拇指一側朝後。目視劍尖。（圖 63）

圖 63

【用途】：可與上一個動作連用，用劍向上撩擋對手從前方攻我中、上盤之械後，即削斬其頸部。

【要點】：劍削斬速度要快，力量要足，要集全身之力於劍刃之上。

第六段

41. 巧燕捉食

圖 64

身體右轉；右手持劍，向右、向下劈落，手心朝左，劍尖朝前下方；左手劍指擺至左上方。目視劍尖。（圖 64）

【用途】：突然轉身劈身後欲攻我之對手頭部。

【要點】：轉身、劈劍要突然快速。

42. 劍刺三里

圖 65

①身體右轉，左腳向前落地。目視前方。（圖 65）

②上動不停。右腳提起向前震腳落地，左腳隨即再向前邁一步落地，左腿屈膝半蹲，右腿

圖 66

伸直成左弓步。在轉身上步的同時，右手持劍，向前下方猛刺，手心朝左，劍尖朝前下方；左手劍指直臂伸至身體後方，手心朝左，拇指一側朝上。目視劍尖。（圖 66）

【用途】：對手從右方持械攻我時，我用劍向右磕掛其械的同時，轉身上步，用劍猛刺對方腿部足三里部位。

【要點】：轉身、上步、刺劍要連貫、緊湊，刺劍要狠、要準、要有力。

43. 平地插香

圖 67

右手持劍，屈腕向上挑劍，劍尖朝上。目視劍尖。（圖 67）

【用途】：與上一個動作連接使用，劍刺對方腿部，對方後退躲閃，即用劍向前、向上崩挑對方身體。

【要點】：挑劍要

有力。

44.藤蘿掛壁（左）

①右腳向前邁一步落地，身體左轉。右手持劍，從身體左側向下、向左、向上崩挑，劍尖朝左上方。目隨劍尖。（圖68）

圖68

②上動不停。身體右轉，左腳向前邁一步落地，左腿屈膝，右腿伸直。右手持劍，隨轉身上步向上、向前弧形劈落，手心朝左，劍尖朝前下方；左手劍指隨之擺至左上方，手心朝右，拇指一側斜朝前上方。目視前方。（圖69）

圖69

【用途】：①對手從身後持械攻我頭部，我上右步、左轉身躲其攻擊，並用劍向後挑其身體。②對手從身體右側持械攻我頭部時，我在前伏、右轉躲閃的同時，上左腳，用劍劈對方的頭部。

【要點】：轉身上步要輕靈、快捷，挑劍、劈劍要有力量。整個動作要協調、連貫。

45.藤蘿掛壁（右）

①上身右轉；右手持劍，從身體右側向下、向後、向上撩劍；左手劍指屈肘立於右胸前。目隨劍行。（圖70）

圖70

②上動不停。右手持劍，繼續向上、向前、向下劈落，手心朝左，劍尖朝前下方；左手劍指擺至左上方，手心朝左，拇指一側朝下。上身同時左轉，右腳向前邁一步落地，右腿屈膝，左腿伸直。目視前方。（圖71）

圖71

【用途、要點】：同上。

圖 72

46. 迎前擋後

①左腳向前邁一步落地，腿即屈膝，右腿伸直。右手持劍，向前上方崩撩，劍尖朝前上方。目隨劍尖。（圖 72）

②上身右轉。右手持劍，從身體右側向下、向後掛撩，臂伸直，劍尖朝後下方；左手劍指擺至右前上方。目隨劍行。（圖 73）

圖 73

【用途】：對手從前後同時持械攻我時，我用劍前後迎擋之。

【要點】：劍前擋後撩必須快速有力，達到後發先至。

47. 順風領衣（左）

身體左轉，右腳向前邁一步落地，右腿屈膝，左腿伸直。同時，右手持劍，從身後向上、向前，再從身左向下、

向左、向後劈領，手心朝上，劍尖朝後下方；左手劍指隨劍擺至身後方，拇指一側朝上；上身隨之左轉。目隨劍行。（圖74）

圖 74

【用途】：對手從前方持械攻我時，我上右步、左轉身，用劍向左後方劈掛領帶對方之械，並用劍截斬其身。

【要點】：上步轉身劈領劍要同時進行，劈領劍要用內力。

48.順風領衣（右）

圖 75

上身右轉，左腳向前邁一步落地，左腿屈膝，右腿伸直。右手持劍，隨左腳上步從身後向上、向前，從身體右側向下、向右、向後劈領，手心朝左，劍尖朝後下方；左手劍指擺至前上方，臂伸直，拇指一側朝上。上身隨之右轉。目隨劍行。（圖 75）

【用途、要點】：同上。

49.打落金錢

圖 76

①上身左轉，右腳向前邁一步落地，右腿屈膝，左腿伸直。同時，右手持劍，從身後向上、向前劈落至頭前上方時繼續向下、向左、向上撥掛，隨即再向右、向下、向上撥掛，手心朝上，劍尖朝右；左手劍指擺於左後上方。目隨劍行。（圖 76）

②上動不停。身體左轉，右腿站直，左腳向右腳併攏。右手持劍，向右側劈點，手心朝左，劍尖朝前下方；左手劍指擺於左前上方，拇指一側朝下。目視劍尖。（圖 77）

圖 77

【用途】：對方持械從前方攻我上盤時，我用劍向左下或右下撥掛後，即向前劈點對方頭部。

【要點】：劍左右撥掛、劈點速度要快，用力要足，並要連貫、緊湊。

圖 78

第七段

50. 連環三劍

①身體左轉，左腳向前邁一步落地，左腿屈膝，右腿蹬直。伴隨轉身上步，右手持劍，向前直刺，手心朝左，劍尖朝前；左手劍指直臂伸於身後，手心朝左，拇指一側朝上。目隨劍行。（圖 78）

圖 79

②上動不停。右腳向前邁一步落地，以雙腳前腳掌為軸碾地，身體向左後轉，左腿屈膝半蹲，右腿蹬直成左弓步。右手持劍、左手劍指均隨身擺動；當雙腿成左弓步時，右手持劍，向前直刺，臂伸直，劍尖朝前；左手劍指直臂伸至身後，拇指一側朝

上。目隨劍行。（圖79）

③上動不停。左腳後退一步落地，身體左後轉，雙腿左屈右直成左弓步。右手持劍，向前直刺，臂伸直，手心朝左，劍尖朝前；左手劍指直臂伸於身後，手心朝左。目視劍尖。（圖80）

圖80

【用途】：①對手從身體左方或後方持械攻我時，我轉身躲閃，同時，上步用劍刺對方胸部。

②突然轉身刺欲攻我之對手，並連續轉身刺之。

【要點】：轉身上步要疾，刺劍要迅猛有力，兩者要配合一體。

51.走馬回頭

以雙腳前腳掌為軸碾地，身體向右轉270°，雙腿微屈膝。右手持劍，隨轉身向右平削至身前，手心朝下，劍尖朝前；左手劍指隨身擺動至身後。目隨劍行。（圖81）

圖81

圖 82

【用途】：對手持劍從身後攻我時，我右轉、前伏躲閃的同時，用劍向右平削對手的頸部。

【要點】：轉身、削劍要輕靈快速。

52. 摘星換月

①上動不停。身體繼續右轉，右腳向前邁一步落地，雙腿微屈膝。右手持劍，隨轉身繼續向右平削至右前方時，臂外旋，向下、向左、向上畫弧削斬，手心朝上，劍尖朝左前方；左手劍指隨轉身向前屈肘立於右前臂左側，拇指一側朝後。目隨劍行。（圖 82）

圖 83

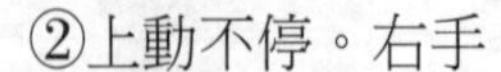

②上動不停。右手持劍臂內旋，向下、向右、向上畫弧削斬至右前方，手心朝下，劍尖朝右前方；左手劍指隨劍擺動仍至右前臂左側。左腳同時向前邁一步落地，左腿屈膝，右腿伸直。目隨劍行。（圖 83）

圖 84

【用途】：對手從前方持械攻我上盤時，我用劍向左磕掛後，即回劍向右削斬對方頭部。

【要點】：劍左右削斬要連貫、緊湊，並要快速有力。

53. 劍分三段

①身體微左轉，右腳向前邁一步落地，雙腿站直。右手持劍臂外旋，向前推斬，肘微屈，手心朝上，劍尖朝右前方；左手劍指向左、向上擺至左上方，手心朝左，拇指一側朝下。目隨劍行。（圖84）

圖 85

②身體右轉，左腳向前邁一步落地，雙腿屈膝。右手持劍臂內旋，向前推斬，肘微屈，手心朝下，劍尖朝左前方；左手劍指隨上步推劍擺落於右前臂左側，屈肘，劍指朝上，拇指一側朝後。目隨劍行。（圖 85）

③身體左轉，右腳向前邁一步落地，雙腿屈膝成左跪膝

圖 86

步。同時，右手持劍臂外旋，向前推斬，手心朝上，劍尖朝右前方；左手劍指屈肘立於身前，拇指一側朝右。目隨劍行。（圖 86）

【用途】：此為劍擊上、中、下三盤之法：①先發制人，突然向前推斬對方頭部。

②後發制人，對手持械從前方攻我頭部時，我蹲身上步推劍，既躲閃對方的攻擊，又可截斬對手中、下盤。

【要點】：轉身上步要快速，推劍要用內力。

圖 87

54. 野馬分鬃

①身起並微右轉，左腳向前邁一步落地，雙腿微屈膝。右手持劍，向上、向右、向後分撩，手心朝上，劍尖朝右前上方；左手劍指向右、向上擺至前上方，手心朝上，拇指一側朝左前上方。目視前方。（圖 87）

②右手持劍臂內旋，向左、向前、向下分掛，手心朝

後，劍尖朝前下方；左手劍指隨之向前、向右、向下擺落於左前方，手心朝下，拇指一側朝右。目視前方。（圖 88）

圖 88

【用途】：對方持械攻我中、上盤時，我用劍向上、向右磕撩其械後，向下削斬其腿部。

【要點】：劍分撩、削斬要連貫、快速，並要有力。

55. 快馬加鞭

圖 89

右腳向前擺起，左腳蹬地跳起，身體騰空前跳。右腳落地，左腳向前落地，雙腿左屈右直成左弓步。在雙腳騰空前跳的同時，右手持劍，向後、向上、向前、向下劈落，手心朝左，劍尖朝前下方；左手劍指擺至左後上方，拇指一側朝下。目視前方。（圖 89）

【用途】：跳步進身追趕劈斬對手。

【要點】：跳步要輕快，劈劍要猛、要狠、要有力。

第八段

56. 回頭望月

左腳從右腳左側向後退一步，雙腿屈膝盤蹲。右手持劍，從身體右側向後、向上反撩，臂伸直，手心朝左，劍尖朝後上；左手劍指屈肘立於右胸前。上身隨之向右擰轉。目隨劍行。（圖 90）

【用途】：突然用劍向後反撩欲攻我之對手的襠、腹部。

【要點】：反撩劍速度要快，用力要猛、要狠，撩擊的部位要準。

57. 騰蛇吐芯

①身起，雙腳以前掌為軸碾地，身體向左轉 180°，雙腿微屈膝。右手持劍，隨轉身向左平掃一周，肘微屈，手心朝下，劍尖朝前；左手劍指屈肘立於身前，拇指一側朝右。目隨劍行。（圖 91）

圖 90

②右腳向前邁一步，接著左腳向前邁一步，右腳再向前邁一步落地，雙腿微屈膝。在雙腳前邁步的同時，右手持劍左右擺動；左手劍指不變。目隨劍尖。（圖 92）

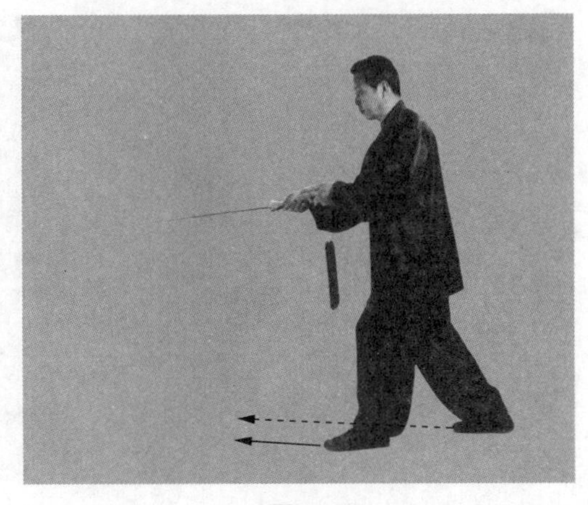

圖 91

【用途】：走行步虛晃劍迷惑對手，隨時發劍進擊。

【要點】：走行步要走蹬泥步，身體下沉，後腳翻蹶，並要與擺劍配合好。

圖 92

58. 汛洪續海

身體左轉，左腳從右腳後向右插步，雙腿屈膝成歇步。同時，右手持劍，向右下方猛刺，臂伸直，手心朝下，劍尖朝右下方；左手劍指直臂伸於左上方，拇指一側朝上。目視劍尖。（圖 93）

圖 93

圖 94

【用途】：可與上個動作連用，用劍磕攔對方攻來之械後，即猛刺對手下盤。

【要點】：刺劍要迅猛有力。

59. 葉底藏花

右手持劍，從身前向左、向上崩挑，手心朝後，劍尖朝左上方；左手劍指屈肘立於右肩前，手心朝右，拇指一側朝後。目視劍尖。（圖 94）

【用途】：對手持械從左側攻我上盤時，我伏身躲閃，並用劍挑其身。

【要點】：挑劍要突然、快速，用爆發力。

60. 醉扶古松

身稍起，以雙腳前腳掌為軸碾地，身體向左轉 270°，雙腿微屈膝。右手持劍，向前直刺，手心朝左，劍尖朝前；

左手劍指伸於身前，手心朝右，拇指一側朝上。目視前方。（圖 95）

圖 95

【用途】：先發制人，突然轉身猛刺欲攻我之對手。

【要點】：轉身要快，刺劍要力足。

61.轉身伏虎

①雙腳以前腳掌為軸碾地，身體向右後轉，雙腿微屈膝。右手持劍，隨轉身向右平削 180°，手心朝下，劍尖朝前；左手劍指隨身擺動，屈肘立於右前臂左側，拇指一側朝後。目視前方。（圖 96）

圖 96

②上動不停。身體繼續右轉，右腳向右跨一步，右腿屈膝，左腿伸直成左高仆步。隨轉身，右手持劍，平放身前，手心朝下，劍尖朝左；左手劍指屈肘立於右手腕左側，拇指

一側朝後。頭左轉，目視左方。（圖 97）

圖 97

【用途】：對手從右側持械攻我時，我右轉身閃避其進攻，並用劍削其頸部。

【要點】：轉身速度要快，削劍力量要足。

收　勢

①右腿站直，左腳向右腳靠攏，雙腳併步站立。左手接握劍，反握劍柄，使劍身直立於左臂後側；右手成劍指，屈肘平放腹前，手心朝下，拇指一側朝後。目視左方。（圖 98）

②右手成掌，下貼於右大腿外側。頭右轉，目視前方。（圖 99）

圖 98

圖 99

第五節　青龍偃月刀

動作名稱

預備勢

第一段

1. 立馬待上陣
2. 出馬撩三刀
3. 順風扯大旗
4. 單刀走赴會

第二段

5. 巧取小人頭
6. 溫酒斬華雄
7. 回馬定軍山

第三段

8. 青龍急轉身
9. 撥打雕翎箭
10. 猛虎小翻身
11. 歇馬後背刀

第四段

12. 走馬撩陰巢
13. 催馬闖營寨
14. 倒劈閻王殿
15. 猛虎大翻身

第五段

16. 蘇秦倒背劍
17. 拋刀斬蔡陽
18. 青龍雙顯威
19. 刀闖四門城
20. 過關斬攔將

第六段

21. 翻身平抹刀
22. 一刀見分明
23. 關公挑贈袍
24. 刀威震四方

收　勢

動作圖解

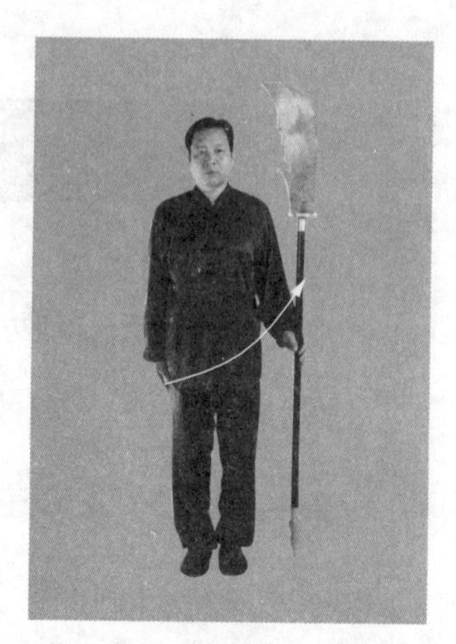

圖1

預備勢

雙腳併步站立。左手握刀身中段，使刀直立於身體左側，刀纂落於地面，刀刃朝左；右手五指併攏，自然下垂，貼放至右大腿外側。目平視前方。（圖1）

【用途】：預備勢也叫待發勢，為攻或守做準備。

【要點】：要心平氣穩，凝神下氣。

1. 立馬待上陣

圖2

①右腳向前邁一步，上身微左轉。右手由右大腿外側向左、向上接握刀身前段。目隨右手。（圖2）

②雙手握刀，用刀背向下、向右撥掛後直舉至頭右前上方，刀刃朝前。與此同時，右腿站直，左腿屈膝上提身前，成右獨立步。目視左方。（圖3）

【用途】：對方從前方用械攻我下盤時，我用刀背向右

圖3

圖4

磕掛其械後，即向前推斬其身。

【要點】：右腳前邁步與右手接握刀，雙手上舉刀與左腿屈膝上提要同時進行。撥掛刀要快速有力。

2. 出馬撩三刀

①左腳向左落步，身體左轉，右腳向前邁一步落地。在右腳向前邁步的同時，雙手握刀，由身體右側向前、向上撩擊至頭前上方，刀身至身體左側。在刀向上撩至頭前上方時，身體繼續左轉，左腳向右趟步，腿屈膝，腳離地。目視刀尖。（圖4）

②上動不停。左腳向左落地，右腳向左趟撩，腿屈膝，腳離地。在雙腳動作的同時，雙手握刀，向左、向下劈落至

身體左側。目視刀尖。（圖5）

圖5

③上動不停。右腳向右落步，身體右轉，左腳向前邁一步。同時，雙手握刀，向下、向前撩擊。緊接著，身體繼續右轉。雙手握刀，繼續向上撩擊至頭前上方，刀身至身體右側。右腳與刀上撩同時向左趟步，腿屈膝，腳離地。目隨刀尖。（圖6）

圖6

④上動不停。右腳向右落地，左腳向右趟撩，腳離地，腿屈膝。雙手握刀，向右、向下劈落至身體右側。目隨刀尖。（圖7）

⑤左腳向左落地，身體左轉，右腳向前邁一步，右腿屈

圖 7

圖 8

膝，左腿伸直成右弓步。在轉身上步的同時，雙手握刀，向前、向上撩擊至頭前上方，刀身至身體左側。目隨刀尖。（圖 8）

【用途】：連續前撩後劈前後之對手。

圖 9

【要點】：走步、趟步要輕快，轉身要靈活，撩刀、劈刀要迅猛。步、刀、身要一體。

3. 順風扯大旗

①右腳後退一步落地。雙手握刀，用刀背隨腿後邁步向下、向身體右後方撥掛；上身右轉。目隨刀尖。（圖 9）

②上動不停。左腳從右腳左側向後退一步。雙手握刀，繼續向上、向前、向下繞圓劈落至身體前下方；上身同時左轉；刀身貼靠右肋側。目隨刀尖。（圖 10）

③上動不停。右腳再向後退一步，身體右轉，右腿屈膝，左腿伸直。同時，雙手握刀身，用刀刃向頭右後上方推斬，刀刃朝右，刀尖斜朝右上。目隨刀尖行，當推斬刀後，目視左方。（圖 11）

【用途】：對手從右後方用械攻我中、下盤時，我用刀背撥掛其械後，用刀刃推斬其頸部。

圖10

圖11

【要點】：刀撥掛、推斬要快速有力。撥斬刀與退步、轉身要協調、連貫。

4. 單刀走卦會

圖 12

①身體左轉，右腳向前邁一步。雙手握刀，使刀背向前、向下磕掛至頭前方；緊接著，身體繼續左轉；雙手握刀，使刀背繼續向下、向左撥掛至身體左方。目隨刀尖。（圖12）

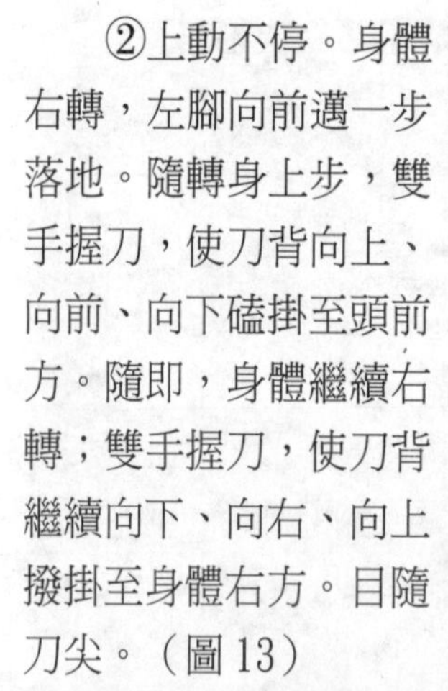

②上動不停。身體右轉，左腳向前邁一步落地。隨轉身上步，雙手握刀，使刀背向上、向前、向下磕掛至頭前方。隨即，身體繼續右轉；雙手握刀，使刀背繼續向下、向右、向上撥掛至身體右方。目隨刀尖。（圖 13）

圖 13

③上動不停。身體左轉，右腳向前擺起，左腳蹬地跳起，身體騰空前跳。與此同時，雙手握刀，使刀背先向上、向前、向下，在身體左側向後、向上、向前，後在身體右側向下、向

後、向上撥掛至身右後方。緊接著，右腳落地，左腳向前落地，雙腿左屈右直成左弓步。雙手握刀，向上、向前、向下劈落，刀刃朝下，刀尖朝前，刀身至身體左肋側。目隨刀尖。（圖14）

圖14

【用途】：對手從左前方或右前方持械攻我中、上盤時，我用刀撥掛後即向前劈砍對方頭部。如對方後退，我跳步連續劈砍對方。

【要點】：刀撥掛、劈砍要快速有力。身體隨刀左右撥掛而轉動，刀身要協調一體。

第二段

5. 巧取小人頭

身體左轉，右腳向前邁一步落地，右腿屈膝，左腿伸直成右弓步。同時，雙手握刀，向左、向上撥撩後繼續向左推斬，刀刃朝左，刀尖朝前上方。目視刀刃中段。（圖15）

圖15

【用途】：對方從左側持械攻我頭部時，我用刀向左撥撩後，即推斬對方頸部。

【要點】：刀撥撩速度要快，推斬刀要猛、要有力，要與右腳上步同時進行。

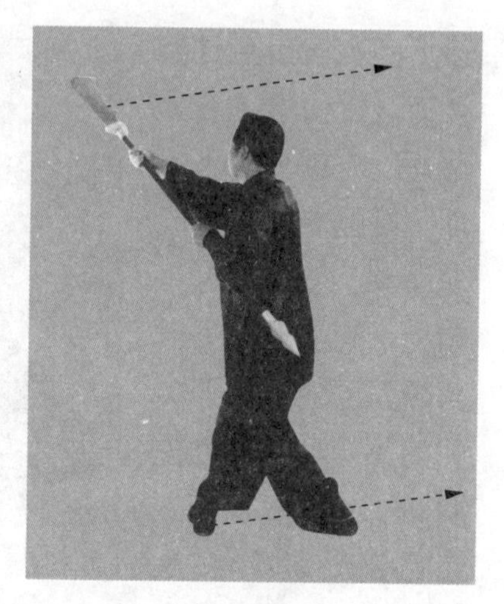
圖16

6. 溫酒斬華雄

①左腳從右腳後向右邁一步，雙腿微屈膝。雙手握刀，向右、向上撥撩。目視刀尖。（圖16）

②上動不停。右腳向右跨一步，右腿屈膝，左腿伸直成右弓步。雙手握刀，向右拋斬，刀身貼於身體右側，刀刃朝右，刀尖朝前上方。目視刀刃中段。（圖17）

圖17

【用途】：對方從右前方持械攻我頭部時，我用刀向右、向上磕撩後，即推刀斬其脖頸部位。

【要點】：刀撥斬要迅猛有力，與雙腳跨步要連貫一體。

7.回馬定軍山

圖18

①左腳向左前方邁一步，身體左轉，雙腿微屈膝。在上步轉身的同時，雙手倒握刀身，左手滑握刀身前段，右手滑握刀身後段，刀刃朝右。頭右後轉，目視右後方。（圖18）

圖19

②上動不停。右腳向前邁步，雙腳向前走行步，當左腳向前邁第五步落地時，腳尖左擺，身體微左轉。目仍視右後方。（圖19）

③上動不停。右腳向前擺起，左腳蹬地跳起，身體騰空；在空中，身體向左轉270°，右腳向後落地，左腳向前落地，雙腿左屈右直成左弓步。雙手握刀，隨身轉動，當雙腿成左弓步時，向左前上方拋斬，刀身貼於身

圖20

體左側，刀刃朝左，刀尖朝前上方。目視刀尖。（圖20）

【用途】：此勢為退中取勝之式，我轉身退步，對方從身後持械攻我，我突然左轉身用刀撥攔對方來械後，用刀斬其身。

【要點】：走行步時身體要下沉，前腳掌要向後翻蹶，走迷蹤拳獨特的蹬泥步。轉身要急速，拋斬刀要有力。

第三段

8. 青龍急轉身

圖21

①身體右轉，右腳向前邁一步。雙手倒握刀身，右手握刀身前段，左手握刀身後段，並隨轉身向右擺至身前。目視刀尖。（圖21）

②上動不停。身體繼續右轉，左腳向前邁一步，雙腿微

屈膝。雙手握刀，隨轉身向右撥掛。目視刀尖。（圖22）

圖22

③上動不停。以雙腳前腳掌為軸碾地，身體繼續向右轉為360°，右腳向前邁一步，右腿屈膝半蹲，左腿蹬直成右弓步。雙手握刀，隨身轉動，當右腳落步成右弓步時，向前下方斬擊，刀身貼於右肋間，刀刃朝右，刀尖朝前下方。目視刀尖。（圖23）

圖23

【用途】：對方從右前方持械攻我中盤時，我用刀向右撥掛後，順勢右後急轉身，斬擊對方腿部。

【要點】：右轉身要輕快，刀撥掛、斬擊要有力。

9.撥打雕翎箭

①身體微左轉，左腳向前邁一步落地。雙手握刀，使刀頭向左、向上，在身體左側向下、向後撥掛至身體左後方；上身隨之向左擰轉。目隨刀頭。（圖 24）

圖 24

②上動不停。上身右轉，右腳向前邁一步落地。雙手握刀，使刀頭向上、向前劈落頭前；隨即，雙手握刀，使刀頭從身體右側繼續向下、向後撥掛至身體右後方。上身隨之右轉。目隨刀頭。（圖 25）

圖 25

③上動不停。上身左轉，左腳向前邁一步落地。同時，雙手握刀，向上、向前、向下劈落於身前；緊接著，雙手握刀，使刀頭從身體左側繼續向下、向後撥掛至身體左後方。

上身隨之左轉。目隨刀頭。（圖26）

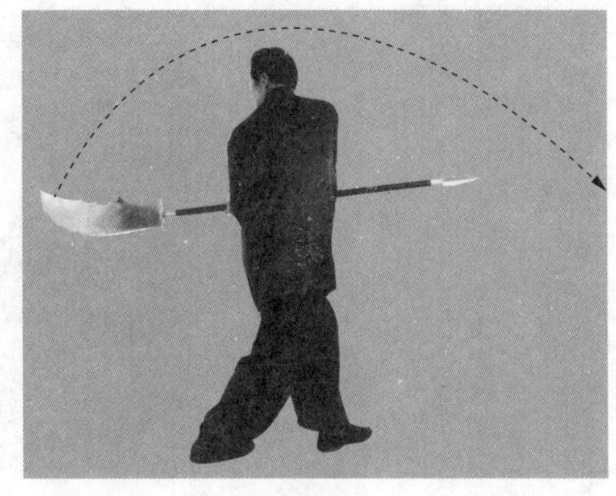
圖26

【用途】：對方從前方或左右前方持械攻我時，我用刀頭向左或右撥掛後，向前劈砍對方頭部。

【要點】：撥刀、上步、轉身必須要協調、連貫。刀撥掛、劈砍速度要快，並要有力。

10.猛虎小翻身

①身體左轉，右腳向右跨一步，左腳從右腳後向右插步，雙腿屈膝成偷步。同時，雙手握刀，向上、向右、向下劈落，刀刃朝下，刀尖朝右下方。目視刀尖。（圖27）

圖27

②雙腳以前腳掌為軸碾地，身體向左

圖28

轉 270°，左腿屈膝半蹲，右腿蹬直成左弓步。隨著轉身，雙手握刀，向上、向前、向下劈落，刀刃朝下，刀尖朝前。目視刀尖。（圖 28）

【用途】：對方從右側持械攻我中、下盤時，我用刀纂向下磕砸對方來械，同時，用刀劈砍對方頭部。對方如後退，我速翻身，連續劈砍對方頭部。

【要點】：插步、翻身要急速，刀劈落要猛、要狠、用力要足。

11.歇馬後背刀

①以雙腳前腳掌為軸碾地，身體向右後轉，雙腿微屈膝。雙手握刀，隨轉身向上、向前、向下劈落身前，刀刃朝下。目視刀尖。（圖 29）

②左腳向前邁一步，雙腿微屈膝。雙手握刀，在身體右側向下、向後繞行至身體右後方。目隨刀頭。（圖 30）

圖 29

圖 30

③上動不停。雙手握刀，使刀頭繼續向上、向前、向下、向後繞行一周，右手握刀，背於身後，刀刃朝後，刀尖朝下；左手成掌屈肘橫於頭上方，掌心朝上。雙腿屈膝成歇

步。目視前方。（圖 31）

圖 31

【用途】：①對方從身後持械攻我，我右轉身躲閃的同時，用刀劈砍對方頭部。

②對方持械從前方攻我時，我用刀纂向下磕砸的同時，用刀劈砍對方頭部。

【要點】：轉身要急，刀前後繞行要輕快。

第四段

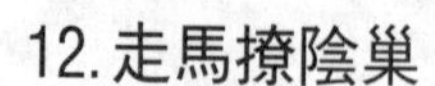

12.走馬撩陰巢

①右手握刀身，從身體右側向前、向上撩擊至身體右前方，刀刃朝上，刀尖朝前；左手從頭上方向下、向右接握刀身後段。目視前方。（圖 32）

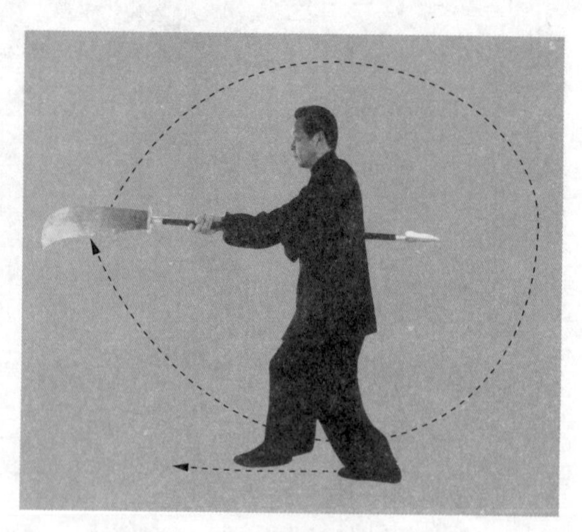

圖 32

②上動不停。雙手握刀，

圖33

從身體右側向上、向後、向下、向前繞行一周後向上撩擊，刀刃朝上，刀尖朝前，刀身貼靠左肋間。同時，右腳向前邁一步，右腿屈膝半蹲，左腿伸直成右弓步。目視刀尖。（圖33）

【用途】：對手從前方持械攻我上盤時，我用刀向上撩架的同時撩擊其臂身；也可用刀纂向上迎擋對手攻來之械，用刀撩擊對方襠部。

【要點】：撩刀上步要同時進行。要快、要狠、要有力。

13. 催馬闖營寨

①右腳向後退一步。雙手握刀，從身體右側向下、向後繞行至身體右後方。上身隨之右轉。緊接著，雙手握刀，繼續向上、向前，從身體左側向下、向後、向上繞行至身體左

後方。上身隨之左轉，左腳同時向前上一步。目隨刀頭。（圖34）

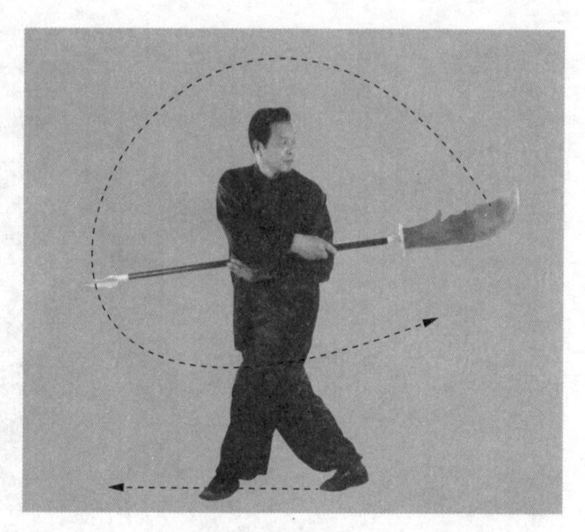

圖 34

②上動不停。雙手握刀，繼續向上、向前，從身體右側向下、向後、向上繞行至身體右後方。上身隨之右轉；同時，右腳向前邁一步落地。目隨刀頭。（圖35）

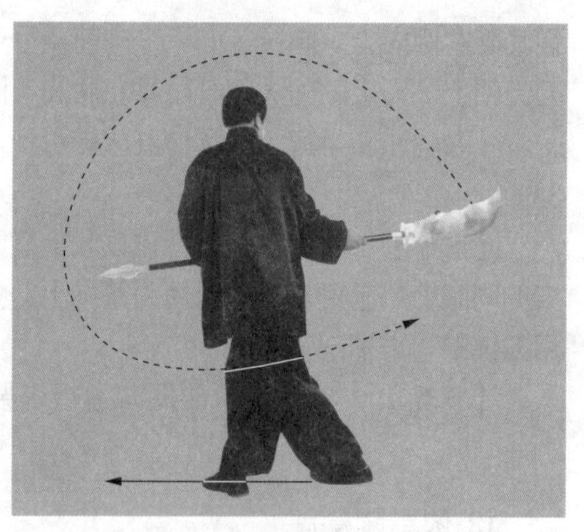

圖 35

③上動不停。雙手握刀，向上、向前、從身體左側向下、向後、向上繞行至身體左後方；上身隨之左轉。同時左腳向前邁一步落地。目隨刀頭。（圖36）

④上動不停。雙手握刀，繼續向上、向前，從身體右側

圖 36

圖 37

向下、向後、向上繞行至身體右後方。上身隨之右轉。右腳同時向前邁一步。目隨刀頭。（圖 37）

⑤上動不停。雙手握刀，向上、向前、從身體左側向下、向後、向上繞行至身體左後方。上身隨之左轉，左腳同時向前邁一步。目隨刀頭。（圖38）

圖38

【用途】：對手持械從前方攻我時，可用刀頭向下撥掛對方之械，同時，用刀纂砸擊對方頭部；也可用刀纂下砸對方攻來之械，用刀劈砍對方頭部。

【要點】：上步、轉身、繞刀要協調一體，繞刀要柔和輕靈。

14. 倒劈閻王殿

右腳向前邁一步落地，身體左轉，左腳從右腳後向右插前，雙腿屈膝成偷步。在雙腳動作的同時，雙手握刀，向上、向右、向下劈落，刀刃朝下，刀尖朝前下方。目視刀

圖39

尖。（圖39）

【用途】：對方從左前方持械攻我時，我用刀纂向下砸磕對方攻來之械，上前轉身，用刀劈對方頭部。

【要點】：右腳上前，左腳插步要輕靈、快速，劈刀要猛、要狠、要有力。

圖40

15. 猛虎大翻身

①身體左轉，左腳向前邁一步，身體繼續左轉，右腳向前邁一步。雙手握刀，隨身轉動。目視右方。（圖40）

②上動不停。身體繼續左轉，左腳向前邁一步落地。雙手握刀，與左腳向前邁步同時向上、向前、向下弧形劈落，刀把貼於右肋間，刀刃朝下，刀尖朝前下方。目視刀尖。（圖41）

圖41

③上動不停。右腳向前邁一步落地，身體左轉，左腳從右腳後向右插步，雙腿屈膝。雙手握刀，向左、向上、向右、向下畫圓劈落，刀刃朝下，刀尖朝右前下方。目視刀尖。（圖42）

圖42

④上動不停。以雙腳前掌為軸碾地，身體向左後翻轉，雙腿左屈右直成左弓步。雙手握刀，隨身轉動，雙腿成左弓步時，向前、向下猛力劈落，刀身貼於左肋側，刀刃朝下，刀尖朝前下方。目視刀尖。（圖43）

圖43

【用途】：對手從左前方持械攻我時，我用刀纂向下磕砸其械的同時，用刀砍其身體；對方如後退，我急轉身連續劈砍對方。

【要點】：轉身速度要快，劈刀力量要足。

第五段

16.蘇秦倒背劍

圖44

①身體右轉；雙手握刀，隨轉身向上、向前、向下劈落至身前，刀刃朝下，刀尖朝前。目視前方。（圖44）

②上動不停。左腳向前邁一步，腿即屈膝，右腿伸直成左弓步。同時，雙手握刀，在身體右側向下、向後、向上、向前，再向下、向後繞行一周半；右手握刀，背於身後，刀尖朝下，刀刃朝後；左手成掌，屈肘橫於頭上方，掌心朝前。目視前方。（圖45）

圖45

【用途】：突然

轉身用刀砍劈身後欲攻我之對手；對方從前方持械攻我時，我用刀纂向下磕砸的同時，用刀向前劈砍對方頭部。

【要點】：轉身劈刀要突然迅速，刀纂磕砸、刀繞行劈砍要快，要有力。

圖46

17. 拋刀斬蔡陽

①右腳向前邁一步落地，身體左轉，雙腿微屈膝。伴隨上步轉身，右手握刀，使刀頭向上、向前、向左在頭上方舞花繞行一周至頭左上方。目隨刀頭。（圖46）

圖47

②上動不停。左手接握刀身，右手鬆脫，左手握刀，使刀頭在頭上方繼續向左舞花繞行一周至頭前上方。同時，身體左轉。目隨刀頭。（圖47）

③上動不停。左腳後

退一步，身體左轉，雙腿微屈膝，上身前俯。左手握刀，在後背上向左繼續舞花一周，刀頭至身體右側。目視刀頭。（圖48）

圖48

④上動不停。右手於後背上接握刀身，左手鬆脫；右手握刀身，使刀頭向左繼續繞行一周半至頭前上方。身體隨之左轉。目隨刀頭。（圖49）

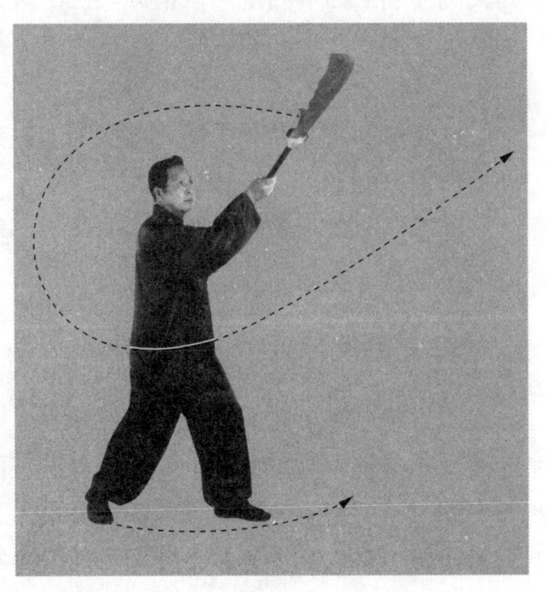

圖49

⑤上動不停。右手握刀身，使刀頭在頭上方繼續向左畫圓繞行一周後，向左前上方抛斬，刀刃朝左，

圖 50

刀尖朝左前上方，右手向後滑握，左手接握刀身後段。右腳同時向前邁一步，右腿屈膝，左腿伸直，身體微左轉。目隨刀尖。（圖 50）

【用途】：在轉動中用刀撥攔對方攻來之械，並用刀向前抛斬對方頭部。

【要點】：上步轉身要靈活輕快，刀舞花繞行與轉身要協調、連貫，抛斬刀要迅猛有力。

18. 青龍雙顯威

①身體左轉，雙腿屈膝半蹲成馬步。雙手先向後抽把並前滑握，後握刀向左、向下劈落至身體左前方，刀刃朝下，刀尖朝左，刀把平放胸前，雙前臂交叉，右臂在上；左手握刀身後段，掌心朝上，右手握刀身前段，掌心朝下。目視刀尖。（圖 51）

圖 51

②雙腳動作不變；雙手握刀，使刀頭向上、向右、向下、向左、向上繞行一周仍至身體左前方，刀刃朝上，刀尖朝左，刀身仍平放胸前，雙前臂仍交叉變左臂在上；左手握刀身後段，掌心朝下，右手握刀身前段，掌心朝上。目隨刀尖。（圖 52）

圖 52

【用途】：對方從身體左側持械攻我時，我可用刀纂向下磕砸其械，用刀劈砍其頭部；也可用刀纂向上磕撩對方攻來之械，用刀向上撩其襠部。

【要點】：雙手握刀劈砍、撩擊要快速有力。

19. 力闖四門城

①身體重心右移，右腿站直，左腿屈膝上提身前，成右獨立步。與此同時，雙手握刀，使刀頭向右、向上繞舉至右前上方，刀刃朝前，刀尖朝上。目隨刀頭。（圖 53）

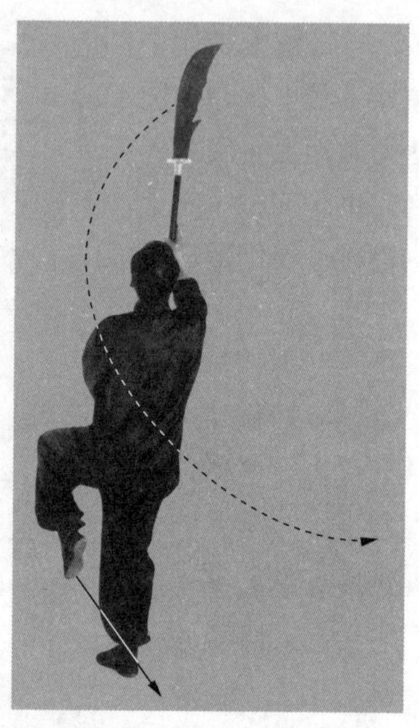

圖 53

②左腳向後落步，身體左後轉，雙腿微屈膝。雙手握刀，隨轉身向下、向左、向前掃斬，刀刃朝左，刀尖朝前。目隨刀尖。（圖 54）

圖 54

③上動不停。右腳向前邁一步，身體向左後轉，左腳向後退一步。雙手握刀，隨轉身向左繞行一周半至頭前方，刀身貼靠左肋間，刀刃朝左，刀尖朝前。目視刀尖。（圖 55）

④上動不停。身體繼續向左後轉，右腳向前邁一步，右腿屈膝，左腿伸直成右弓步。雙手握刀，隨身轉動，當雙腳成右弓步時，向左前方掃斬，刀刃朝左，刀尖朝前。目視刀

圖 55

圖 56

尖。（圖 56）

【用途】：在轉動中用刀撥攔對方攻來之械，並掃斬對方中盤。

【要點】：上步、退步、轉身要輕靈，與刀繞行要協調一體，刀掃斬要威猛，要快速、要有力。

圖 57

20. 過關斬攔將

①以雙腳前腳掌為軸碾地，身體向左後轉，左腿屈膝，右腿伸直。在左轉身的同時，雙手握刀，向前、向下劈落，刀刃朝下，刀尖朝前。目視刀尖。（圖 57）

②上動不停。右腳向前擺起，左腳蹬地跳起，身體騰空前跳。在空中，雙手握刀，向右撥掛。隨即，右腳落地，左腳向前落地，雙腿左屈右直成左弓步。同時，雙手握刀，向前、向下劈落，刀刃朝下，刀尖朝前。目視刀尖。（圖58）

圖58

【用途】：①突然翻身劈砍欲攻我之對手。②對方從前方持械攻我時，我跳步撥攔對方之械，進身劈砍對方頭部。

【要點】：轉身劈刀要突然，急速，跳步要輕、要快，劈刀要猛、要狠、要有力。

圖59

第六段

21.翻身平抹刀

①身體右轉，雙腿屈膝成馬步。雙手握刀，用刀纂向左上方挑擊，刀身橫於頭前方。目視刀纂。（圖59）

②身體右轉，左腳向右前方邁一步落地。同時，雙手握

圖60

刀，用刀頭向右撥掛。目隨刀頭。（圖60）

③上動不停。身體繼續右轉，右腳向前邁一步落地，右腿屈膝，左腿伸直。隨右腳前邁步，雙手握刀，向左、向前、向右、向後平抹刀，刀刃朝右，刀尖朝右前方。目視刀尖。（圖61）

圖61

【用途】：對方從前方持械攻我，我用刀頭向上撩擋的同時，用刀纂向上挑其身；對手從右前方持械攻我時，我用刀向右撥掛後，即用刀抹斬其頸部。

【要點】：刀纂挑擊要用全身之力。上步撥掛、抹斬刀要迅猛、力足。

22.一刀見分明

圖62

①左腳向左前方邁一步落地，雙腿微屈膝。雙手握刀，同時向左、向上撩擋。目隨刀尖。（圖62）

②上動不停。右腳向左前方邁一步落地，右腿屈膝，左腿伸直成右弓步。與右腳上步同時，雙手握刀，向左前上方推斬，刀刃朝左，刀尖朝前上方。目隨刀尖。（圖63）

【用途】：對方從左前方持械攻我上盤時，我用刀向上撩擋後，即向前推斬其頸部。

【要點】：上步與推斬刀要同時進行，要快速有力。

圖63

23.關公挑贈袍

①身體微右轉，左腳向前邁一步落地，雙腿微屈膝。雙手握刀，使刀頭向右、在身體右側向

下、向後、向上、向前繞行一周至身體右前方，刀刃朝上，刀身平挾於右腋下，雙手心均朝上。目視刀尖。（圖64）

圖64

②上動不停。右腳墊步向前震腳落左腳處，左腳同時向前一步，雙腿微屈膝。同時，右臂內旋，向左、向下翻擰刀身，使刀尖向前、向上挑擊，刀刃朝下，左手後滑握。目視刀尖。（圖65）

圖65

【用途】：對手從前方持械攻我時，我用刀向右、向下磕掛後，即向前挑刺對方胸部。

【要點】：挑刺刀要猛、要狠、力量要足。

24.刀威震四方

以雙腳前掌為軸碾地，身體向右轉270°，雙腿屈膝盤蹲。隨著轉身，雙手握刀，向右平斬至身前，刀刃朝右，刀

尖朝前。目隨刀尖。（圖 66）

【用途】：（1）先發制人，用刀突然猛掃斬四周之對手；（2）後發制人，用刀撥擋對方從四周攻來之械。

【要點】：轉身掃刀要快速有力。

圖 66

收　勢

①左腳向左跨一步，身體左轉，右腳向前邁一步。雙手握刀，隨上步向前、向上撩擊，刀刃朝上，刀尖朝前。目視刀尖。（圖 67）

圖 67

②右腳後退一步，身體右轉，左腳向右腳靠攏併齊。雙手握刀，向下、向後、向上繞行後，左手握刀身，直立於身體左側，刀尖朝

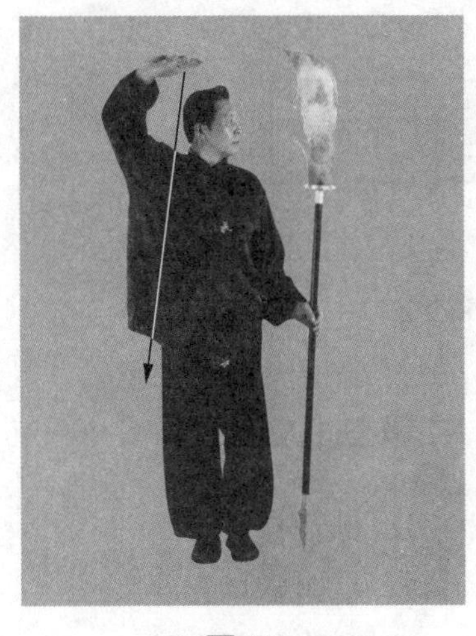

圖68　　圖69

上，刀刃朝左，右手成掌，屈肘橫亮掌於頭上方，掌心朝上。目視左方。（圖 68）

③右手向下貼於右大腿外側。頭右轉正，目視前方。（圖 69）

【用途】：全套動作結束的收勢，也叫定勢。

【要點】：要平穩定勢。

第六節 行者棒

動作名稱

預備勢

第一段

1. 神猴返真
2. 立地頂天
3. 頭頂蓮花
4. 撣塵問路
5. 沉香劈山
6. 文王拉杆
7. 一棍遮天
8. 烏龍盤打
9. 夜叉探海

第二段

10. 朝天一炷香
11. 王小臥魚
12. 二郎擔山
13. 插花蓋頂
14. 力降五路
15. 白龍吐珠

第三段

16. 蝶花棍
17. 棍定乾坤
18. 靈光雙獻
19. 巧女紉針
20. 倒打金殿
21. 右抛扇子
22. 左抛扇子
23. 流星趕月

第四段

24. 金龍擺尾
25. 撩陰棍
26. 醉搗仙爐
27. 棒打土地
28. 仙人幻影
29. 玉兔搗杵
30. 嫦娥奔月

第五段

31. 猿猴探路
32. 攪絲棍
33. 刮面腳
34. 蒼龍搗巢
35. 王母踩蓮
36. 八戒摔耙
37. 哪吒火條槍
38. 土地亮拐

第六段

39. 羅漢打虎
40. 火龍棍
41. 定海神針
42. 朝天一炷香
43. 廿八宿點兵（左）
44. 廿八宿點兵（右）
45. 搜山雲魔
46. 翻天掃海
47. 靈貓捕鼠
48. 鳳凰展翅
49. 神猴返真

收　勢

動作圖解

預備勢

雙腳併步直立。右手握棍，屈肘於右側，手心向左，虎口朝上，將棍身豎立於右前方，棍梢向上；左手五指併攏，貼靠於左腿外側。目視正前方。（圖1）

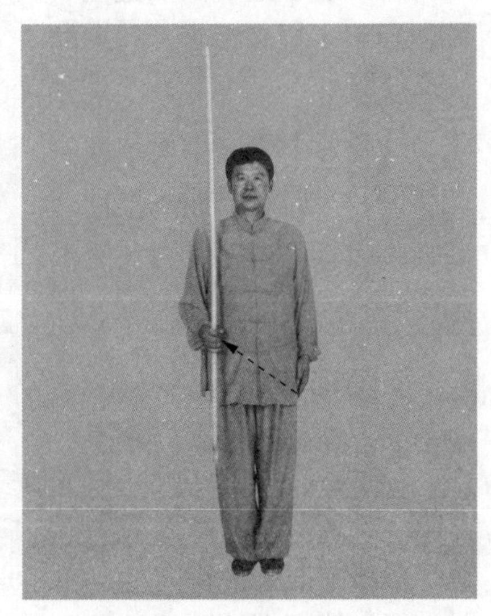

圖1

第一段

1.神猴返眞

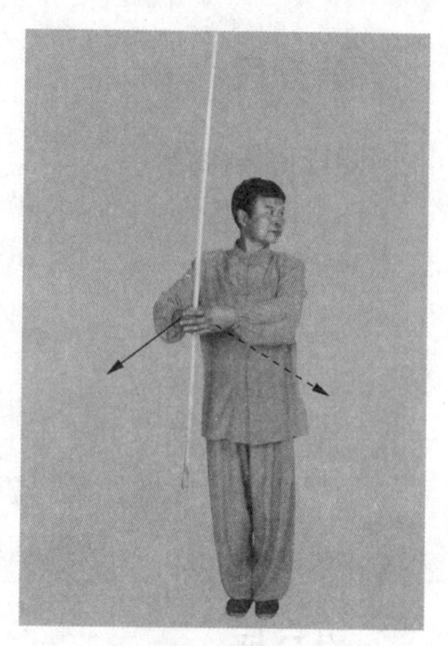
圖2

左臂經胸前向上、向左、向下、向右繞至右胸前；左手抱於右手背上，雙肘平屈，兩手於胸前握棍，頭向左擺。目視左方。（圖2）

2.立地頂天

上體稍左轉；左手變拳，收抱於左腰側，拳心向上；與此同時，右手握棍向前推出，臂與肩平，棍身垂直。目視前方。（圖3）

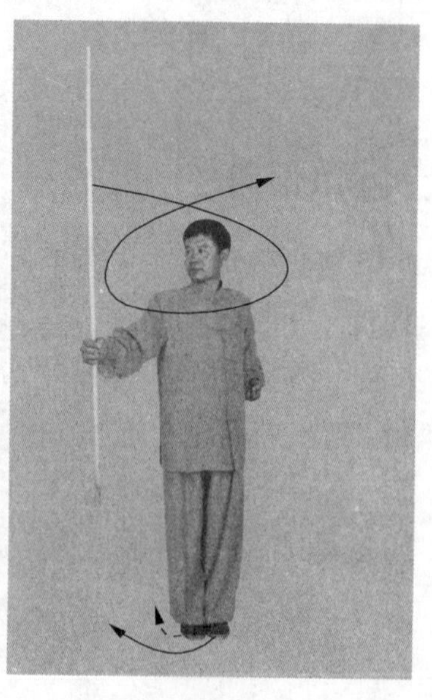
圖3

【要點】：左手變拳收於左腰側時，肘要微屈，推棍時要擰腰催背，快速有力，使棍身垂直向前推出。

3.頭頂蓮花

右腳尖外展，左腳向右橫上步，腳尖右扣，身體右後轉270°；右手握棍，臂內旋，屈肘上舉，使棍梢按順時針方向

於頭上方平繞一周半，下降至胸前；左手變掌，擺於體左側。（圖4）

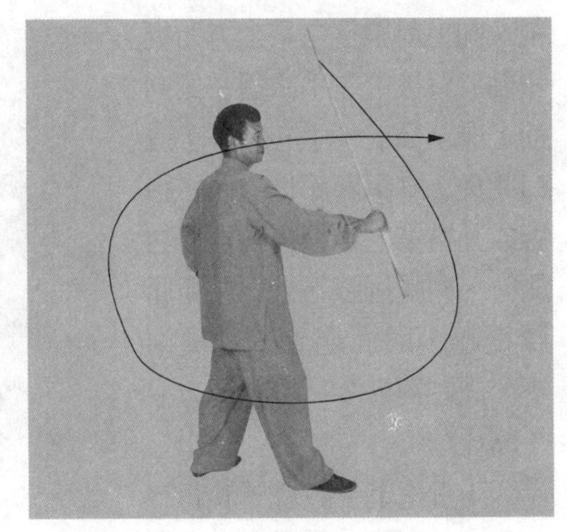

圖4

【用途】：敵持械於前方劈打我上盤，我用棍前端於頭上方抹掃敵械，用棍梢掃擊敵頭、肩部。

【要點】：雲棍前，右手握棍臂內旋，使棍梢向體左側平擺後再做雲棍動作，雲棍要圓、要平。

4. 揮塵問路

①身體右轉，右腳向後退步。右臂外旋，右手握棍，使棍梢繼續向前、斜向右下經右腿外側向後、向上、向前弧形繞行；左手成立掌，向體側平推。（圖5）

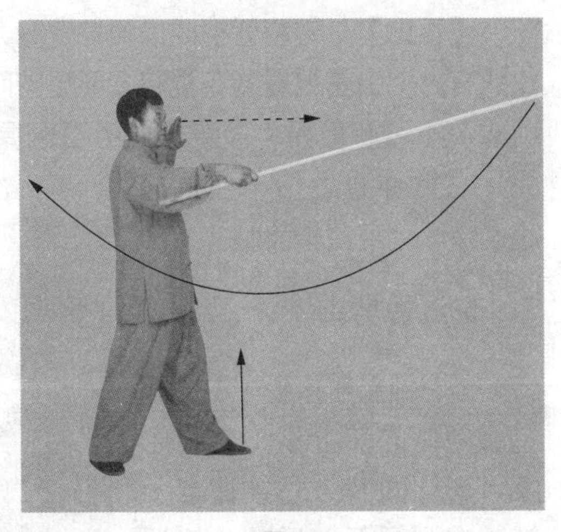

圖5

②右手握棍，前臂內旋，使棍梢繼續向下經右腿外側向

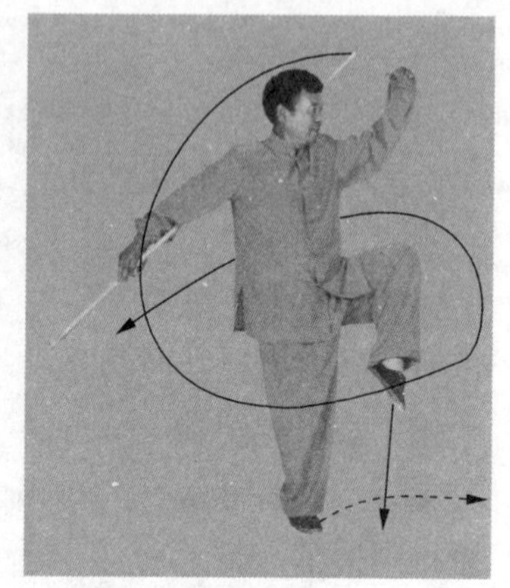
圖6

後、向上斜繞至左肩上方，棍身貼於背後；左手由體左側向前上擺至額前，手心向下，虎口朝後，掌指關節稍內屈，抬腕成瓦攏掌。當棍梢繞至體右側時，右腿挺膝站立，左腿屈膝提起，腳面繃平，腳尖向下，成右獨立步。目視前方。（圖6）

【用途】：敵持械於前方攻我中、下盤，我用棍身或棍前端向右後撥掛，並用棍梢劈打敵上盤。

【要點】：轉體雲棍要以腰帶臂發力，動作連貫協調，快速有力；由雲棍變背花棍時，要順勢而行，動作連貫一氣呵成，不可有停頓；後背棍右手要鬆握，用拇指和食指扣握，右臂伸直上抬，使棍把超過腰部，身體稍前傾。

5. 沉香劈山

①左腳體前落步，右腳經左腳內側向前上步，右腿屈膝。與此同時，右手握棍，經體右側擺至左肩前，使棍梢由身後向下、向右、經體前繞至體左側；左手於左腰側接握棍身。（圖7）

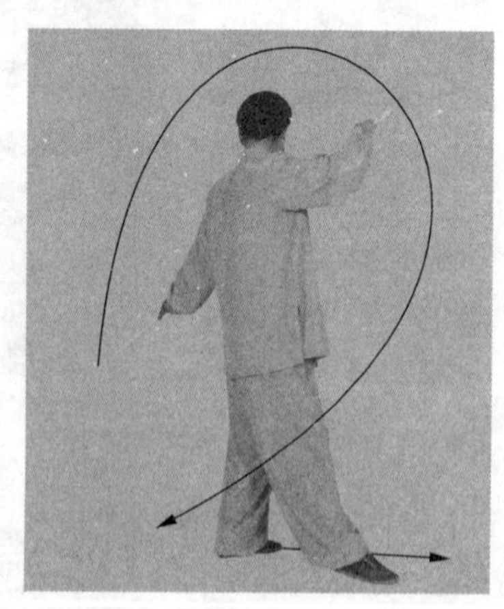
圖7

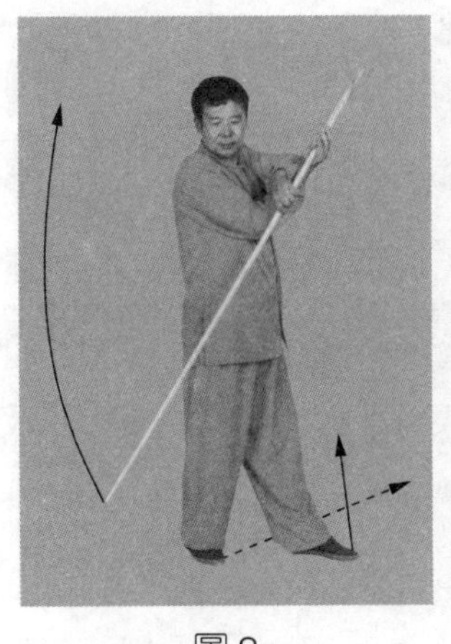

圖8

圖9

②左手握棍臂內旋，弧形擺至右前下方，右臂外旋，繞至左臂下，使棍梢由左下向後、向上、向前、向右、向下弧形繞行。在棍梢繞至體前時，左腳向前上步，膝微屈。（圖8）

③右腳前上擺，左腳蹬地跳起。同時，兩手握棍，上提至頭頂上方，使棍梢經右腿外側繞至身後。目視前方。（圖9）

④右、左腳依次落地，右腿屈膝全蹲，左腿平鋪，成左仆步。與此同時，兩手握棍，與仆步同時向下撲打地面。目視棍梢。（圖10）

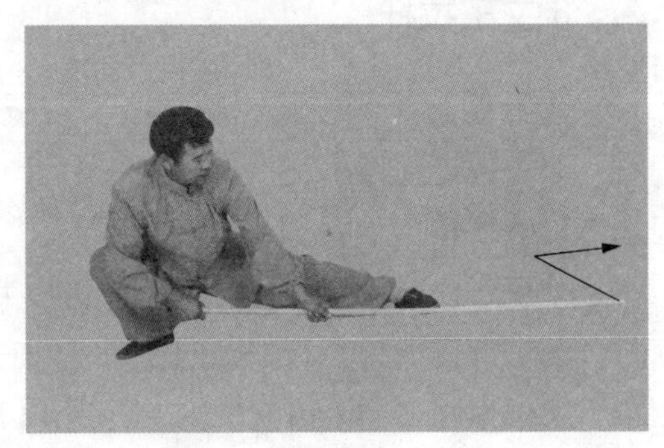

圖10

圖 11

【用途】：敵持械於前方攻我中盤，我用棍把向左後畫擼敵械，用棍梢快速劈打敵上盤。

【要點】：右腳前擺和左腳蹬地要快，以增加蹬地的力量，在空中要舒胸展腹。劈棍時，雙手持棍順雙腿下落成仆步和身體下壓之勢迅速向下劈摔，棍身與左腿平行，左手鬆握下壓，使棍不能反彈。

6. 文王拉杆

①身體上起，左腿屈膝半蹲，右腿伸直成左弓步。同時，右手握把前推，左手滑握至右手前，使棍梢向前平直戳擊。目視棍梢。（圖 11）

②重心後移，身體右轉，右腿屈膝半蹲，成右弓步。同時，左手滑握棍身，右手握把屈肘，向右胯處抽帶並向下扣壓，使棍梢向上崩。目視棍梢。（圖 12）

【用途】：我與敵對面相持，我速用棍梢戳擊敵胸、腹部，敵躲閃或用械格擊我械，我用棍前端纏繞敵械，並快速崩挑敵持械之手臂或襠部。

圖12

【要點】：崩棍要雙手協同用力，使棍梢向上崩彈、顫抖；右弓步與崩棍同時完成。

7. 一棍遮天

①身體右轉，右腿向後退步伸直，左腿屈膝。同時，右臂外旋，右手握棍，向下、向左、向上繞舉；左臂內旋，左手經胸前繞至右臂外，兩臂於胸前交叉，雙肘平屈，使棍梢由後向上、向前、向右、向下，經右腿外側向後弧形繞行。（圖13）

圖13

②兩腳碾地，隨體右轉180°，右腿屈膝半蹲，左腿伸直，成右弓步。同時，左手握棍，將棍梢向上、向後、向下，經左腿外側向前立繞一周至體前下方；當棍梢繞至左腿前時，右手向後滑握棍把，屈肘上提至額前，使棍斜架於身

前。目視前下方。（圖 14）

【用途】：①敵持械於右後方攻我中盤，我速回身用棍把向左下格擼敵械後，用棍梢掃擊敵下盤。

②敵持械於左右兩側掃擊我上、中、下三盤，我用棍梢、棍身、棍把分別迎架敵械。

【要點】：架棍與右弓步要協調一致。

圖 14

8. 烏龍盤打

左臂內旋，左手持棍，向後、向上，經左肩前向前直臂擺動；右臂外旋，向下經腹前繞至左腋處，手心向後；兩手握棍，使棍梢由前下經左腿外側向後、向上、向前蓋劈。同時，右腿直立，左腿屈膝上提，腳面繃平，成右獨立步。目視棍梢。（圖 15）

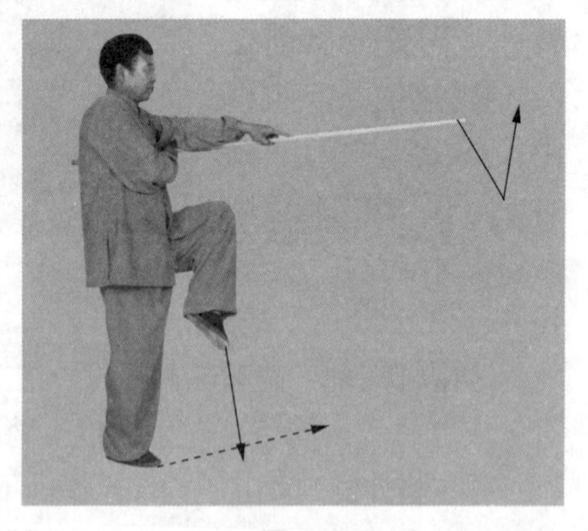

圖 15

【用途】：敵持械於前方攻我中盤，

圖16

我用棍把向左後搗撥敵械後，棍梢順勢劈蓋敵上盤。

【要點】：右腳踩地托身要穩，要保持重心，切忌身體左右晃動，盤棍蓋劈要雙手協同用力，要快、要猛。

9.夜叉探海

①右腳蹬地跳起，左腳向前縱躍落地，右腳隨之落步於左腳前。在左腳向前縱躍時，兩手握棍，使棍梢稍向前下壓點，右腳落步時，棍梢稍向上挑。（圖16）

②重心前移右腿，上體前俯，左腳向後上方伸出，腳面繃直，腳底朝上，成探海平衡。與此同時，左手鬆開棍身變掌，擺於體左後方；右手持棍，向前平直戳擊。目視棍梢。（圖17）

【用途】：敵持械於前方攻我上、中、下三盤，敵持械高來，可用棍前端向上崩挑，隨即戳擊敵胸、面部，敵持械攻我下盤，我用棍向下按壓之，進而戳擊敵之腹、肋部位。

圖17

【要點】：右腳蹬地跳起，左腳盡力向前縱躍，平衡式右膝微屈站立。戳棍要快、要有力，探海平衡勢要與戳棍協調一致。

第 二 段

10.朝天一炷香

①左腳於身後落步；左手擺於腰側，手心向下；兩腳碾地，隨體左轉180°，左腿屈膝半蹲，右腿伸直，成左弓步。同時，右手上舉，以腕為軸，使棍梢按逆時針於頭上方雲繞一周下降至體右後下方。（圖18）

②右腳向前上步，腳尖點地，兩腿屈膝下蹲，成右虛步。同時，右手持棍，使棍梢由後經右腿外側向前上方撩起；左手於右手虎口前接握棍把。目視前上方。（圖19）

【用途】：敵持械攻我中盤，我用棍身外格敵械，棍梢

圖18

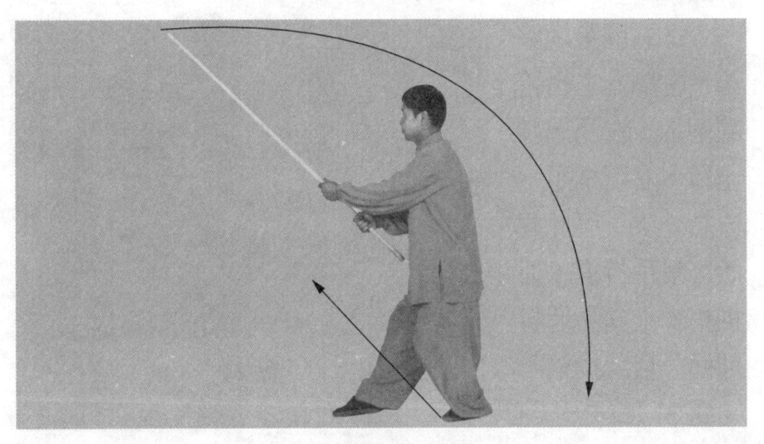

圖19

撩敵襠部。敵攻我下盤，用棍前端順敵械杆畫撩敵持械之手臂。

【要點】：雲棍要快，撩棍要先掃後撩，撩棍與右虛步同時完成。

11.王小臥魚

圖 20

①身體左轉，右腿挺膝站立，左腿屈膝上提，成右獨立步。與此同時，兩手持棍，向左擰轉，使棍梢經上向左下立圓點棍觸地，力達棍梢。（圖 20）

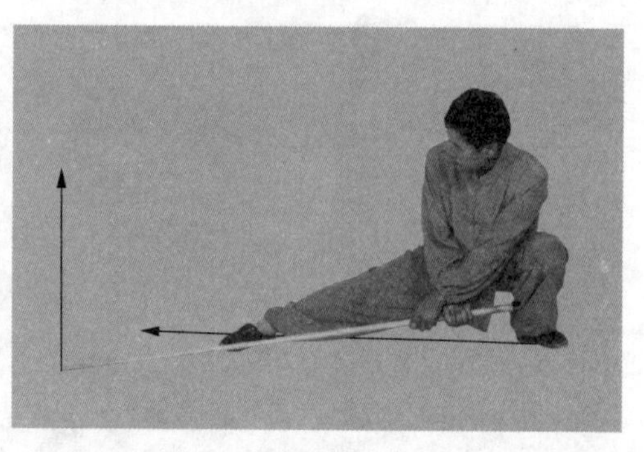
圖 21

②右腳蹬地跳起，左腳向右橫跨躍落地，左腿屈膝全蹲，右腿鋪平，成右仆步。與此同時，雙手持棍，使棍梢經上向右劈打地面。目視棍梢。（圖 21）

【用途】：①敵持械於左方劈打我上盤，我用棍前端順敵械杆前畫，劈削敵持械之手臂。

②敵持械於右方攻我中盤，我用棍根向左撥掛敵械，棍梢順勢劈打敵上盤。

【要點】：點棍時，身體稍左傾，使棍梢迅速向下。劈棍時，要速快力猛，棍身與右腿平行。

圖 22

12. 二郎擔山

身體上起，左腳經右腳後向右偷步，身體隨之左轉180°，兩腿屈膝半蹲，成馬步。同時，右手握棍，屈肘上舉至右肩側，將棍平擔於兩肩；左手鬆開棍把，成立掌，向體左側直臂推出。目視左方。（圖 22）

【用途】：敵持械於右方攻我下盤，我用棍梢插地纏壓敵械於圈外，速轉體貼近敵身，用左掌撞擊敵之中盤。

【要點】：偷步宜大，身體擰轉要快，右手握棍屈肘後上舉，使棍身平擔於雙肩。

13. 插花蓋頂

①右腳向左上一大步，腳尖內扣，身體左轉 180°，兩腿屈膝半蹲，成馬步。棍隨體轉，左掌向下按於左腰後，掌心斜向下；右手握棍臂外旋，斜向前下繞至左胸前，使棍梢

圖23

由左向後、斜向前下、向左掄掃。（圖23）

②左腳向右腳後插步，兩腿交叉屈膝下蹲，成歇步。同時，左手在右手虎口前接握棍把，雙手握棍，使棍梢由左經上、向右下方劈打地面。目視右下方。（圖24）

【用途】：敵持械於右前方攻我，我用背後暗出棍快速掃擊敵下盤，敵退避，或跳起左右躲閃，我速用棍劈打敵上盤。

圖24

【要點】：上步轉體要快，掃棍要疾，掃棍要借轉體螺旋勁，歇步下蹲要快，要穩固，兩腿夾

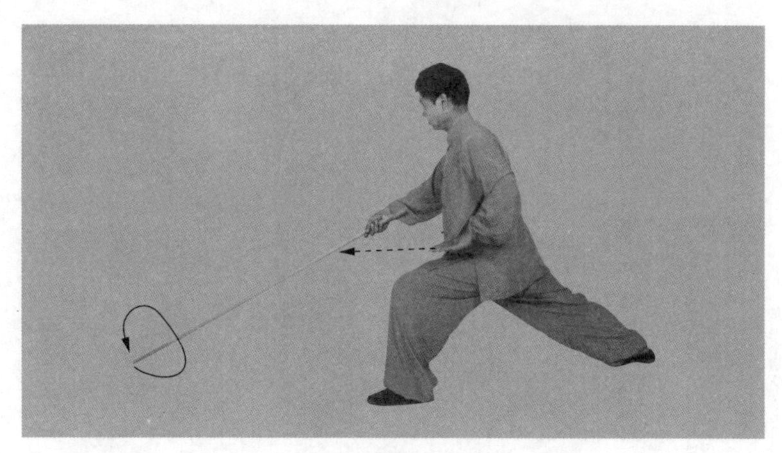

圖25

緊；劈棍與歇步同時完成，全動作連貫協調，一氣呵成。

14. 力降五路

身體左轉 180°；左手鬆開棍把擺於身後，手心斜向下；右手握棍向左快速掃擊，力達棍梢。目隨棍梢移動。（圖 25）

【用途】：敵持械於左方攻我中盤，我用棍身向左格壓敵械，用棍前端掃擊敵下盤。

【要點】：掃棍時，兩腳同時碾地轉動，隨體轉而自然鬆開。

15. 白龍吐珠

①左腳向左跨半步，兩腿屈膝半蹲，成馬步。同時，左手於體左方抓握棍身，右手握把向前下擰扣，使棍梢於體左側向後、向上、向前弧形纏繞半周。（圖 26）

圖 26

圖 27

②左腿屈膝半蹲，右腿伸直成左弓步。上體稍左轉。同時，右手握把向前平伸，左手鬆握棍身，使棍梢向前平直戳擊，兩手將棍身托平。目視前方。（圖 27）

【用途】：敵持械於左前方攻我中盤，我用棍前端纏壓

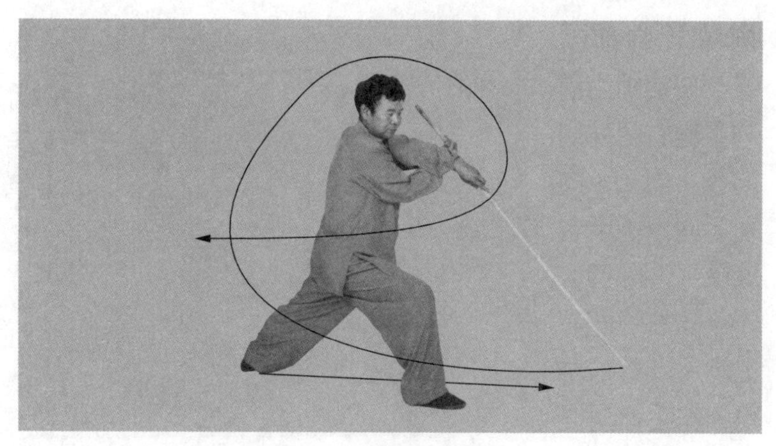

圖 28

敵械後，快速向前戳擊敵之胸、腹部位。

【要點】：馬步纏壓棍要穩、準、巧，柔中寓剛；馬步變左弓步時，右腿要先屈後直，戳棍要快速有力，弓步與戳棍同時完成。

第 三 段

16.蝶花棍

①兩腳碾地，隨體右轉 180°。同時，右手向前滑握棍身，臂外旋繞至左肩外，手心向上；左手握棍，臂內旋右前擺動，兩臂於胸前交叉，使棍梢由後向上、向前、向右畫弧。（圖 28）

②左腳向前上步，上體稍右轉。左臂先內旋後外旋，向右、向下、向後經右臂外向上、向前、向下繞至右腋下；右手向前、向右、向下經體右側向後、向上、向前直臂擺動，

兩臂於胸前交叉，使棍梢由前向下經右腿外側向後、向上、向前、向下繞至右腋後。（圖 29）

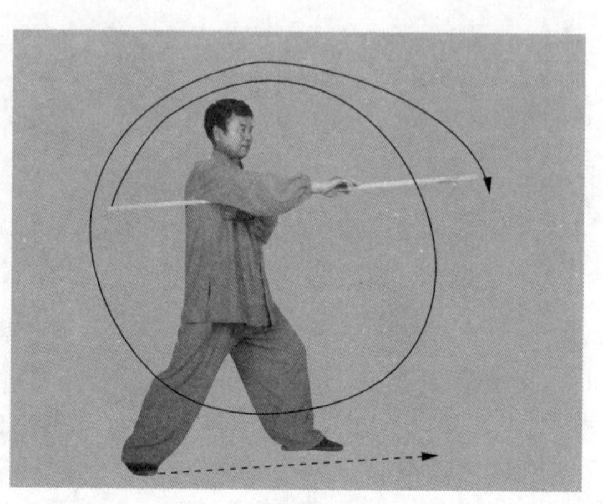
圖 29

③右腳向前上步，上體稍左轉。左手鬆開棍身擺於體後，掌心斜向下，肘微屈；右手握棍，弧形左擺至腹前，臂外旋向上、向右前擺動，以腕關節為軸，使棍梢由後經體前向左、向後、向上、向前弧形繞行。（圖 30）

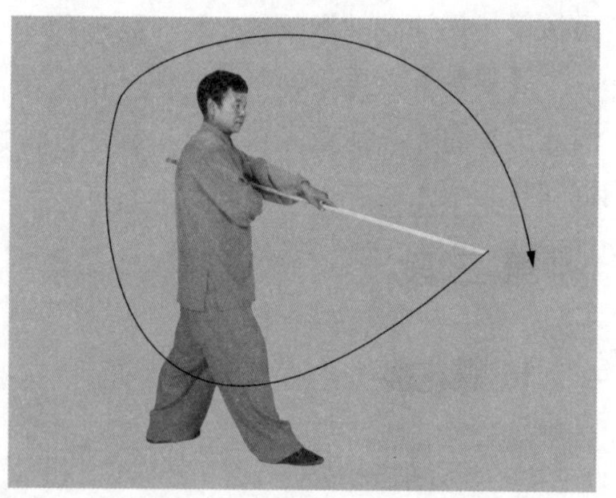
圖 30

④體稍右轉。右手握棍，前臂外旋，以腕為軸，使棍梢於體右側畫立圓一周至體前。（圖 31）

⑤右手握棍，前臂內旋，以腕為軸，使棍梢向下經體右側繞至左肩上，棍身貼背。（圖 32）

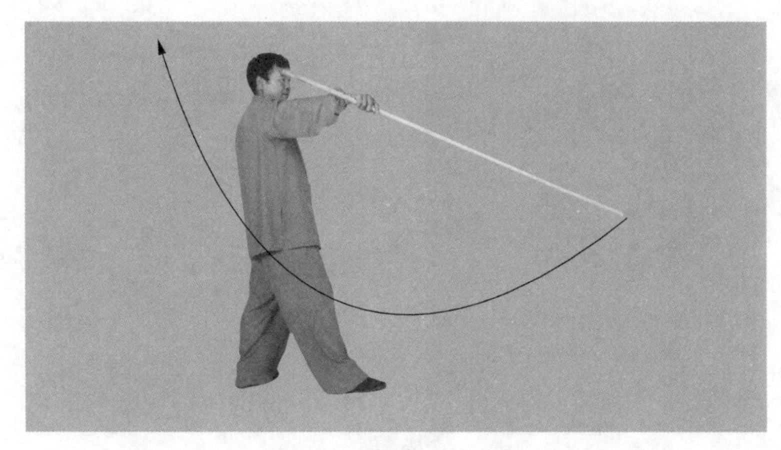

圖31

圖32

【用途】：①敵持械於左前方攻我中、上盤，我用棍身或棍梢向左後格壓敵械後，用棍把劈敵上盤。

②敵持械於右前方攻我中、下盤，我用棍把向右後撥掛敵械，用棍梢劈打敵身。

【要點】：舞蝶花棍時，以右手為主，左手輔助用力。速度要快，動作要連續，棍要貼近身體，但不可觸地碰身。

17. 棍定乾坤

左腳向右腳內側跟步，腳尖著地，雙腿屈膝下蹲，成左

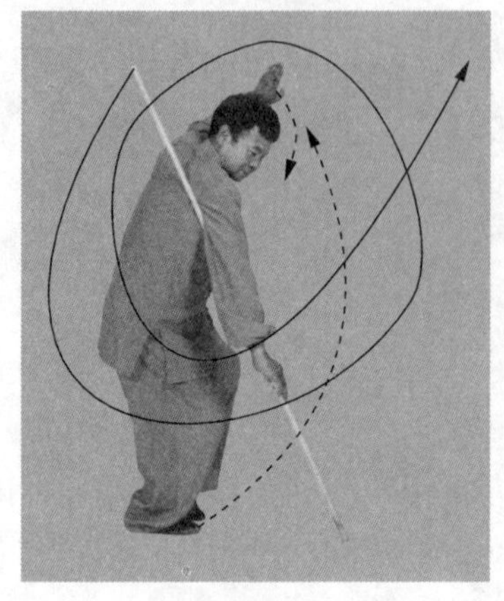

圖 33

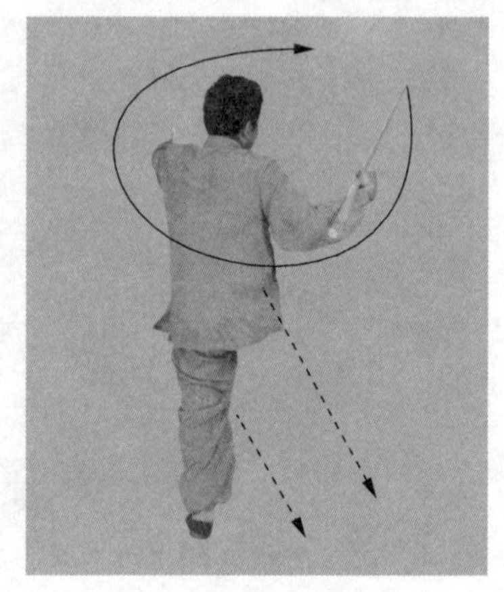

圖 34

丁步。同時，右手握棍，使棍根於右腳右前方戳擊地面；左手上舉至頭頂上方橫腕亮掌，掌心斜向前上。目視棍根。（圖 33）

【用途】：敵持械於前方攻我下盤，我用棍根外格敵械，用根底戳擊敵小腿及腳面；敵持械掃我下盤，我用棍根戳地，攔擋敵之掃擊。

【要點】：戳根要快，下蹲要低，下戳棍與丁步同時完成。

18.靈光雙獻

①左腳向左後跨移半步，挺膝站立，身體左轉，右腳隨之向左踢擺。左手向前迎擊腳掌，與此同時，右手握棍向左擺動，臂外旋，上舉至頭頂上方，以腕為軸，使棍梢按逆時針在頭頂上方雲繞一周半。（圖 34）

②右腳向右落步。左掌下擺至左腰側，手心向下肘微

屈；同時，右手握棍，以腕為軸，使棍梢於頭頂上方順時針雲繞一周下降至胸前。目視前方。（圖35）

圖35

【用途】：敵持械於前方攻我中盤，我用棍根向左後格掛敵械，棍梢掃擊敵上盤。

【要點】：擺腳幅度不宜太大，擺擊畢仍回原位落地。第一次雲棍要仰頭轉腰在頭上平繞，第二次雲棍要快速有力。

19. 巧女紉針

身體左轉，左腳向右後插步，腳掌著地，右腿屈膝半蹲。同時，左手在胸前抓握棍身，兩手握棍，使棍根向右後下方戳擊，在向右後下方戳擊時，右手向上滑握棍身。目視棍根。（圖36）

圖36

【用途】：敵持械於右後方攻我下盤，我用棍把向身後撥掛敵械，速後插步貼近敵身，用棍底戳擊敵下盤。

【要點】：插步要大，後戳棍要短促有力，體稍右轉，戳棍與插步同時完成。

圖 37

20. 倒打金殿

兩腳碾地，隨體左轉 180°，左腿屈膝半蹲，右腿伸直，成左弓步。與此同時，左手握棍，隨體轉擺至左腰側，右手握棍，向上、向前下弧形擺動，使棍根由後向上、向前、向下劈打，在棍根向前下劈打時，右手稍向棍身滑握，目視棍根。（圖 37）

【用途】：敵持械於後方攻我中盤，我速回身用棍梢撥掛敵械，用棍根劈打敵上盤。

【要點】：擰腰翻轉時要快，成左弓步時一定要穩固，不要因身體翻轉太快而使腳下不穩，左弓步與劈棍要協調一致。

21. 右拋扇子

兩手握棍，左手向上、向右甩擺至頭上方；右手直臂向右平甩，使棍身斜撇於體右側。在棍身向右斜撇的同時，左腿挺膝站立，右腳向左前方撩踢，腳面繃直，力達腳尖。目視右上方。（圖 38）

【用途】：①敵持械於右前方攻我上盤，我用棍身上架

圖 38

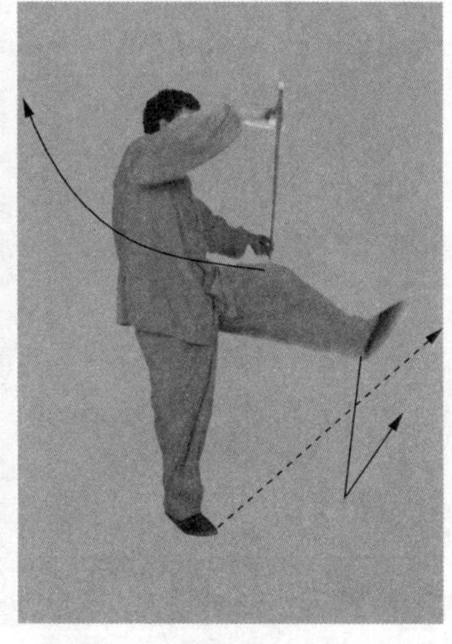

圖 39

敵械，用棍根抛掃或戳擊敵腰、頭部位。如離敵近，可用棍根戳敵肋、挑敵襠部。②敵持械於前方攻我中盤，我用棍右抛或上架敵械，腳踢敵腹、襠部位。

【要點】：向右斜抛棍時，雙手要協同用力，上體稍右傾並稍向後仰，抛棍與右踢腿同時完成。上架時，雙手用力斜撐，歪腰斜胯。

22. 左抛扇子

右腳向前落步，重心前移。右手握棍，向前、向左、向上、向後直臂甩擺至頭上方，手心斜向前；左手向下、向前、向左直臂甩擺至體左側，臂與肩平，兩手握棍，使棍身斜撇架於體左側。在左撇棍的同時，右腿直立，左腳向右前方撩踢。目視左上方。（圖 39）

圖40

圖41

23.流星趕月

①左腳體前落步，右腳前擺，左腳隨即蹬地跳起。雙手架棍姿勢不變。（圖40）

②身體左轉180°，右、左腳依次落地，右腿屈膝。同時，右臂外旋，向下經腹前繞至左腋下，手心向後；左臂內旋，向上、向右、向左擺動，手心向下，使棍梢由左向後、向右、向前弧形繞行。（圖41）

③兩腳碾地，隨體左轉180°，左腿屈膝半蹲，右腿伸直，成左弓步。與此同時，兩手握棍隨體轉，用力向左掃擊。目隨棍梢移動。（圖42）

【用途】：敵持械於前方攻我中、下盤，我用棍根向左後撥掛敵械，同時棍梢掃敵上盤。

圖 42

【要點】：右腳前縱步盡量縱高躍遠，但空中轉體要快捷靈活，落步要輕穩。轉體掃棍要兩腳碾地托身轉動，轉身要快，掃棍迅猛。當棍掃至體前時，兩腳用力下蹬，身體下沉，以制動掃棍慣力，掃棍與左弓步同時完成。

第四段

24. 金龍擺尾

圖 43

身體右轉 180°，右腿屈膝半蹲，左腿伸直，成右弓步。同時，兩手持棍，使棍梢向下經左腿外側向前上撩。目視棍梢。（圖 43）

【用途】：敵持械於後方攻我下盤，我速回身用棍磕敵梢端，並使棍梢順敵械向前撩擊敵襠或持械之手臂。

圖44

【要點】：轉體要快，撩棍要狠、要猛。左臂夾棍要緊，幅度不宜太大。

25. 撩陰棍

兩手持棍，使棍梢由前上向後、向下經左腿外側向前上方撩擊。在棍向前上方撩擊的同時，右腿提膝站立，左腳向前彈踢。目視前上方。（圖44）

【用途】：敵持械於前方劈我頭、肩部位，我用棍梢向左後挑壓敵械，同時，左腳快速彈擊敵襠、腹部位。

【要點】：棍於體左側成立圓時要快，右手上提，以免棍梢觸地。上撩時右手要下壓棍根，增加撩棍的速度與力量。彈踢前腿要先屈膝，腳面繃平。

26. 醉搗仙爐

①左腳體前落步，膝微屈。左手向右手前滑握棍把，兩

圖 45

圖 46

手上提，使棍梢由前上向後、向下經右腿外側向前上撩擊。目視棍梢。（圖 45）

②左腿直立，右腿屈膝提起，身體左轉。同時，雙手持棍，使棍梢向上擺動，棍身貼於身體左側。（圖 46）

圖 47

③右腳腳尖勾起向右蹬，高與腰平，力達腳跟。目視右腳。（圖 47）

④右腳向右側落地，成馬步。同時，左手向棍梢方向滑握，右手滑握棍身，屈肘於右胸前，使棍身平置於身前。目視棍梢。（圖 48）

圖 48

⑤重心右移成右弓步。同時，雙手持棍向右側戳擊，力達把端，右臂伸直，左臂屈肘於胸前。目視把端。（圖 49）

【用途】：①敵持械於前方攻我下盤，我用棍前端向左後撥掛敵械，右腳蹬敵腰胯。②敵持械攻我中、上盤，我用棍身向左格挎敵械，棍把戳擊敵身。

【要點】：提撩立圓要貼近身體，速度要快，但不可碰

圖49

圖50

身。蹬腿要迅猛有力，力達腳跟。蹬腿時，身體要立直，不可歪斜。戳擊時身體稍右傾，左臂屈肘夾棍，使棍水平線向右用力戳擊，棍身要與肩平。弓步與戳擊同時完成。

27. 棒打土地

①左腳向右腳後插步，前腳掌著地，右腿屈膝。同時，右手滑握棍把上提，左手向右手方向滑握，兩手握棍，使棍梢由左向上經體前上方向右、向下劈點地面。（圖50）

②身體左轉，右腳向後退一步，左腿屈膝半蹲，成左弓步。同時，兩手握棍，使棍梢由後經上向前、向下劈打地面。目視前下方。（圖51）

圖51

【用途】：劈打前後來犯之敵。

【要點】：弓步與點棍同時完成。

28.仙人幻影

①重心後移，右腿直立，左腿後擺至身後。右手握把，向體後擺動，左手向前滑握棍身，使棍平置於身體右側。（圖52）

圖52

②左腳向後插落，前腳掌著

地，右腿屈膝半蹲。同時，右手擺至體後下方鬆握棍把；左手握棍，向右後插拽至右胸前，使棍根向右後下方戳擊，力達棍根。目視右後下方。（圖53）

圖53

【用途】：敵持械於身後攻我下盤，我用棍根外格敵械後，用棍底快速戳擊敵下盤。

【要點】：插步要穩，步宜大。戳棍要狠、快、準。戳棍與插步同時完成。

圖54

29.玉兔搗杵

身體左轉270°，右腳隨之向右上步，兩腿屈膝半蹲，成馬步。同時，左手屈肘於左肩前；右手握棍，屈肘於右肩側，雙手持棍隨體轉，使棍根向左快速掃擊，力達棍把。目隨棍把移動。（圖54）

【用途】：敵持械於左方攻我中、上盤，我用棍梢向左手後掃掛敵械，棍根掃擊敵上盤。

【要點】：轉體要快，落步要穩，擰轉要用腰發力，以腰帶臂，使棍把隨轉體，向左快速掃擊。

圖 55

30. 嫦娥奔月

右腿挺膝站立，左腿屈膝上提，腳面繃平，腳尖向下，成右獨立步。同時，右手握棍，右後上舉；左手屈肘於胸前，兩手持棍，使棍根向右後上方戳擊。上體隨之稍右轉。目視棍根。（圖 55）

【用途】：敵持械於後方劈打我上盤，我用棍把向右挑壓敵械後，用棍底戳擊敵胸、喉、面部。

【要點】：提膝要輕快，右腿站立要穩固。戳棍要快、要猛，兩手協同用力。獨立步與戳棍同時完成。

第 五 段

31. 猿猴探路

左腳尖向體前落地，兩腿屈膝下蹲，成左虛步。同時，左手鬆開棍身，上舉至額前，掌心向下，指關節攏緊成瓦攏掌；右手握棍，經體右側擺至腹前，將棍梢向前下戳擊，使棍身斜置於體前。目視前下方。（圖 56）

【用途】：敵持械於前方攻我下盤，我迅速用棍梢向左

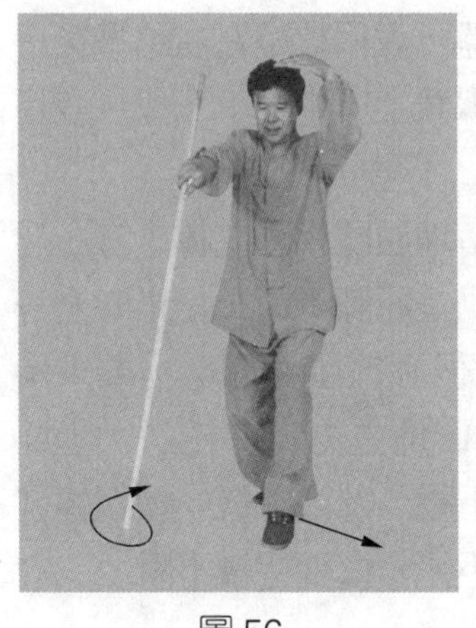
圖 56

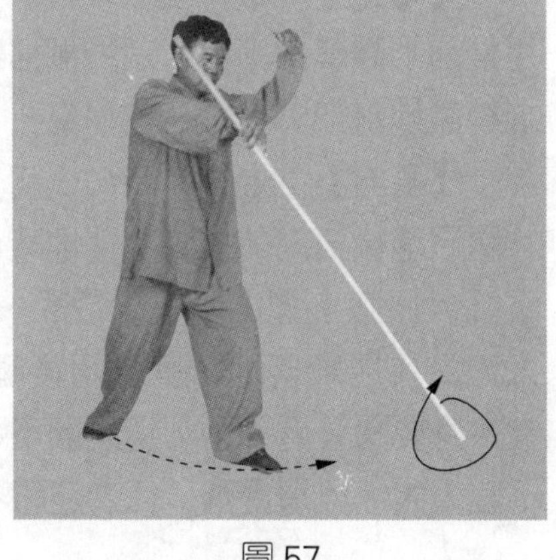
圖 57

格掛敵械後，順勢戳擊敵下盤。

32. 攪絲棍

①身體左轉，左腳向左前移半步。同時，右手握棍，右腕向下擰擺，使棍梢於體前向右、向下、向左、向上纏繞一周；左掌姿勢不變。目隨棍梢移動。（圖 57）

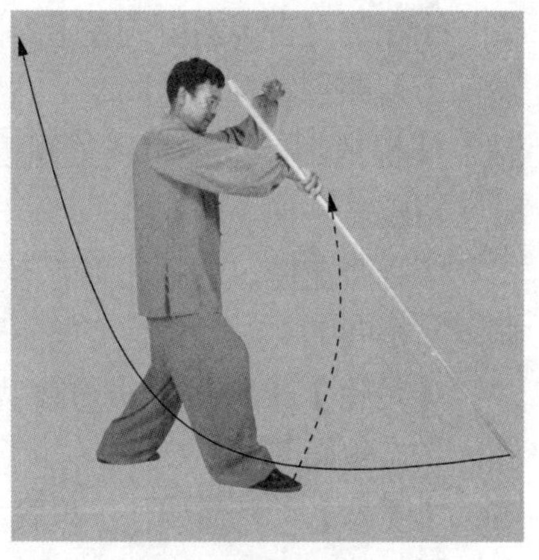
圖 58

②左腿屈膝半蹲，右腳用力碾地後，屈膝前擺落地。同時，右手握棍，繼續右下擺動，使棍梢繼續於體前下方繞轉一小圈。目隨棍梢移動。（圖 58，此行步只做五次，走向為弧形步）

【用途】：敵持雙械攻我下盤，我用棍梢左右格攪後，用棍前端戳擊敵下盤。敵持械掃擊我上、中、下三盤，我用棍梢戳地斜架，擋敵三盤掃擊。

【要點】：走行步時，一腿落地屈膝半蹲支撐全身，另一腿碾地後再向前擺動。落地時仍是屈膝半蹲，行走時全身下沉。屈膝上擺的步盡量放大，但必須屈膝落地，要求步大，又要屈膝落地，就要用後腿碾地之力向前托送。步要匀，身要穩，肩要平，切忌腳下不穩，忽高忽低。攪棍幅度不宜太大，但須攪圓。行走連續不停，攪棍持續不斷。

33.刮面腳

①左腿直立，右腳向左上方踢擺，經前向左擺動，左手於前方迎擊腳掌。與此同時，右臂內旋，右手握棍，以腕為軸，使棍梢由前下經右腿外側繞至左肩上方，棍身貼於後背。目視左手。（圖 59）

②身體左轉，右腳向體前落步，右腿屈膝。左掌擺於體側，掌指向上；右手背棍姿勢不變。目視左掌。（圖 60）

【用途】：敵於左後方攻我，我速回身用右腳掛敵後腦，掌掃敵面部。

【要點】：轉體要快，以腰擰轉帶腿掃擊。背棍與擺腿要協調一致。

34.蒼龍搗巢

①右手握棍臂內旋，從右後下方向右、向前繞弧形屈肘擺至額上方，手心向上，使棍把由右後下方向右、斜向前上、向右弧形繞行；左臂外旋，屈肘上舉，於右手虎口前接

圖59

圖60

圖61

握棍身。目視右手（圖61）。

②右臂外旋，右手由上向下經胸前擺至左腋處，手心向後；同時，左臂內旋，從上向右、向下，屈肘經腹前向左直擺，手心向下，使棍梢由前向左、向後、向右、向前，於頭

圖 62

上方平繞一周後繼續向左下弧形繞行。當棍梢繞至右上方時，左腿屈膝半蹲，右腿伸直，成左弓步。上體隨之左轉。目視棍梢。（圖 62）

【用途】：敵持械攻我中、下盤，我用棍把向左挎格敵械，用棍梢斜掃敵頭、腰部位。

【要點】：雲棍要平圓連貫。弓步撥掃時，要擰腰帶臂發力。撥棍和重心下降成弓步要同時完成。全動作要連貫協調，一氣呵成。

35. 王母踩蓮

圖 63

左手握棍，從左前向右擺至右臂外，手心向下肘微屈；同時，右手握棍，從左腋處弧形擺至右肩前，手心斜向上，肘微屈，使棍梢由左前向右、向後、向上弧

形繞掃。當棍梢掃至體右側時，重心前移，左腿直立，右腿屈膝上提，腳面繃平，腳尖向下，成左獨立步。目視前方。（圖63）

【用途】：敵持械於右前方攻我中盤，我用棍身向左格擋敵械，棍梢掃敵下盤。

【要點】：右腿提膝要快，要穩，左腿支撐全身立直，右掛棍要迅猛，左獨立步與掃掛棍要協調一致。

36.八戒摔耙

①左腳蹬地跳起。同時，兩手握棍，上提至頭頂上方，使棍梢擺至體後。（圖64）

②右、左腳依次落地，體稍右轉，右腿屈膝全蹲，左腿伸直平仆，成左仆步。同時，雙手握棍，經上向前撲打地

圖64

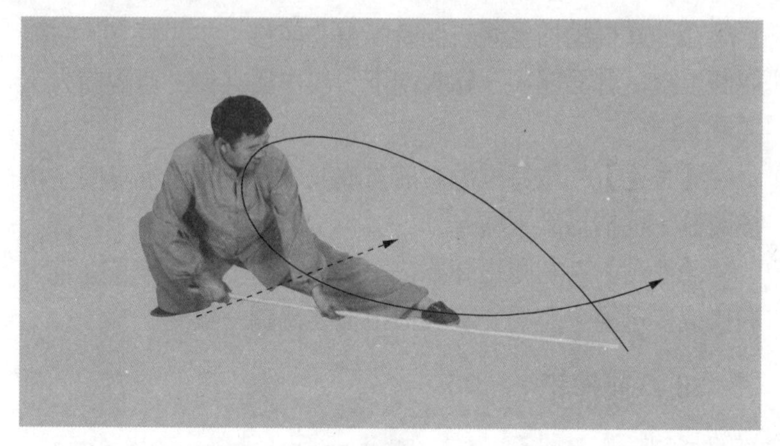

圖65

面，棍身落於左腿內側。目視棍身。（圖65）

【用途】：敵持械於前方劈打我上盤，我速用棍身斜劈敵械，使敵械走偏，我順敵械杆向前劈打敵頭、肩部位。

【要點】：左腳蹬地要用力，右腳前縱要高、要遠，落步要輕、要穩。劈棍時，雙手持棍，順雙腿下落成仆步和身體下壓之勢迅速向下撲打地面，棍身與左腳平行，上體稍前俯。

37.哪吒火條槍

身體上起，左腿屈膝。同時，右臂外旋，右手由右側經腹前擺於左腋處，手心向上；左臂內旋，左手向上、向右、向左前直臂擺動，使棍梢由前向上、斜向右下，向前、向左掃擊。當棍梢掃至右前方時，左腿直立，右腿向前彈踢。目視前方。（圖66）

【用途】：敵持械攻我中、下盤，我用棍把向左後掛掃敵械，同時，用棍梢掃擊敵頭、肩、腰、胯部位。敵俯腰躲閃，我用右腳彈踢敵襠部或面部。

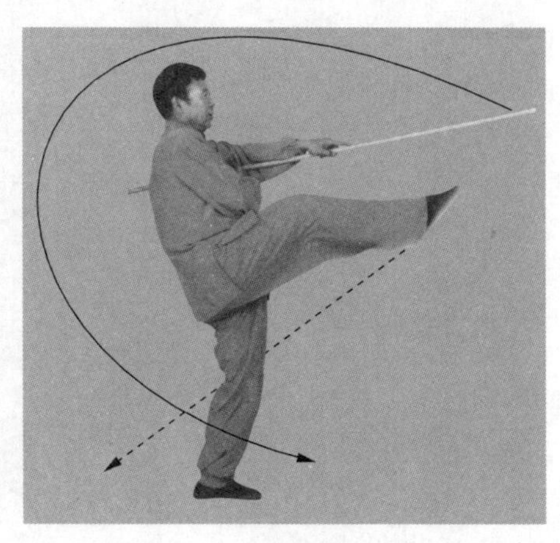

圖66

【要點】：彈踢時，右腿先屈膝腳面繃平，然後再向前方快速彈擊，力達腳尖。繞掃棍要快速有力，掃棍與彈踢要協調一致。

38.土地亮拐

①右腳體前落步屈膝。左手握棍，經左肩外向後弧形擺動；右前臂內旋，右手順勢擺至左胸前，手心斜向下，使棍梢由前向上，經體左上方向後、向下點擊地面。目視棍梢（圖67）。

圖67

②左手握棍，經體側前上舉，高與頭齊；右手順勢擺至額右側，兩手握棍，使棍梢由後經體左側向前上方撩擊。當棍梢撩至體左側時，右腿直立，左腳向

圖 68

前快速彈踢，高與腰平。目視前上方。（圖 68）

【用途】：敵持械於前方劈打我頭、肩部位，我速出棍挑擊敵持械之手臂。敵持械於身後掃我下盤，我用棍梢後戳，以擋敵掃擊。

【要點】：後點棍要快，兩手向後用力點壓。撩棍要快速有力。撩棍與彈踢要協調一致。

第六段

39.羅漢打虎

①左腳經右腳內側向後退一大步，雙腳碾地，隨體左轉，兩腿屈膝。與此同時，左手鬆開棍身，直臂擺至體側，手心向前；右手握棍向下，經胸前向左繞至頭頂上方，手心斜向前上，使棍梢向下、經體前向左、向上橫置於頭頂上方。（圖 69）

②右手持棍，使棍梢繼續向右、向下劈點地面。當棍梢繞至右上方時，兩腿屈膝下蹲，成馬步。與此同時，左掌上舉至頭左上方抖腕亮掌，掌心斜向前上。目視右下方。（圖70）

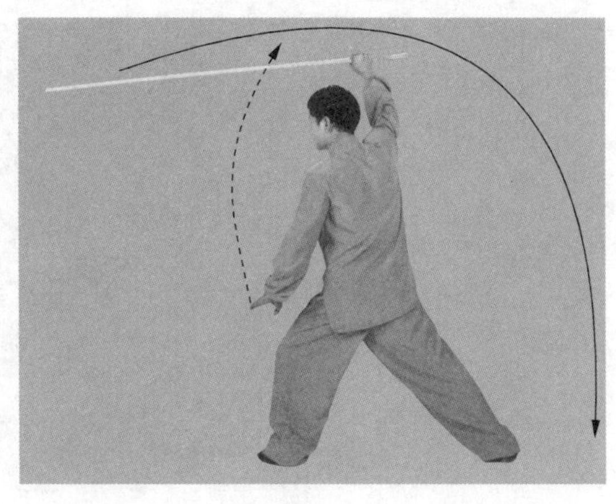

圖69

【用途】：敵持械於左前方攻我中、下盤，我用棍身或棍梢向左後擼畫敵械後，用棍梢快速劈打敵頭、肩部位。

【要點】：體前掃棍要快速有力。馬步下蹲要兩腿外撐，收腹、挺胸、塌腰，要有氣勢。馬步與劈棍同時完成。

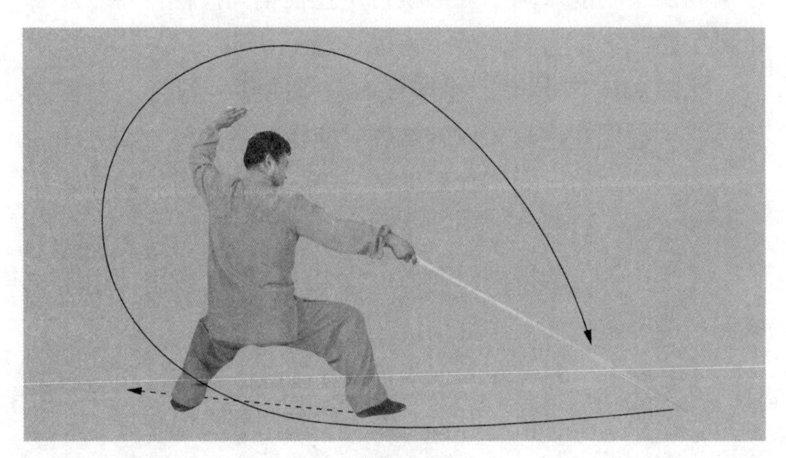

圖70

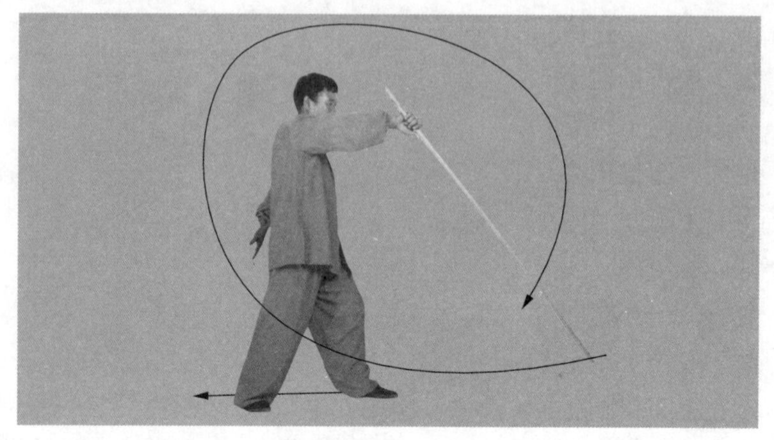

圖 71

40. 火龍棍

①身體右轉，右腳向後退一步，左腿屈膝。同時，右前臂外旋，右手握棍，以腕為軸，使棍梢由前下經右腿外側向後、向上、向前、向下弧形繞行；在棍梢向後繞行時，左掌下擺至體後，掌心斜向後下方。（圖 71）

②左腳向後退步，腿伸直，右腿屈膝。同時，右臂內旋，右手握棍左上提，以腕為軸，使棍梢由前經左腿外側向後、向上、向前、向下弧形繞轉一周，棍身斜置於體前；左手姿勢不變。目視前下方。（圖 72）

【用途】：敵持械於前方攻我中、下盤，我用棍梢向左或向右撥掛敵械後，用棍梢快速劈打敵上盤。

【要點】：右、左腳退步要快、要輕、要穩。左右撥掛棍要快，要連續不斷、貼近身體，切勿使棍觸地碰身。

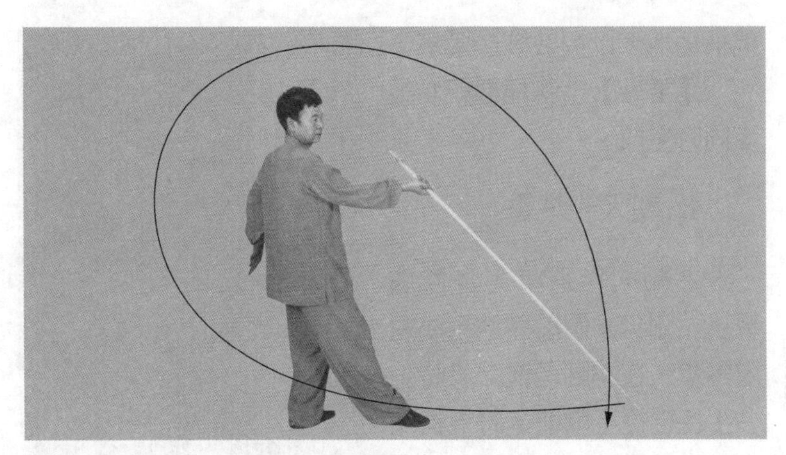

圖 72

41.定海神針

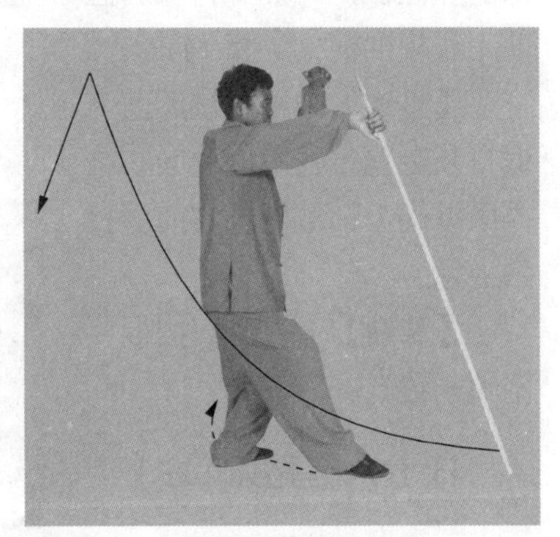

圖 73

右臂外旋，右手握棍，將棍梢由前經右腿外側向後、向上、向前、向下插擊地面，棍身斜置於身前。當棍繞至右上方時，右腿後移半步，右腿屈膝半蹲，成右虛步。與此同時，左掌擺至體前，手心向下，掌指向右，指關節屈攏，成瓦攏掌。目視棍梢。（圖73）

【用途】：敵持械於前方攻我下盤，我用棍前端外格敵械，用棍梢快速插擊敵下盤。敵於左右方向掃我前方，我用棍梢插地，以擋敵械之掃擊。

【要點】：斜插棍與右虛步同時完成。

42. 朝天一炷香

右腳向後退步，身體右轉，左腳尖向體前點地，成左虛點步。在左腳體前上步時，右手持棍擺至胸前，將棍梢向上、向前劈按，左手於右手虎口前抓握棍把，棍身斜置於體前。目視棍梢。（圖 74）

圖 74

【用途】：敵持械於前方劈打我上盤，我用棍梢向右格攔敵械後，順敵械杆向前劈打敵上盤。

【要點】：上步與按棍要協調一致。

43. 廿八宿點兵（左）

①左腳向右後方偷步，身體左轉 180°，左腿屈膝。同時，左手向前滑握棍身，兩手握棍隨體轉，將棍梢向左平掃，當棍梢掃至左肩前時，兩手握棍上舉，使棍身橫架於頭

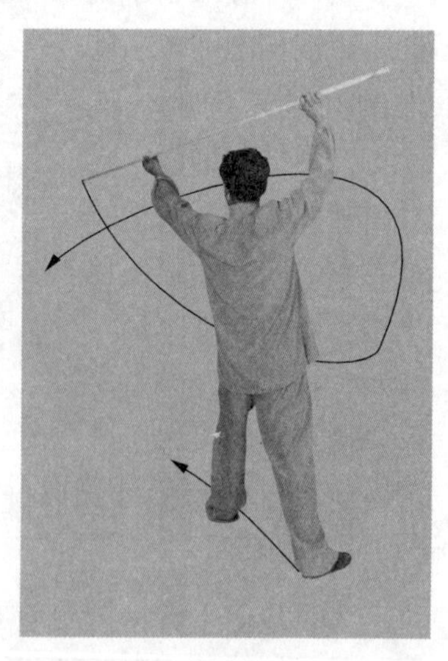

圖 75

圖 76

頂上方。（圖 75）

②右腳向左上步，右腿屈膝，身體隨之左轉 180°。同時，左手鬆開棍身，下擺至左腰側，手心向下，肘微屈；右臂外旋稍下降，右手握棍，將棍梢隨體左轉繞身掄掃一周半，棍身橫置於體前。（圖 76）

圖 77

③身體繼續左轉，左腳向後退步，右腿屈膝。同時，左手於右手虎口前接握棍身，兩手握棍屈肘上舉，使棍身架於頭頂上方。（圖 77）

④右臂外旋，右手由上向下經胸前擺於左腋處，手心向

圖78

後；同時，左臂外旋，由上向右、向下屈肘經腹前向左直擺，手心向下，使棍梢由前向左、向後、向右、向前，在頭頂上方平繞一周後繼續向左下方弧形繞行。當棍梢繞至右上方時，左腿屈膝，右腿伸直，成左弓步，上體隨之左轉。目視棍梢。（圖78）

【用途】：敵持械劈打我上盤，我用棍身上架後，迅速向右纏壓敵械，棍梢順勢掃擊敵中、上盤。

【要點】：轉體要快，雲棍要圓，掄掃棍要快速有力。架棍時，雙手用力向上撐舉，撥掃棍要迅猛有力。撥掃棍與左弓步同時完成。全套動作連貫協調，一氣呵成。

44.廿八宿點兵（右）

①雙腳碾地，隨身體右轉180°，成右弓步。同時，兩手握棍隨體轉，用力向右撥掃。（圖79）

②左腳向前上步，身體繼續右轉，左手握棍，由左前向

圖 79

圖 80

右經頷前擺至左上方，手心向上，肘微屈；同時，右手握棍，由左腋下經腹前屈肘舉至右額上，兩手握棍，使棍梢於頭上方雲繞一周後，棍身橫架於頭頂上方。（圖 80）

③身體右轉，右腳向後退步，腿伸直，左腿屈膝半蹲，

成左弓步。同時，右臂內旋，右手握棍，向下、向右直臂擺至右肩前；左臂外旋，左手握棍，向下經胸前繞至右腋處，手心向後，兩手握棍，使棍根由右向後、向左、向前弧形繞掃。（圖 81）

圖 81

④重心後移，右腿直立，左腿後收，屈膝上提，腳面繃平，腳尖向下，成右獨立步。同時，左手鬆開棍身，上擺至頭左上方橫腕亮掌，手心向上，肘微屈；右手握棍，使棍把向右後平掃。身體隨之右轉。目視棍根。（圖 82）

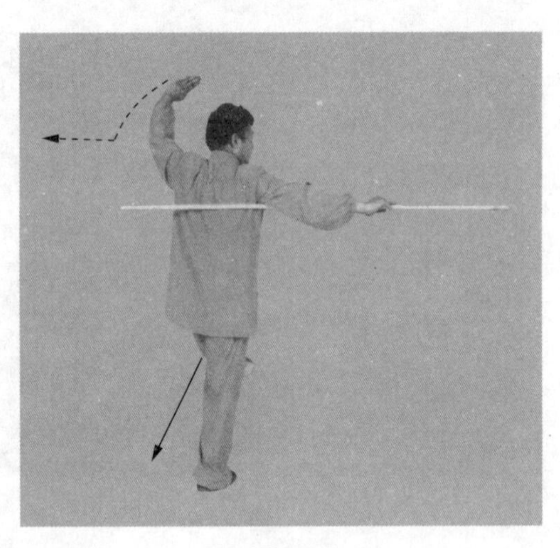

圖 82

【用途】：①敵持械於前方劈打我上盤，我用棍身向上撐崩敵械，使敵械反彈。此時，我用棍梢掃擊敵上盤。

圖83

②敵持械於前方攻我下盤，我用棍梢向右後撥掛敵械，棍根由右上向左、向前掃擊敵腰、腹部位。

【要點】：兩腳碾地轉體變步要快、要穩，左腿先屈後用力蹬直。左臂夾棍，增加掃棍力量和速度。架棍時，兩手用力向上撐舉。上舉時不待棍停，當棍梢繞至體後速稍慢。兩手隨棍繞動同時上舉。獨立步與掃棍同時完成。

45. 搜山雲魔

①身體左轉，左腳向前落步，屈膝半蹲，右腿伸直，成左弓步。同時，左手向下、向左前平直推出。（圖83）

②右腳向前上步，腳尖內扣，身體左轉180°。同時，右手握棍臂內旋，屈肘攞至額上方，手心向上，使棍梢由左肩上方向後、向右下、向前上、向左弧形繞行；左臂外旋，屈肘舉至頭前上方接握棍身，手心向上，兩手握棍，將棍平舉於頭頂上方，棍梢朝前。目視棍梢。（圖84）

圖 84

圖 85

③右臂外旋，右手由上向下經胸前擺至左腋處，手心向上；同時，左臂內旋，由上斜向右下、向左前直臂平擺，使棍梢由前向左、向後、向右、向前，於頭頂上方雲繞一周。當棍繞至體右側時，左腳向後退一步，右腿屈膝。目視前方。（圖 85）

④身體左後轉 180°，兩腿屈膝下蹲，成右跪膝步。同時，兩手握棍隨體轉，使棍梢向左上方斜掃。目視棍梢。（圖 86）

圖 86

【用途】：敵持械於前方劈打我上盤，我用棍前端向右挑壓敵械後，使棍梢快速向前，順敵械杆削擼敵持械之腕、指。

【要點】：轉體雲棍要連貫、身體要立直。跪步撥掃棍時要擰腰帶臂發力。撥掃棍與重心下降成跪步同時完成。

46. 翻天掃海

①兩腳碾地，隨體右轉 180°，右腿屈膝。同時，兩手握棍隨體轉，使棍梢向下、向前撩擊。（圖 87）

圖 87

②左腳向前上步，身體右轉，右腿屈膝，左腿自然伸直。同時，左手由左向右、經頭上方擺至體左側；右手經胸前舉至頭右上方，使棍梢向前、向右、向後、向左雲繞一周後，棍身斜架於頭頂上方。（圖88）

圖88

③身體繼續右轉。左手向下經胸前繞至右腋處，手心向上；同時，右手握棍，向左、向下、向右前方擺動，兩手握棍，使棍根由右向後、向左、向前雲繞一周至體前。當棍繞至體左側時，右腳向後退一步，左腿屈膝。目視右前方。（圖89）

圖89

④左手鬆開棍身，屈肘上擺於頭左上方橫腕亮掌；右手

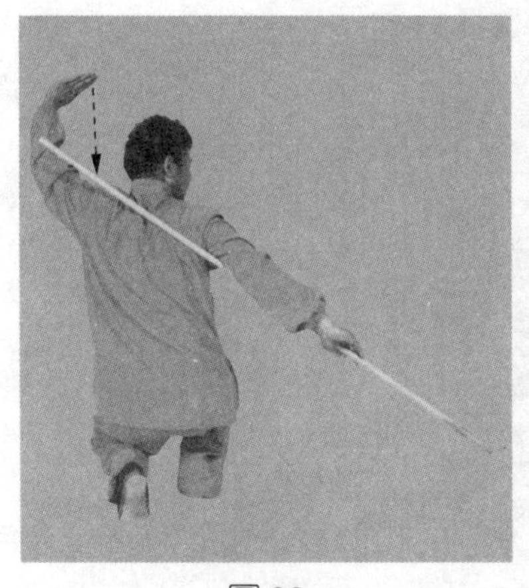
圖90

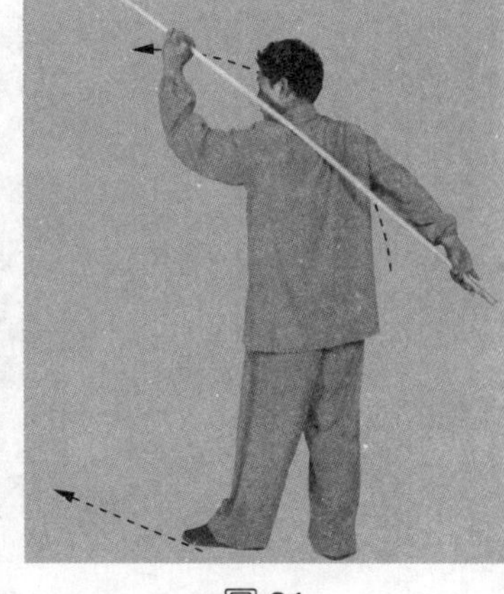
圖91

握棍，由前向下、向右後擺動，使棍根由前向下經體右側向後斜掃。當棍根掃至體右側時，左腿後收，腳尖落於右腳內側，兩腿屈膝下蹲，成左丁步。目視右後方。（圖 90）

【用途】：①敵持械於身後攻我下盤，我速回身用棍梢撥打敵械，使敵械偏走右方，此時，我用棍前端快速向前撩擊敵襠部。②敵持械於前方攻我下盤，我用棍梢向右格擋敵械，棍根劈打敵身。

【要點】：轉體撩棍要以腰發力帶動雙臂，快速有力，出棍要快、要圓。棍根後下掃要短促有力，體稍右轉。

47.靈貓捕鼠

①左腳全腳掌著地，身體上起。左手屈肘下降，於左肩前抓握棍梢，虎口朝下。（圖 91）

②右腳向前上步，膝微屈。同時，右手鬆開棍身，經體右側屈肘左上舉，於左手虎口後抓握棍梢，虎口朝後。（圖

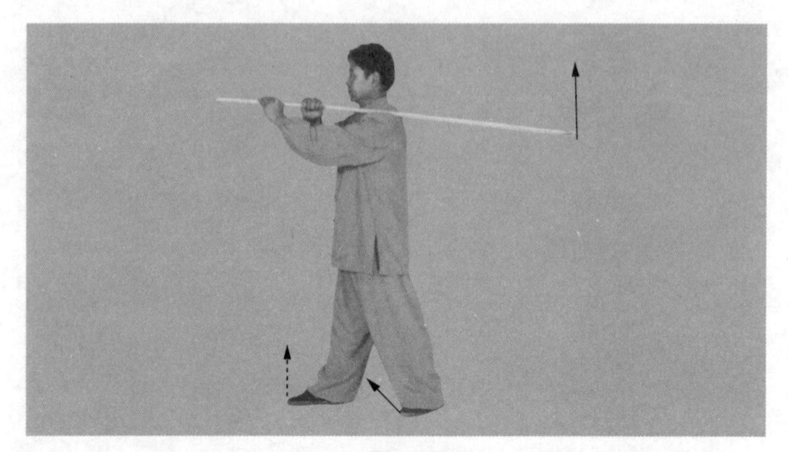

圖 92

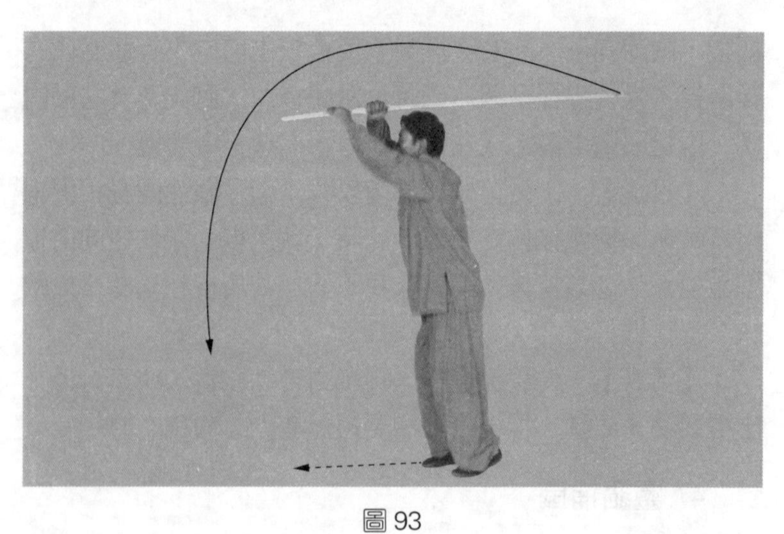

圖 93

92）

③兩腳蹬地跳起。兩手握棍，上提至頭頂上方，棍根擺至身後。（圖 93）

圖 94

圖 95

④身體左轉，左、右腳依次落地，左腿屈膝全蹲，右腿鋪平，成右仆步。同時，兩手握棍，經上向右、向下撲打地面。目視棍根。（圖 94）

【用途】：敵持械於前方劈打我上盤，我先用棍根斜劈敵械，使其械偏斜時，我快速順敵械杆劈敵上盤。

48. 鳳凰展翅

身體上起，左腳向前上步，腳尖著地，成左虛步。同時，右手鬆開棍梢，虎口轉向梢端抓握棍身，將棍梢向右後撥掃，使棍身斜置於右後方；在棍梢向後撥掃時，左手鬆開棍身變掌，左前上舉至額前，手心向下，掌指朝右，成瓦攏掌。目視前方。（圖 95）

【用途】：敵持械於右後方攻我下盤，我用棍身外格敵械，棍梢掃敵下盤。

【要點】：左虛步、瓦攏掌、撥掃棍要同時完成。

49. 神猴返眞

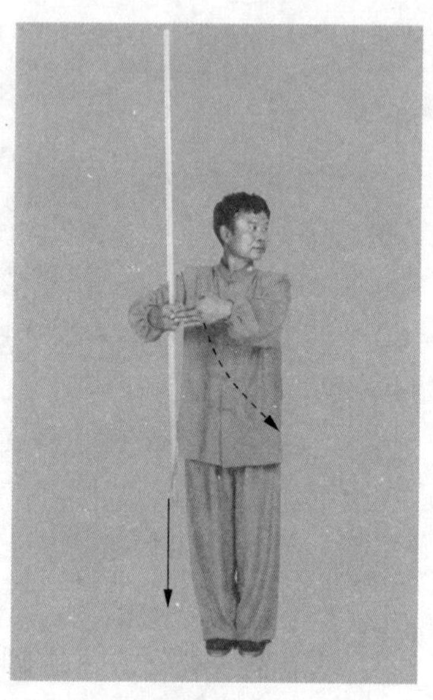
圖 96

左腳稍前移，右腳隨之向左腳併步。右手持棍，經體右側擺至體前，屈肘挺腕，使棍身豎立；同時，左臂屈肘下降，左手扶抱右手背。頭向左擺，目視左方。（圖 96）

收　勢

右手持棍，屈肘下降，將棍豎立於身體右前方，棍梢向上；同時，左手五指併攏，垂於左大腿外側。目視正前方。（圖 97）

【要點】：身體直立，收腹挺胸。右手屈肘握緊棍把，使棍身垂直不能晃動。

圖 97

第七節 方天畫戟

動作名稱

第一段

預備勢
1. 怪蟒出洞
2. 臥龍伏虎
3. 潛龍出水
4. 閉門謝客
5. 仙人晃傘
6. 奉先獻纂
7. 懶龍伸腰
8. 文王拉攆
9. 鴻雁出群

第二段

10. 蛟龍戲鰲
11. 溫侯分疆
12. 金龍探爪（右）
13. 金龍探爪（左）
14. 美女照鏡
15. 鳳凰落地
16. 偷梁換柱
17. 摘星換斗
18. 回馬戳戟
19. 玉女穿梭

第三段

20. 霸王開弓
21. 赤兔追風
22. 回馬定疆
23. 痴龍怪舞
24. 驚龍回首
25. 飛鳳尋凰
26. 怪蟒翻身
27. 卞莊按虎
28. 白龍戲珠
29. 青蛇入洞

第四段

30. 橫掃靈臺
31. 老君撫琴
32. 嫦娥奔月（右）
33. 嫦娥奔月（左）
34. 緊避三關
35. 青龍出海
36. 穿雲避日
37. 犀牛望月

第五段

38. 旋馬滾戟
39. 力戰三英
40. 白龍行空
41. 蒼鷹護巢
42. 霸王舉鼎
43. 燕子投井

第六段

44. 鯉魚吐液
45. 撥浪斬蛟
46. 莽僧撞鐘
47. 烏雲罩月
48. 雲龍翹尾
49. 猛虎捕食
50. 孔雀開屏
51. 金雞點頭
52. 臥龍收爪
53. 潛龍出水

收　勢

動作圖解

預備勢

兩腳併步站立。右臂屈肘，右手正握戟把下段，置於右胸側，戟把垂直，戟月鋒朝前，戟尖向上；左手五指併攏，貼靠於左大腿外側。目視正前方。（圖1）

圖1

第一段

1.怪蟒出洞

圖2

①左手右前上舉，抓握戟把中段，隨身體左轉引戟下落，戟尖朝前下方；右手滑握戟下把，屈肘於右腰側。與此同時，左腳上前一步，左腿屈膝，右腿自然伸直。目視前方。（圖2）

②右腳上前一步，腳尖左扣，身體左轉，兩腿屈膝半蹲，成馬步。同時，左手鬆開戟把，弧形上擺至頭頂上方，抖腕亮掌；右手持戟，向右平直扎出。目視戟尖。（圖3）

【用途】：敵持械於前方攻我中盤，我用戟前端外格敵械，並用戟尖快速扎敵胸、肋部位。

圖3

圖4

【要點】：左腳上步與左手下引戟同時進行。右腳上步轉體成馬步與右手扎戟要協調一致。

2. 臥龍伏虎

右腳經左腿後向左退一大步，身體右轉 180°，右腿屈膝全蹲，左腿鋪平，成左仆步。與此同時，右手順勢向右腰側抽把；左手向前抓握戟把中段向下按壓。目視戟月鋒。（圖4）

【用途】：敵持械於前方攻我中、下盤，我速退步閃躲，並用戟把下壓敵械，用戟月鋒鉤摟敵腰部及大腿部位。

【要點】：下畫扣戟兩手要協同用力，要快、要狠。仆步要快、要穩，上體稍前傾。仆步與下拿戟同時完成。

3. 潛龍出水

臀部貼近地面，重心右移，身體左轉，右腿伸直，左腿屈膝半蹲，成左弓步。與此同時，右手握把前推，左手滑握

圖5

戟把，使戟向前平直扎出。目視前方。（圖5）

【用途】：敵持械於左前方攻我中、上盤，我速低頭仆步躲過，待敵械過後，我身體突起，用戟快速扎敵胸、腹部位。

【要點】：轉體、變步、扎戟要協調一致，上體稍前傾。

圖6

4.閉門謝客

①左手向前滑握戟把，向左下擺動；右手隨之屈肘於胸前，使戟向左後撥掛。與此同時，右腳前上一步，右腿屈膝。（圖6）

②左腳前上一步，兩腿屈膝。同時，右手握把，向下、向後、向左、向前繞擺；左手經胸前弧形繞至右肩外，雙臂於胸前交叉，使戟頭向前、向右後掛撥。目視右後方。（圖

7）

【用途】：敵持械於正前方、左前方或右前方攻我中、下盤，我用戟前端向外撥掛敵械，用戟月鋒鉤畫敵下盤。

【要點】：左、右掛戟與上步要配合好，掛戟要以腰帶臂，隨體轉而左右掛之。

圖7

5.仙人晃傘

①右腳向前提擺，左腳蹬地跳起。同時，雙手握把舉至頭頂上方，戟頭斜置於體後。（圖8）

圖8

圖9

②身體右轉，右、左腳依次落地，兩腿屈膝半蹲，成馬步。同時，兩手握把，向左劈砍，戟月鋒向下；在劈戟時左手向前滑握戟把（圖9）。

③身體左轉，兩腳碾地，隨體轉成左弓步。兩手持戟，向前平直扎出。目視前方。（圖10）

【用途】：敵持械於前方攻我中、上盤，我用戟月鋒劈砍敵持械之手臂，或用戟前端下劈敵械後，隨即用戟快速平

圖10

扎敵腹、胸、肋部。

【要點】：向前縱躍時，盡量跳得高、躍得遠，左腳蹬地用力，抬頭展胸。馬步要穩固，坐臀擺胯，挺胸收腹。劈戟要速快力猛，戟月鋒朝下。扎戟要快速有力，力達戟尖。

圖 11

6. 奉先獻纂

①右腳向前提擺，左腳隨即蹬地跳起。同時，左手向前滑握戟把前段，右手向前滑握戟把中段，使戟纂擺於身體右後方。（圖 11）

②身體左轉 180°，右腳落地，左腿屈膝上提，成右獨立步。同時，兩手握把隨身轉，使戟纂向前、向左平掃。目視戟纂。（圖 12）

圖 12

【用途】：敵持械於前方攻我中、上盤，我用戟月鋒外掛敵械，用戟纂快速掃擊敵頭、肩部位。

【要點】：右腳前擺要快，以助左腳蹬地之力，轉體落步要穩固，掃把要凌厲迅猛。

7. 懶龍伸腰

圖13

①身體左轉，左腳向左跨落，兩腿屈膝半蹲，成馬步。同時，右手向後滑握戟把，左手托握戟身，兩手協同用力，使戟尖向上、向前、向下繞行半周。（圖13）

②身體繼續左轉，左腿屈膝半蹲，右腿伸直，成左弓步。與此同時，右手向前推送，左手向後滑握戟把至右手虎口前，使戟向前平直扎出。目視前方。（圖14）

【用途】：敵持械於前方攻我中、上盤，我用戟月鋒卡

圖14

鎖敵械，隨即用戟尖扎敵胸、腹、肋部。

【要點】：轉體變步，右腿要先屈後直。扎戟要快、要平、要穩。左弓步與扎戟同時完成。

8. 文王拉撻

①兩手握把，以腕為軸，使戟月鋒向左上、向左、向下纏繞半周。目視戟月鋒。（圖15）

圖15

②身體右轉，右腿屈膝半蹲，左腿伸直，成右弓步。同時，右手握把，向右抽帶；左手向前滑握戟把向下按壓。目視戟月鋒。（圖16）

圖16

【用途】：①敵持械於前方攻我上盤，我用戟前端外格敵械，用戟月鋒鉤摟敵頭、肩部位。

②敵持械於前方攻我中、下盤，我用戟前端外格敵械，用戟月鋒鉤摟敵腿、腰部位，並用力向後抽拽下壓。

【要點】：向右下摟戟時要用暗勁，外緩內剛，要突出戟月鋒鉤、摟、壓、按的特點。右摟戟與右弓步同時完成。

圖17

9. 鴻雁出群

身體左轉，右腳尖向左腳內側落步，兩腿屈膝下蹲，成右丁步。同時，兩手持戟，向前上方挑起，在向上挑起時，左手向下滑握戟把，將戟頭上把下豎立於體前。目視戟尖。（圖 17）

【用途】：用戟尖扎敵胸、挑其面，亦可用戟月鋒銼畫敵胸、面部位。

【要點】：上步要輕穩，先扎戟後挑戟。丁步與挑戟同時完成。

第 二 段

10. 蛟龍戲鱉

①右腳向後退一步挺膝伸直，左腿屈膝半蹲，成左弓步。同時，兩手持戟向前下劈點。目視前下方。（圖 18）

圖18

②身體右轉 90°，左腿屈膝全蹲，右腿鋪平，成右仆步。與此同時，右手向右下戳把；左手向前滑握戟身前段，兩臂直伸，戟尖斜向左上方。目視戟把。（圖19）

圖19

【用途】：敵持械於前方攻我上盤，或由前上方持械劈我頭、肩部位，我速用戟前端外格敵械，並順敵械杆向前滑劈敵持械之手臂，用戟月鋒劈砍敵頭、肩部位。敵持械於右後方攻我下盤，我速回身用纂下壓敵械，並順敵械杆向前戳擊敵小腿及腳面部位。

【要點】：退步與劈點戟同時進行。點戟幅度不宜太

圖 20

大，要有力度。仆步與下拿戟同時完成。全動作要連貫協調，一氣呵成。

圖 21

11.溫侯分疆

①身體上起右轉 90°，右腿屈膝半蹲，左腿伸直，成右弓步。同時，兩手持戟向上、向前弧形劈剁，右手握把置於右腰側，戟月鋒向下。目視前方。（圖 20）

②右腿挺膝直立，左腿前擺屈膝上提，腳面繃平，腳尖向下，成右獨立步。同時，左手滑握戟身左後下引，右手隨擺至胸前，屈肘，使戟向下、向左、向後掛掃。目視戟尖。（圖 21）

【用途】：敵持械於身後攻我中、上盤，我速回身用戟把向右下滾壓敵械，用戟月鋒劈剁敵頭、肩部位。敵持械於左後方攻我下盤，我速用戟前端磕擋敵械，用戟月鋒掃擊敵小腿及腳面部位。

【要點】：轉體變步要快，戟月鋒前劈要猛、要狠。獨立步站立要穩固。向左後掛掃戟時，上體稍左轉。

12. 金龍探爪（右）

①左腳向前落步，身體稍右轉。左手向後滑握戟身，臂內旋，向上、向前、向右繞至右肩外；右手向前滑握戟身，臂外旋，向下、向前、向左繞舉，兩手於胸前交叉，使戟尖向上、向前、向右、向下經右腿外側向後繞行。（圖 22）

②左臂外旋，向前、向下、向後繞至右腋下；右手經體右側向後、向上繞至右肩前，使戟尖向上、向前、向下，經右腿外側繞至右腋後，戟把繞至右肩前。與此同時，左腿屈膝半蹲，成左弓步。目視戟把。（圖 23）

【用途】：①敵持械於前方攻我中、下盤，我用戟前段向右下劈掛敵械，用戟下把劈砸敵頭、肩部。

②敵持械於身後攻我，我速用戟月鋒由身體右側向後暗出，勾撩敵襠部。

圖22

圖23

【要點】：左腳向前落步與戟尖繞動同時進行。戟於身體右立圓繞行時，要快、要圓，戟身貼近身體。戟纂下砸時要快速有力。

13. 金龍探爪（左）

①右腳向前上一步，體稍左轉。右手向左、向下、向後經左肩外向上、向前弧形繞擺；左手經腹前擺至身體左側，使戟把於身體左側立繞一周，戟身平置於身體左側。（圖24）

圖24

圖25

②右手向下、向後、向上繞擺至左腋處；左手向上、向前弧形擺動，使戟尖由後向上、向前劈砍。與此同時，右腿屈膝半蹲，左腿伸直，成右弓步。目視戟月鋒。（圖25）

【用途】：敵持械於前方攻我中、下盤，我用戟把向左後格擼敵械，用戟月鋒劈砍敵頭、肩部位。

【要點】：左臂夾戟要牢固，劈戟與右弓步同時完成。

圖26

14.美女照鏡

①左腳上前一步，腳尖右扣，身

圖 27

體右轉 180°。兩手握把隨體轉，使戟尖向下、向前撩擊。目視戟尖。（圖 26）

②左手握把，向上、向後、向下經身體左側繞至腹前，手心向上；右手握把，屈肘上提至額前，使戟尖由前向上、向後、向下經左腿外側繞至體前下方，使戟把斜架體前。與此同時，右腿向後退一步，屈膝半蹲，左腿稍後移，腳尖點地，成左虛步。目視前下方。（圖 27）

【用途】：①敵持械於身後攻我下盤，我速回身用戟前端蕩開敵械，並隨敵械杆向前滑撩敵持械之手臂及襠、腹部位。

②敵持械於前方攻我下盤，我用戟前端格攔敵械，並順勢向前下扎敵腳面。

【要點】：轉體要快。前撩戟時兩臂放鬆。動作要連貫協調。亮戟與虛步同時完成。

15.鳳凰落地

圖 28

①身體右轉180°，左腳向前上半步。同時，兩手握戟，使戟尖向前、向右、向下經右腳外側向後、向上、向前繞轉，右手鬆開戟身，虎口轉向把端握戟。（圖 28）

②左手鬆開戟身，右手握把，前臂外旋，使戟在身體右側向前立掄一周，隨後前臂內旋，使戟身繞向右腋下，隨即上體前俯，右手腕發力將戟向上方甩起，使戟貼背把端從左肩上向前翻過，左手在身前及時接握戟身。（圖 29）

圖 29

③右腳向後退一大步，身體右轉約90°，右腿屈膝全蹲，左腿鋪平，成左仆步。與此同時，右手順勢向身體右側抽把，左手向前滑握戟身向下沉壓，使戟橫置於體前，戟月鋒向下。目視戟月鋒。（圖30）

圖30

【用途】：①敵持械於後方攻我上盤，我速回身用戟把蓋壓敵械，用戟月鋒劈敵頭、肩部位。

②敵持械於前方攻我中、下盤，我用戟月鋒外掛敵械，並藏械於身後，使敵茫然，此時我猝然出戟，劈剁敵頭、肩部位；戟月鋒鉤摟敵身，用力向身前拉帶下壓。

【要點】：換把要快，換把時不能使戟中途停頓。戟身繞至右腋下，右手手腕發力的同時，上體前俯，戟身隨貫性下降，左手迅速接握戟身。轉體仆步要快，右手抽把與左手滑壓要配合好。突出戟月鋒的勾、摟、扣鎖，戟身的抽、拉、蓋、壓。全動作連貫協調，一氣呵成。

16. 偷樑換柱

①重心移至右腿，左腿直立，身體左轉90°，右腿向前提擺，左腳隨即蹬地跳起。兩手握把，使戟尖向前上方挑起。目視戟尖。（圖31）

圖 31

圖 32

②身體左轉，右腳落地，左腳隨之落於右腳後，兩腿屈膝交叉。與此同時，左手向左、向下弧形擺動；右手向下屈肘於右腰側，兩手握把，使戟平降至腹前。（圖 32）

圖 33

③兩腿屈膝下蹲，成歇步。與此同時，右手鬆握戟把右擺；左手握上把向右平擺握送，使戟纂向右戳擊。目視戟纂。（圖 33）

【用途】：①敵持械於前方攻我中、上盤，我用戟前端向上崩震敵械後，用戟尖扎敵胸、挑敵面。

②戟挑敵面，把豁敵襠。

【要點】：跳步要高、要遠，落步要輕穩，挑戟要先扎後挑。歇步下坐時要穩固，兩腿要夾緊。戳戟短促有力。全動作要大起大落，連貫協調。歇步與戳戟同時完成。

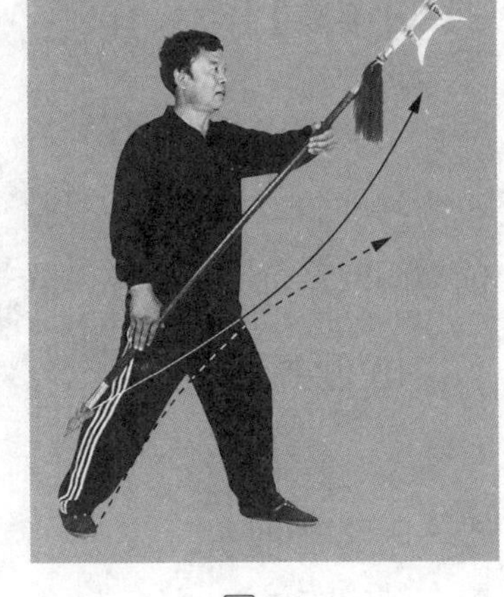

圖34

17. 摘星換斗

①身體立起左轉，左腳向前上半步。與此同時，右手向後滑握戟把。（圖34）

②重心移至左腿，右腿向前上彈踢，上體後仰。與此同時，右手握把，隨右腳前踢時將戟把向前滑把撩出；右手順勢向後滑握至戟纓處，左手及時鬆開置於身體左側。目視戟纂。（圖35）

圖35

【用途】：敵持械於前方攻我中、上盤，我速用戟把順敵械杆撩擊敵持械之手臂，腳踢敵襠、腹部位。

【要點】：左腿支撐要穩，撩把要快。右腿彈踢、上體後仰與滑握戟前端同時進行。

圖 36

18. 回馬戳戟

右腳向後落步，兩腳碾地隨身體右轉成右弓步。與此同時，右手持戟，向右下方用力戳扎；左手順勢沿戟杆向前滑握戟身前段。目視戟尖。（圖 36）

【用途】：敵持械於右前方攻我下盤，我速回身用戟前端蕩開敵械，用戟尖戳扎敵下盤。

【要點】：轉體要快，用轉體帶動戟身。戳戟要快速力猛，上體稍前俯。弓步與戳戟同時完成。

19. 玉女穿梭

①重心移至左腿，右腳左擺屈膝上提。與此同時，左手手心向上；右手用力向左送戟，使戟杆沿左掌向左滑行。（圖 37）

②右手繼續向右抽戟並鬆握，左手持戟向右平送，使戟杆沿右掌向右滑行；左手及時鬆開置於身體左側，右手及時握住戟把。在戟向右穿扎的同時，右腳向右落步，屈膝半蹲，成右弓步。目視戟尖。（圖 38）

圖37

圖38

【用途】：用戟把戳擊敵胸肋，用戟尖快速穿扎敵喉、面部位。

【要點】：穿梭戟要快、平、穩、準，兩手用力要均勻。對戟運行中的鬆、握、滑要控制好。

第三段

20.霸王開弓

圖 39

右腳經左腳後向左繞步，身體右轉 180°，右腿屈膝半蹲，左腿伸直，成右弓步。與此同時，右手握把，向右抽拉，左手隨之向戟前端滑握並向下按壓。目視戟月鋒。（圖 39）

【用途】：敵持械於前方攻我中盤，我用戟前端外格敵械後，用戟月鋒鉤摟敵腰腿部位，並轉身向體前拉拽，使敵受傷並跌於當場。

【要點】：右手抽戟要猛，要快，左手協同用力。弓步與摟戟動作同時完成。

21.赤兔追風

圖 40

身體稍右轉。右手握把，屈肘於胸前，左手向左下伸擺，使戟斜置於身體左側。與此同時，左腳向右前上步，兩腿屈膝。目視左後下方。（圖 40）（此行步前後共做三次）

圖41

【用途】：伺機制敵。

【要點】：做行步時，兩腿屈膝，平穩重心向前邁步，步幅均勻，不騰空。不同於弧形步。

22.回馬定疆

①右腳經左腳前向左後圈步，身體隨之左轉270°。與此同時，右手握把臂外旋，經腹前繞至左腋下；左手隨扣於右肘前，兩臂交叉抱把於胸前。目視右方。（圖41）

②兩腿屈膝半蹲，成馬步。與此同時，左手鬆把上舉至頭頂上方抖腕亮掌；右手握把，向右平直扎出。目視戟尖。（圖42）

【用途】：轉體上步，快速平扎身後之敵。

【要點】：圈步、轉體要身靈步活。馬步下蹲要穩固紮實。挺胸塌腰，懷中抱戟要托平。扎戟要快速有力。馬步與扎戟同時完成。

圖 42

圖 43

23. 痴龍怪舞

①右手握把，向上、向左、向下斜劈；左手在左前方抓握戟把。（圖 43）

②身體左轉，左腿屈膝半蹲，右腿伸直，成左弓步。與此同時，左手持戟，向左後撥掛；右手握把，順勢屈肘擺於胸前。（圖44）

圖44

③右腳向前上步，右腿屈膝半蹲，左腿伸直，成右弓步。同時，右手向下、向左前推舉，左手經胸前繞至右肩外，兩手握把，使戟尖由左後向上、向前、向右、向下經右腿外側向後撥掛。目視右後下方。（圖45）

圖45

【用途】：斜劈左前、右前來犯之敵。

【要點】：左、右掛戟幅度要大，體械合一，持續連貫。右掛戟時，兩手於胸前交叉。

24.驚龍回首

左腳經右腳前向右後圈步，身體隨之右轉180°。同時，左手向前滑握戟把左後下擺；右手順勢向左胸前抽把，使戟月鋒由前、向上、向後、向下劈砍。目視左後下方。

（圖 46）。

【用途】：敵持械於前方攻我，我用戟前端豁開敵械，隨即轉身上步，給敵以欲逃之錯覺，敵必速進，我突然回身，戟月鋒劈敵頭、肩部。

圖 46

【要點】：左腳圈步、右腳碾地、身體右轉同時完成。後劈戟要快速有力。

25. 飛鳳尋凰

圖 47

身體右轉 180°，右腳前移半步，右腿屈膝半蹲，左腿伸直，成右弓步。兩手握把隨體轉，經上、向前用力劈砍；右手握把，屈肘置於右腰側。目視前方。（圖 47）

【用途】：敵持械於後方攻我中盤，我速回身用戟把向外滾壓敵械，用戟月鋒向前劈砍敵頭、肩部位，或斜鉤敵腰、腿部位。

【要點】：重心移至左腿，雙腳碾地轉體後右腳再向前移半步，前劈戟要用轉體之力，力達戟月鋒，右弓步與劈戟要協調。

圖 48

26. 怪蟒翻身

重心前移，右腿挺膝直立，左腿前擺屈膝上提，腳面繃平，腳尖向下，成右獨立步。在左腿屈膝上提時，左手持戟，經頭左上方向左後弧形斜扎；右手順勢舉至頭頂上方，使戟斜置於身體左後方。目視左後下方。（圖 48）

【用途】：敵持械於左後方攻我中、上盤，我速回身用戟身攔架敵之來械，並用戟尖下扎敵下盤，用戟月鋒銼畫敵腹部。

【要點】：後扎戟時，上體稍左轉，速度要快，弧度宜大，使戟斜架於身體左後方。

27. 卞莊按虎

左腳體前落步，左腿屈膝半蹲，右腿伸直，成左弓步。左手持戟向上、向前劈按；右手握把，順勢向右腰後抽拉，戟月鋒向下。目視前方。（圖 49）

圖49

【用途】：①敵持械於前方攻我中、上盤，我用戟前端外攔敵械，順敵械杆劈削敵手臂。②敵持械於前方攻我中、下盤，我用戟把向右後掛攉敵械，用戟月鋒鉤摟敵肩、腰部位。

【要點】：前劈戟要快速有力，力達戟月鋒，力要可發可收。左弓步與前劈戟同時完成。

28. 白龍戲珠

圖50

①身體稍上起，右腳向左跨步，身體右轉。兩手握戟，以腕為軸，使戟尖向上、向左、向下纏繞半周。目隨戟尖移動。（圖50）

②左腳向左

上步，兩手握把，以雙腕為軸，使戟尖向上、向前、向下弧形鎖拿半周。目隨戟尖移動。（圖 51）

圖 51

【用途】：敵於左前方攻我中盤，我用戟前端纏攔敵械，並順勢下扎敵下盤。敵持械於右前方攻我中、下盤，我用戟月鋒鎖卡敵械後，使戟月鋒順敵械杆反削敵持械之手臂。

【要點】：左纏攔戟與左跨步同時進行。右鎖拿戟與左上步同時完成。全動作要連貫協調，中間不要停頓。繞圓不能超過 30 公分。

29. 青蛇入洞

右腳向左腿後插步，兩腿屈膝下蹲，成歇步。與此同時，右手握把，向左推送；左手滑托戟把，使戟尖向左平直扎出。目視戟尖。（圖 52）

圖 52

【用途】：快速平扎左方之來敵。

【要點】：雙腿下蹲成歇步時，要快、要穩，兩腿夾緊，扎戟要平直。

圖 53

第四段

30. 橫掃靈臺

身體上起，右腳向右跨一步，身體左轉，左腿屈膝半蹲，右腿伸直，成左弓步。與此同時，左手向前滑握戟把，向左掃帶，右手向前滑握戟身，順勢向右前斜推，使戟把向前上斜掃。目視戟把。（圖 53）

【用途】：敵持械於前方攻我中、上盤，我用戟前段向左後掛壓敵械，用戟下把貫掃敵頭部。

【要點】：右跨步時，右手向後抽戟，左手向前滑握戟把，轉體成左弓步時，右手隨轉體向前貫掃。轉體時要擰腰擺胯，全身下沉。掃把要短促有力，掃把與左弓步同時完成。

31. 老君撫琴

①左腳向後退一步伸直，右腿屈膝半蹲，成右弓步。與此同時，右手滑握戟把，向右後下方抽帶；左手持戟，順勢

先前劈，後隨右手向後、向下鉤摟。目視戟月鋒。（圖54）

圖54

②右腳向後退一步伸直，左腿屈膝半蹲，成左弓步。與此同時，左手持戟，向左、向下、向後撥掛；右手向前滑握戟身，將戟把向上、向前劈蓋。目視戟下把。（圖55）

圖55

【用途】：

①敵持械於前方攻我中、下盤，我用戟纂向右後磕掛，用戟前端劈打敵頭、肩部位，敵躲閃，我用戟月鋒鉤摟敵身。

②敵持械於前方攻我中、上盤，我用戟月鋒向左後鎖帶敵械，用戟下把劈蓋敵上盤。

【要點】：左、右退步要快、要穩、要輕。前劈戟時，

圖 56

要先劈後摟，貫耳把、劈蓋把要短促有力。全動作要連貫協調。

32. 嫦娥奔月（右）

右腳經左腳前向左後圈步，身體隨之左轉 180°，右腿屈膝半蹲，左腿伸直，成右弓步。與此同時，右手經腹前繞至左腋處，左手向後滑握戟身，臂內旋經右肩外向體前擺動，使戟月鋒向上、向後、向下經右腿外側向前、向上撩起。目視前上方。（圖 56）

【用途】：敵持械於身後攻我中、上盤，我回身用戟把向左後下滑壓敵械，用戟月鋒撩敵襠部，戟尖可刺敵胸，挑敵面部。

【要點】：轉體要快。轉體時腿的甩擺力與腰的旋轉力相合而用。撩戟幅度要大，勢蘊內力。右弓步與撩戟同時完成。

33. 嫦娥奔月（左）

圖 57

左腳向前上步，左腿屈膝半蹲，右腿伸直，成左弓步。與此同時，左手向上滑握戟把，向後、向下弧形擺至體前上方；右臂內旋，屈肘擺至右腰側，使戟尖向上、向後、向下，經左腿外側向前、向上撩起，戟月鋒斜向上。目視前上方。（圖57）

34. 緊避三關

圖 58

重心後移，右腿挺膝站立，左腿後收，屈膝上提，腳面繃平，腳尖向下，成右獨立步。右手握把，臂外旋，屈肘擺至右額前；左手握把，貼靠於左膝內側，使戟尖由前上向下劈，將戟身斜架於身前。目視前下方。（圖58）

【用途】：①敵持械於前方攻我下盤，我用戟前端向左撥掛敵械，用戟尖快速下扎敵小腿及腳面部位。

②敵持械掃擊我上、中、下三盤，我用戟前段、戟身、戟下把分別迎架。

【要點】：收步提膝要輕靈、快捷，右腳踩地托身要穩，切忌左右晃動。右腿挺膝站立與上體保持立直。右獨立步與斜架戟同時完成。

35. 青龍出海

左腳向前落步，左腿屈膝半蹲，右腿伸直成左弓步。與此同時，右手握把，下壓前推；左手上托，向後滑握戟把，使戟向前扎出。目視前方。（圖 59）

【用途】：敵持械於前方攻我中、上盤，我用戟前端崩開敵械後，快速向前扎敵胸、腹、肋部。

【要點】：先崩戟、後上步扎戟。扎戟時要扎成水平

圖 59

線，雙臂用力，力達戟尖。左弓步與扎戟要協調。

36.穿雲避日

①右腳經左腳後向前繞步，身體隨之右轉 270°。左手使戟尖向下、向右畫弧；右手握把上抬，使戟身越過頭頂斜置於背後。目視右上方。（圖 60）

圖 60

②上體稍右轉。左手使戟尖向右、向下經體前向左、向上畫立圓一周；右手握把，隨之擺動。（圖 61）

圖 61

③左腳經右腳後向右後偷步，身體隨之左後翻轉 270°。與此同時，兩手握把，向上撐舉，隨體轉，使戟頭繼續向上、向前、向下畫

弧。（圖62）

圖62

④右腳向前上步，腳尖左扣，兩腳碾地，隨體左轉180°，左腿屈膝半蹲，右腿伸直，成左弓步。與此同時，右手握把前推；左手向後滑握戟把，使戟向前平直扎出。目視前方。（圖63）

【用途】：①敵持械於左方攻我中、下盤，我用戟把向右後擼掛後，用戟月鋒劈砍敵身。

②敵持械於前方攻我中、上盤，我用戟月鋒卡鎖並向左後滑帶，戟把掃擊敵耳、肩部位。

③敵持械於右方攻我上盤，我用戟前端外格上托敵械，戟把挑敵襠部。

④敵持械於身後攻我，我速回身用戟前端崩開敵械後，

圖63

圖64

圖65

快速扎敵胸、腹、肋部。

【要點】：左右連環戟要擰腰，晃膀，甩胯，身械合一，連貫協調。

37. 犀牛望月

圖66

①左手持戟，直臂擺至左腰後；右手握把，屈肘上提前擺至胸前，使戟向左後掃擊。目視左後方。（圖64）

②左腳後退半步。兩手握把，以腕為軸，使戟尖向上、向右、向下立繞半周。目隨戟尖移動。（圖65）

③右腳向左後插步，前腳掌著地。與此同時，兩手持戟，向左後下方扎出。目視左後下方。（圖66）

【用途】：①敵持械於左方攻我下盤，我用戟前段撥掛敵械，用戟月鋒掃砍敵下盤。

②敵持械於身後攻我中盤，我用戟月鋒鎖拿敵械後，快速扎敵下盤。

【要點】：掃戟要用力，卡鎖戟要穩、要準，兩手協同用力。切步與後扎戟要同時完成。

圖67

第五段

38.旋馬滾戟

①右腳向左前蓋步，身體左轉。兩手持戟，將戟尖向前上方挑起。目視前上方。（圖67）

②左腳向右後偷步，兩腳碾地，隨身體左後翻轉 270°成左弓步。同時，左手持戟，使戟尖向前、向左、向下經左腿外側向後撥掛；右手向前滑握戟身，使戟把向上、斜向

圖68

前下滾壓。目視戟纂。（圖 68）

【用途】：敵持械於身後攻我中盤，我轉體用戟前段外格敵械，用戟把斜砸滾壓敵頭、肩、腰部位。

【要點】：上步要快，轉身要疾，挑戟與掛戟要連續不停。滾壓下把時，要猛，要狠。左弓步與滾壓把同時完成。

圖 69

39. 力戰三英

①重心前移，左腿挺膝站立，右腿屈膝上提，腳面綳平，腳尖向下，成左獨立步。上體稍左轉。右手使戟把向下、向後撥掛，戟纂向右後下方；左手將戟上把推至胸前，戟尖向左前上方。目視右後下方。（圖 69）

圖 70

②右腳體前落步，右腿挺膝站立，左腿屈膝上提，腳面綳平，成右獨立步。上體稍右轉。左手先上滑握、後下滑握戟身，使戟尖向前、向下、向左經左腿外側向後撥掛；右手握把上提，屈肘擺至額前。目視左後下方。（圖 70）

③左腳向前落步，腳尖右扣，身體稍右轉，兩腿屈膝半

圖 71

圖 72

蹲，成馬步。兩手持戟，向上、向左蓋劈，戟月鋒向下。目視戟頭。（圖 71）

④身體左轉，左腿屈膝半蹲，右腿伸直，成左弓步。與此同時，右手握把前推；左手向後滑握戟把，使戟向前平直

扎出。目視前方。（圖 72）

【用途】：①敵持械於右前方攻我中、下盤，我用戟把向右後滑挑，同時，戟月鋒劈砍敵頭、肩部位。

②敵持械於右前方攻我中、上盤，我用戟頭向左後撥掛，用戟下把劈砸敵頭、肩，或斜掃敵腰、胯部位。

【要點】：左右提膝要輕快靈活，落步要輕穩。左右掛戟要連續不停，左右提膝換步與左右掛戟要協調一致。馬步要站穩，收腹，挺胸，塌腰。劈戟要快速剛猛，力要能發能收。轉體要快，扎戟要穩、準。左弓步與扎戟同時完成。

40. 白龍行空

①右腳迅速前擺，左腳隨即蹬地跳起，身體於空中左轉 270°。與此同時，左手向前滑握戟上把；右手向前滑握戟身，並用力前推，使戟把隨體轉向前平掃。（圖 73）

②右、左腳依次落地，身體繼續左轉，左腿屈膝半蹲，右腿伸直，成左弓步。與此同時，右手握把向前推送；左手向後滑握戟把，使戟向前平直扎擊。目視前方。（圖 74）

【用途】：敵持械於前、或左右方攻我中、上盤，我用戟月鋒向左後撥掛，用戟下把平掃敵中、上盤。

圖 73

圖 74

【要點】：跳要高、縱要遠，落地要輕穩。轉體要快，掃把用力，力達下把。左弓步與扎戟同時完成。

41. 蒼鷹護巢

①左手持戟，使戟尖向下經左腿外側向後撥掛；右手握把，屈肘擺於左胸前。目視左後下方。（圖 75）

圖 75

②右手握把，屈肘繞至左腋處；左手持戟，使戟尖由左後下方向上、向前、向下劈，戟月鋒向下。

在戟尖舉至頭上方時，右腳前上一步，屈膝半蹲，左腿伸直，成右弓步。目視前方。（圖 76）

【用途】：①敵持械於前方攻我中、下盤，我用戟頭向左後撥掛，後把劈打敵上盤。敵躲閃或退逃，用戟月鋒劈砍敵上盤。

②用戟纂於左腋下暗出，戳擊身後之敵。

【要點】：前劈戟時，要快速有力，左臂用力夾緊戟身。劈戟與右弓步要協調。

圖 76

42.霸王舉鼎

①左手持戟，使戟尖向上、向後、向下畫弧；右手握把，屈肘前擺至胸前。（圖 77）

圖 77

②右、左手依次上舉，使戟月鋒繼續經左腿外側向前、向右、向上撩擊，雙手持戟平架於頭頂上方。與此同時，左腿

圖 78

屈膝上提，腳面繃平，成右獨立步。目視前上方。（圖 78）

【用途】：①撩擊前方來犯之敵。

②托架上方敵之來械。

【要點】：右獨立步要立身中正，上架戟要用力向上撐舉。右獨立步與架戟同時完成。

43. 燕子投井

圖 79

①左腳體前落步，腳尖右扣，身體右轉，右腳腳尖向左腳內側落步。與此同時，兩手持戟，斜下降至腹前，下把高於戟尖。（圖 79）

②兩腿屈膝下蹲，成右丁步。兩手持戟，向左下迅速扎出。目視戟尖。（圖 80）

【用途】：快速下扎左方來敵之下盤。

【要點】：轉體跨步與握戟下降同時進行。丁步與下扎

圖 80

戟要協調一致。

第六段

44. 鯉魚吐液

圖 81

①身體稍上起左轉。右腳後退一大步，隨之左腳向右腳後落步，兩腿交叉。與此同時，右手握把，向後抽帶後鬆開，迅速反向握把虎口朝戟纂，繼續向右、向上、向左、向下繞圓扣擺至胸前，手心向下；左手向前滑握戟身，手心向上平托，使戟尖向左、向下、向右、向上立繞一周。目隨戟尖移動。（圖 81）

圖 82

②兩腿屈膝下蹲，成歇步。與此同時，右手握把，向前下推送；左手向後滑握戟把，使戟尖向前下斜扎。目視前下方。（圖 82）

【用途】：敵持械於前方攻我中盤，我用戟前端外攬敵械後，順勢下扎敵下盤。敵持械於前方攻我下盤，我用戟頭纏壓敵械，並緊貼敵械上方，向前下扎敵下盤。

【要點】：右、左腳退步要快。退步時兩腳掌碾地，以增加速度與穩固力。抽把、反握把時，不要停止右手的弧形擺動，使退步與攬戟的動作緊密配合。歇步兩腿要夾緊，下蹲要快，要穩。歇步與扎戟同時完成。

45. 撥浪斬蛟

①身體稍上起，右腳向後退一步，身體右轉，兩腿屈膝半蹲，成馬步。與此同時，右手後抽後鬆開戟把，虎口轉朝頭端握把；左手向前滑握戟身，兩手持戟，以腕為軸，使戟

尖於身體左方向上、向前、向下畫立圓半周。目隨戟尖移動。（圖83）

圖83

②身體左轉，左腿屈膝半蹲，右腿伸直，成左弓步。與此同時，右手向前推把，左手向後滑握戟把，使戟向前平直扎出。目視前方。（圖84）

【用途】：敵持械於左方攻我中盤，我用戟前段纏壓敵械，戟月鋒轉切敵持械之手臂。敵退，我用戟追扎之。

【要點】：退步轉體要快，馬步要穩，鎖、扣、拿戟要

圖84

圓活靈巧。馬步變左弓步時，右腿先屈後直。扎戟要快速有力，力達戟尖。

圖 85

46.莽僧撞鐘

①身體右轉，右腿屈膝半蹲，左腿伸直，成右弓步。右手握把，屈肘右上抽帶；左手向前滑握戟把，擺於右腹前，使戟月鋒向下、向前、向右鉤畫。目視戟月鋒。（圖 85）

②兩腳碾地，隨身體左轉，左腿屈膝半蹲，右腿伸直，成左弓步。與此同時，右手用力向前推把；左手向後滑握戟把，使戟尖向前平直扎出。目視前方。（圖 86）

【用途】：①掃砍右後方敵之下盤。
②平扎體前之敵。

【要點】：鉤畫戟要隨體轉而運動，快速有力。前扎戟時，隨轉體將戟托平，然後用力向前扎出，力達戟尖。

47.烏雲罩月

①左腳後退一步，身體左轉，兩腿屈膝。與此同時，左手後滑至右手虎口前，兩手握把舉至頭頂上方，以腕為軸，使戟頭在頭頂上方向前、向左、向後、向右平雲一周。目視戟頭。（圖 87）

圖 86

圖 87

②兩手握把，同時，屈肘下降左擺，使戟頭繼續向左、向下撥掃，在向左下撥掃時，左手向前滑握戟身。與此同時，身體隨之繼續左轉 90°，左腿屈膝半蹲，右腿自然伸

直，成左弓步。目視前下方。（圖88）

圖88

【用途】：敵持械於多方攻我上盤，我用戟前段格掃敵械，戟月鋒平斬敵上盤，敵俯身躲閃，我速用戟月鋒掃砍敵下盤。

圖89

【要點】：頭頂雲戟時，要用腰發力，以腰帶動臂械，雲戟要平、要圓、要快。掃戟時，要隨轉體而動，戟月鋒斜向前下、速快力猛。左弓步與掃戟同時完成。

48.雲龍翹尾

①兩腳碾地，隨身體右轉成右弓步。與此同時，右手向右抽把後向下沉壓，左手屈肘稍上托，使戟尖向上崩起。目

視戟尖。（圖89）

②身體左轉，左腿屈膝半蹲，右腿伸直，成左弓步。與此同時，兩手握把，向前下劈點，戟月鋒斜向下；在向前下劈點時，左手向後滑握戟把，目視前下方。（圖90）

圖90

【用途】：敵持械於前方攻我中、上盤，我用戟前端向上崩挑敵械後，用戟尖向下畫扎敵下盤。

【要點】：轉體成右弓步與崩戟要協調。左弓步與劈點戟同時完成。

圖91

49. 猛虎捕食

①右腳離地前擺，左腳隨即蹬地跳起。與此同時，雙手握把，使戟尖向前上方挑起，在向前上挑起時，左手稍前滑握把。（圖91）

圖 92

②右、左腳依次落地，左腿屈膝，右腿自然伸直。與此同時，兩手握把，使戟月鋒向前下劈剁。目視前下方。（圖92）

【用途】：敵持械於前方攻我中、上盤，我用戟前端蕩開敵械後，快速扎敵胸、挑敵面部，敵仰躲，或退逃，我用戟月鋒劈砍敵下盤。

【要點】：縱步要起高躍遠，挑戟要快速，劈戟要猛。縱步與挑戟同時進行，落步與劈戟要協調一致。

50.孔雀開屏

①右腳向左後擺步，腳掌著地，左腿屈膝半蹲。與此同時，左手握把，向左後擺動；右手握把，屈肘於胸前，使戟由前向左、向後、向下斜扎。目視左後下方。（圖 93）

②身體右轉 180°，兩腳碾地，隨體轉成右弓步。與此同時，兩手握戟，隨著體轉向右掄掃一周半，在戟掃至體前

時，兩臂於胸前交叉，使戟繼續向右掃擊。目視右後下方。（圖 94）

圖 93

【用途】：敵於四方攻我，我用戟身撥掃敵械，用戟月鋒掃砍敵下盤。

【要點】：轉體要快，掃戟要疾，幅度要大。轉體掃戟要用腰發力。

圖 94

51. 金雞點頭

重心移於右腿，左腿離地屈膝，左腳背貼扣於右膝後側，右腿隨即屈膝下蹲。與此同時，兩手持戟，使戟月鋒由後向上、向前、向下劈點。目視前下方。（圖 95）

【用途】：劈點前方之敵。

【要點】：重心前移，右腿要先直後屈；左腳扣緊，右腿隨即下蹲。前劈點戟時，雙腕上提，使戟月鋒由前方迅速下降。

圖 95

52. 臥龍收爪

左腳向後落步，右腳經左腳內側向後退一大步，身體右轉，右腿屈膝全蹲，左腿鋪平，成左仆步。與此同時，右手握把向右抽帶，左手向前滑握戟把向下沉壓，戟月鋒向下。目視戟月鋒。（圖 96）

【用途】：摟鉤敵下盤，使敵翻倒在地，隨即用戟月鋒卡鎖敵身。

【要點】：右腳退步與後摟戟同時進行，轉體、仆步扣戟要協調。

53. 潛龍出水

身體上起，左腿屈膝半蹲，右腿伸直，成左弓步。與此同時，右手向左推把，左手向後滑握戟把，使戟尖向左平直扎出。目視左方。（圖 97）

圖 96

圖 97

【用途、要點】：與前潛龍出水同。

①身體右轉，兩腳碾地，隨體轉成右弓步。與此同時，左手向前滑握上把，使戟尖經左腿外側向前上方撩起；右手

握把，順勢擺於右腰側。目視前上方。（圖 98）

圖 98

②身體左轉，左手持戟上抬，右手向上滑握戟身，使戟纂於右腳外側落地，戟身於體右側垂直，戟尖向上，戟月鋒朝前。與此同時，左腳向右腳靠攏併步。（圖 99）

收 勢

左臂下垂，左手五指併攏貼靠於左大腿外側，右手持戟，屈肘於右腰側不動。目視正前方。（圖 100）

圖 99

圖 100

第八節　三節棍

動作名稱

第一段

預備勢
1. 烏龍出洞
2. 野馬撞槽
3. 紫燕雙飛（左）
4. 紫燕雙飛（右）
5. 摟頭蓋頂
6. 二郎觀景
7. 倒打魁星
8. 神龍絞尾
9. 翻天印棍
10. 烏龍盤打
11. 白龍吐珠

第二段

12. 李廣射石
13. 三步搖鈴
14. 降龍伏虎
15. 棍無遮攔（右）
16. 棍無遮攔（左）
17. 天師斬蛟
18. 就地生風
19. 羅漢打虎

第三段

20. 飛龍入海（左）
21. 飛龍入海（右）
22. 太公收網
23. 仙人指路
24. 三陽開泰
25. 獅子回頭
26. 掃掛連環
27. 落地盤花
28. 麒麟觸角
29. 臥虎翹尾
30. 羅漢托碑
31. 迎風抛扇（左）

第四段

32. 迎風抛扇（右）
33. 餓虎奪食
34. 右攪絲棍
35. 左攪絲棍
36. 蒼龍飲江
37. 倒打金爐

第五段

38. 掃堂掛棍
39. 雲龍翻江（右）
40. 雲龍翻江（左）
41. 海底掃蛟
42. 驚馬踏碲
43. 遊龍擺尾
44. 怪蟒翻身

第六段

45. 天王打傘
46. 磨盤棍
47. 背花棍
48. 龍盤虎尾（左）
49. 龍盤虎尾（右）
50. 黃龍折身
51. 流星趕月
52. 劉海戲蟾
53. 白虎臥堂
54. 金童把關
收　勢

動作圖解

第一段

預備勢

兩腳併步站立。雙手各持一棍根置於胯旁，棍梢向上，棍身豎立於體側，手心相對，肘微屈，棍中節（棍身）橫置於腹前。目視正前方。（圖1）

【要點】：挺胸，抬頭，收腹，立腰，兩手握緊棍身，

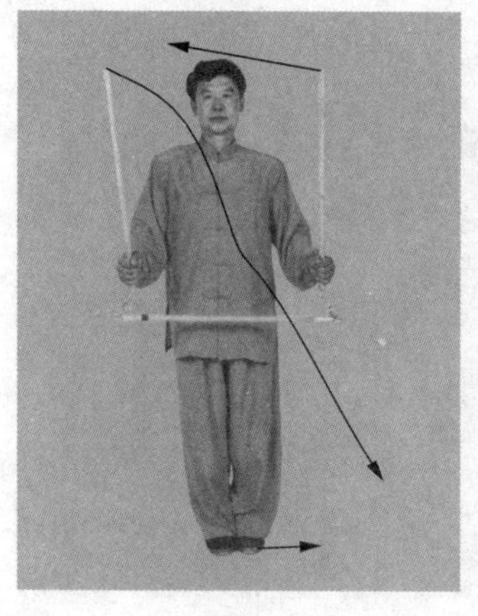

圖1

圖2

使其不能晃動。

1. 烏龍出洞

身體左轉，左腳向前上一步，屈膝半蹲，右腿伸直，成左弓步。左手握棍臂內旋，隨身轉將棍橫向上舉，斜架於頭前上方，棍梢朝右上；右手握棍，沉腕下引棍梢後，隨即向前平直戳出。目視右棍梢。（圖2）

【用途】：敵持械攻我上盤，我用左棍上架，右棍戳敵胸、腹部位。

【要點】：左弓步、架棍、戳棍要協調一致。

2. 野馬撞槽

身體右轉，重心移至右腿，左腳向右腳內側靠攏，腳尖著地，雙腿屈膝下蹲，成左丁步。右手握棍，直臂向右下掃擊，手心向下；左手持棍屈肘下降後，斜掃至右肩前，棍梢

斜向後上，手心向後。目視右棍梢。（圖3）

圖3

【用途】：敵持械攻我上盤，左棍右後格攔敵械，右棍掃擊敵下盤。

【要點】：左丁步、雙掃棍同時完成。

3. 紫燕雙飛（左）

①身體左轉，左腳向前上半步，膝微屈。同時，左手握棍，臂外旋，向上、向前、向左、向下弧形繞劈；右手持棍，臂外旋，屈肘舉至頭頂上方，棍梢斜向後，手心向左。目視左前方。（圖4）

圖4

②右腳上前一步，右腿屈膝，左腿伸直。與此同時，右手握棍，繼續向前、向左、向下劈打，手心向左；左手握棍，在右棍下劈時，將棍梢繼續經左腿外側向後撥掛。目視右棍。（圖5）

【用途】：敵持械於前方攻我中、上盤，我用左棍向左後撥掛，右棍劈打敵上盤。

【要點】：左、右劈掛棍要同時進行，快速有力。

4. 紫燕雙飛（右）

圖5

左腳向前上一步，屈膝半蹲，右腿伸直，成左弓步。同時，右臂內旋，以腕為軸，使棍梢由前下向後經左肩前向上、向前、向右、向下，經右腿外側向後弧形繞行；左手持棍，隨之向上、向前、向右、向下弧形劈打後，以腕為軸，使棍梢由前下繼續向後、向上立圓繞行。目視左棍梢。（圖6）

圖6

【用途】：敵持械於右前方攻我中、下盤，我用右棍向右後格掛，左棍斜劈敵肩、腰、胯部位。

【要點】：左弓步，左、右劈掛棍要協調連貫。

5. 摟頭蓋頂

重心前移，右腳尖向左腳內側落步，雙腿屈膝下蹲，成右丁步。同時，左臂外旋，左手持棍向左平掃，棍梢向左，

手心向前；右手持棍，隨之向上、向前、向下劈打，棍梢斜向前下，手心向左。目視前下方。（圖7）

圖7

【用途】：左棍掃敵下盤，迫敵跳起，右棍快速劈敵上盤。

【要點】：左棍快掃，右棍緊隨猛劈，上體稍前傾。丁步、左掃、右劈棍同時完成。

6. 二郎觀景

圖8

身體上起，右腳後退半步震踏地面，挺膝直立，左腿隨即屈膝上提，腳面綳平，腳尖向下，成右獨立步。與此同時，右手挺腕屈肘右後上舉，使右棍豎立於右肩側；左手隨之屈肘右擺前伸，使左棍掃至胸前，向左前平直戳擊。目視左棍梢。（圖8）

圖9

【用途】：敵持械於前方攻我中、上盤，我用右棍向右後畫撥，左棍梢戳擊敵胸、喉部位。

【要點】：右棍畫撥要快，左棍向前戳擊力達梢端。右獨立步、右撥、左戳棍要協調。

7.倒打魁星

左腳體前落步，腳尖外展，左腿屈膝半蹲，右腳隨即上前一步，兩腳碾地隨體左轉180°，成左弓步。與此同時，左手握棍，直臂向前、向左、向後弧形繞掃；右手握棍，順勢經體右側向前、向上掃擊，棍梢朝前上。目視前上方。（圖9）

8.神龍絞尾

重心移至右腿，屈膝半蹲，左腳向右後插步，腳掌著地，上體稍右轉。同時，右手持棍，經身體右側直臂向後、

向下斜掃；左手持棍，屈肘擺於胸前，使左棍豎立於面前。目視右後下方。（圖10）

圖10

【用途】：左棍迎擋敵上盤掃擊，右棍後掃後來之敵。

【要點】：後插步宜大，步要穩固，右棍後掃要快猛，左手迎擋要用力。

9.翻天印棍

①以右腳跟、左腳掌為軸，隨體左轉180°。雙手握棍隨體轉，左手握棍，舉至頭頂上方；右手握棍，擺至右腰後，棍梢斜向下。目視前方。（圖11）

圖11

②右腳前擺，屈膝上提，腳面繃平，成左獨立步。與此同時，左手將棍梢向前、向左、向下，經左腿外側向後弧形繞行；右手持棍，由後屈肘向上，繞弧形直臂向前劈打。目

視前方。（圖12）

【用途】：左棍斜劈敵頭、肩，並格擋敵左來之械，右棍劈敵腰、胯部位。

【要點】：左獨立步、左劈掛棍、右斜劈棍要協調。

圖12

10. 烏龍盤打

①右腳向體前震腳落地。右手持棍臂內旋，屈肘向上，繞弧形直臂向前、向右、向下劈打；左手持棍臂外旋，將棍從後向上掄起，棍梢斜向後上。目視右棍。（圖13）

圖13

②左腿屈膝，左腳背貼扣於右膝後側，右腿隨即屈膝下蹲，成扣腿平衡。與此同時，左手持棍，直臂向前、向下劈打；右手持棍，繼續經右腿外側向後弧形繞行。目視左棍梢。（圖14）

圖 14

圖 15

③左腳體前落步，屈膝半蹲，右腿伸直，成左弓步。與此同時，右手握棍，使棍梢從後向上、向前、向下劈點；左手持棍臂內旋，屈肘後擺，使棍橫置於腹前，棍梢向右。目視前下方。（圖 15）

圖16

【用途】：①敵持械攻我中、上盤，右棍向右後劈掛敵械，左棍劈打敵腰、胯部位。

②敵持械攻我下盤，左棍向右格掃，右棍劈打敵頭、肩部位。

11. 白龍吐珠

右腳向前上一步，屈膝半蹲，左腿伸直，成右弓步。與此同時，左手持棍，向前、向左、向後平掃；右手隨右腳上步屈肘後抽，當右腳落地時，右棍向前平直戳出。目視前方。（圖16）

【用途】：敵持械攻我下盤，左棍向左後掃帶，右棍戳擊敵氣海、膻中穴。

【要點】：左棍後掃、右棍前戳與右弓步同時完成。戳棍要快，力達梢端。

第二段

12.李廣射石

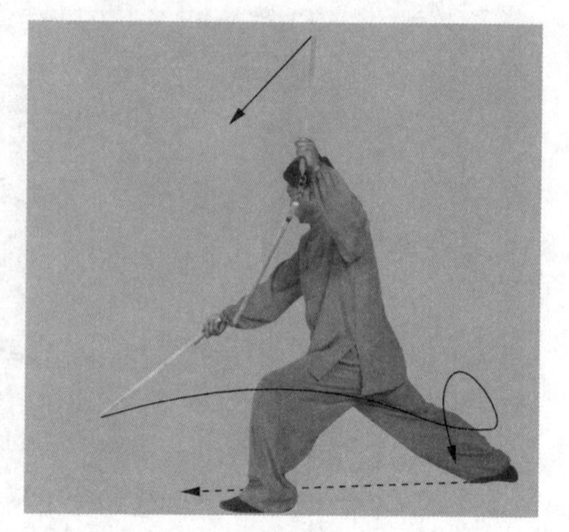

圖17

以左腳跟、右腳掌為軸，身體左後轉180°，成左弓步。同時，左手持棍，橫架於頭前上方，手心向前、肘微屈；右手握棍隨體轉，向前平直戳擊。（圖17）

【用途】：敵持械於前方劈我上盤，我用左棍上架，右棍快速戳擊敵天突或章門穴。

【要點】：架棍、戳棍與左弓步要協調一致。

圖18

13.三步搖鈴

①右腳向前上一步，雙腿屈膝，上體稍右轉。同時，右手上提鬆把、抓握棍身中節擺於體後，以右腕關節為軸，使棍梢由下向右、向上、向左、向下立繞一周；左手持棍，屈肘下降至胸前。目視右棍梢。（圖18）

圖19

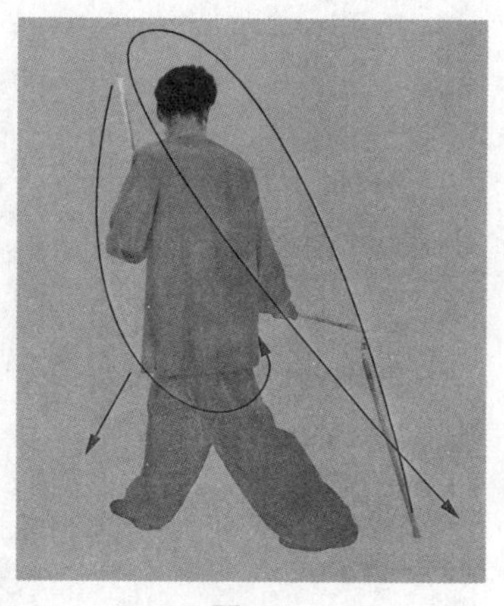

圖20

②左腳前擺落地，右腳隨之向前上步，兩腿屈膝；右手握棍，以腕關節為軸繼續向右、向上、向左、向下繞一立圓，左手握棍姿勢不變。目隨右棍梢移動。（圖19）

③右腳稍活步前移，兩腿屈膝，右手握棍，以腕關節為軸繼續向右、向上、向左、向下立圓繞行；左手握棍，屈肘擺於左胸前。目視右棍。（圖20）

【用途】：敵持械於身後攻我下盤，我用棍鏈鎖卡敵械，用棍梢磕打敵下盤。

【要點】：行步要沉碾，快提，輕落，步幅均勻。後攪棍要圓、要快。

14.降龍伏虎

①雙腳碾地，隨體左轉180°，左腿屈膝。同時，左手持棍，使棍梢向上、向前、向左、向下，經左腿外側向後弧形繞行；右手握棍隨體轉，由後經上，向前、向左、向下劈

棍。目視右棍。（圖21）

圖21

②右手持棍，使棍梢繼續經左腿外側向後、向上、向前、向右、向下掄劈；同時，左手握棍屈肘左上舉，使棍豎立於頭左上方。目視右下方。（圖22）

③雙腳蹬地跳起。右手持棍，臂外旋，屈肘後擺，使棍梢經右腿外側向後、向上弧形繞行；同時，左手持棍，向前、向右、向下斜劈。目視右下方。（圖23）

圖22

④身體左轉，右、左腳依次落地，右腿屈膝全蹲，左腿鋪平，成左仆步。同時，右手持棍臂內旋，使棍梢經上向左、向下劈打地面；當右棍向左下劈打時，左手持棍臂外旋，屈肘掃棍至右腋下。目視左棍。（圖24）

圖 23

圖 24

【用途】：敵持械攻我左下盤，我用左棍左掛敵械，右棍斜劈敵身。

【要點】：左掛棍、右斜劈棍要快速、連貫、協調。仆步劈棍體稍前傾，兩肘平屈。仆步與劈棍同時完成。

15. 棍無遮攔（右）

身體右轉上起，右腿屈膝半蹲，左腿自然伸直。同時，右手外旋，使棍梢由左後經上，向前、向右、向下劈點地面；左手握棍，屈肘擺至胸前，使棍梢由右腋下向前、向左斜繞至左肩後，棍梢斜向後上。目視右下方。（圖25）

【用途】：右棍劈掃敵上盤，迫其俯腰下蹲躲避，左棍平掃敵身。

【要點】：轉體要快，左掃棍要疾，右劈棍要猛。

16. 棍無遮攔（左）

左腳上前一步，左腿屈膝，右腿自然伸直。左手握棍，使棍梢向上、向前、向右、向下，經體右側向後弧形繞行；同時，右手持棍，使棍梢由前經右腿外側向後、向上、向前、向左、向下劈點地面。目視左前方。（圖26）

【用途】：敵持械於前方攻我中盤，我用左棍右掛敵械，同時，右棍向左斜劈敵身。

圖25

圖 26

【要點】：上步、左掃棍、右劈棍同時完成。

17. 天師斬蛟

右腳向前上一步，身體左轉，左腳向右腳後偷步，兩腿前後交叉，屈膝全蹲，成歇步。同時，右手握棍，臂內旋，使棍梢經右腿前向左經上向右、向下劈點地面；當棍梢繞至左上方時，左手持棍臂內旋，屈肘擺至胸前，使棍梢向前、向左，斜繞至左肩前，棍梢朝上。目視右下方。（圖 27）

圖 27

圖 28

【用途】：左棍掃擊前方之敵，右棍劈打右方之來敵。

【要點】：上步、偷步要快，歇步要穩固，掃、劈棍要快速有力。

18.就地生風

身體左轉 270°。左手握棍，屈肘下降至左腰側，棍梢向外隨體掃轉；右手握棍，使棍梢擦地，隨體左轉繞掃一周。目隨視右棍梢。（圖 28）

【用途】：敵眾多，從多方攻我，左棍隨體轉左後格掃敵械，右棍掃擊敵下盤。

【要點】：轉體要快，上下掃棍要快速有力。兩腿隨體轉而鬆開。

19.羅漢打虎

①右腳向前上半步，腳尖左扣，身體左轉。左手握棍隨

體轉；右手握棍，繼續向左前方弧形繞掃。目隨棍梢移動。（圖 29）

圖 29

②右腿直立，左腿屈膝上提，腳面繃平，腳尖向下，成右獨立步。同時，右手握棍臂外旋，使棍梢經頭前上方向右、向下劈點地面；當右棍梢繞至頭上方時，左手握棍臂內旋，屈肘擺至胸前，使左棍豎立於面前。目視右下方。（圖 30）

圖 30

【用途】：敵於右前方攻我，右棍掃敵下盤，迫其跳起，右棍梢快速劈敵上盤。左棍防敵中、上盤進攻。

【要點】：左棍立擋，右棍掃劈與右獨立步要協調一致。

圖 31

第 三 段

20. 飛龍入海（左）

身體左轉，左腳向前落步，右腳隨之向前上一步，右腿屈膝。同時，左手鬆開，反握棍梢，使虎口向棍部；右手握棍隨體轉，經胸前向左、向下、向後拉帶，右手鬆握棍身，用掌心向上、向前、向下推壓棍身後，迅速下滑於左手虎口前抓握左棍梢，兩手用力，使右棍梢由身後向上、向前、向下劈打地面。目視右棍梢。（圖 31）

21. 飛龍入海（右）

左腳向前上一步，屈膝半蹲，右腿伸直，成左弓步。同時，雙手握左棍梢，使右棍梢經左腿外側向後、向上、向前、向下劈點地面。目視右棍梢。（圖 32）

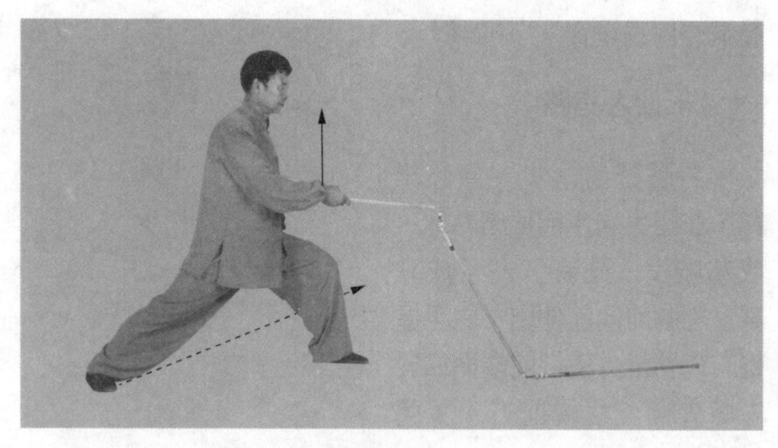

圖32

【用途】：劈打前來敵之頭、肩，後撩後來敵之襠部。

【要點】：前劈棍要快速剛猛。落地時右棍梢先著地，以免棍折。後撩棍要出其不意，傷敵於無形間。

22. 太公收網

左腿直立，右腿前擺，屈膝上提，腳面繃平，腳尖向下，成左獨立步。與此同時，左手鬆棍，擺於左腰側，手心向下，肘微屈；右手握棍，屈肘後帶，上抖至右肩前，使三根棍折疊在一起，右手及時張握三棍末端。目視右手。（圖33）

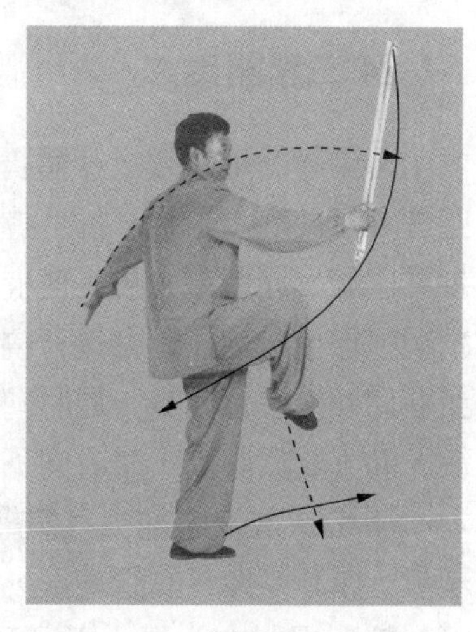

圖33

【要點】：成左獨立步與

疊棍要協調一致。

23.仙人指路

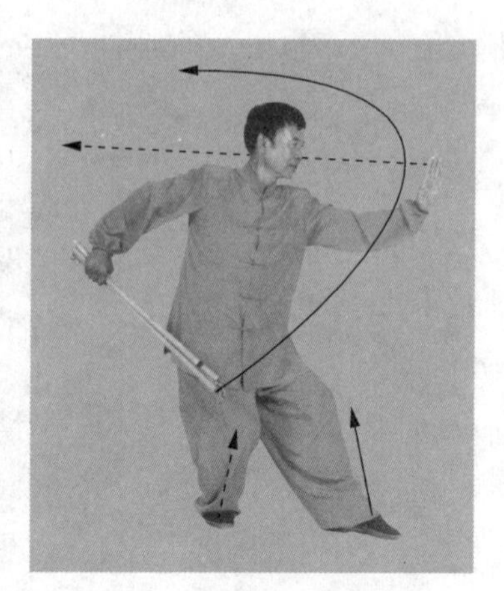

圖 34

右腳體前落步，屈膝半蹲，左腿尖向左前伸出點地，成左虛步。同時，左手成立掌，經胸前向前伸出；右手握棍向後勒帶，使棍前端貼靠於右膝外側。目視前方。（圖34）

【用途】：敵持械攻我中盤，棍向右後勒壓敵械，同時，掌撞敵胸部。

【要點】：左虛步、左撞掌與勒棍同時完成。

24.三陽開泰

圖 35

①兩腳蹬地跳起，身體騰空左轉 180°。同時，右手握棍臂內旋，屈肘右上擺，使棍梢繞弧形至左肩側、貼後背繞至右肩外；左臂內旋，屈肘向後、向下收於腹前，掌心向下。（圖 35）

②右腳落步碾地，身體繼續左轉 180°，左腳隨即體前落步，屈膝半蹲，右腿伸直，成左弓步。與此同時，左掌、臂外旋，屈肘左上舉，至頭頂上方抖腕亮掌，掌心斜向前

上；右手握棍臂外旋，向前、向左平掃至左腋下。目視左前方。（圖 36）

【用途】：敵持械劈我頭、肩部，我跳起用棍上架後，用棍身快速掃擊敵腰、胯部位。

【要點】：跳要高、縱要遠、落步要輕，轉體成左弓步要穩。裹腦棍要貼身繞行，前掃棍要短促有力。

圖 36

25. 獅子回頭

身體右轉，成右弓步。同時，右手握棍，向前、向右平掃；左掌直臂向左平伸，掌心向前。目視右前方。（圖 37）

圖 37

【用途】：速轉身掃擊右來之敵。

【要點】：轉體要快，轉體時兩腳碾地自然成右弓步。掃棍要快速有力，掃棍與右弓步要協調。

26. 掃掛連環

①兩腳碾地，隨身體左轉成左弓步。同時，右手握棍臂內旋，屈肘向上、直臂向前弧形擺動，使棍梢從後經上向前劈棍；左掌經體側直臂後擺，掌心斜向後。目視前下方。（圖38）

圖38

②重心移於左腿，右腳尖向前擦地掃掛。同時，右手握棍臂內旋，向下、經身體右側向後掃掛；左掌、臂外旋，經體左側向左前上方撐舉，掌心斜向上。目視右後方。（圖39）

圖39

【用途】：敵於右側貼近我身，右棍向後劈掃敵腰、胯，右腿向前抄掛敵下盤。

【要點】：前抄腳與後掃棍要同時進行。左腳支撐要穩，切忌身體前後晃動。

27.落地盤花

①右腳體前落步，腳尖左扣，身體左轉。同時，右手握棍臂內旋，屈肘向上、直臂向左前下方弧形擺動，使棍梢由身後經上、向前、向左、向下劈棍；左掌屈肘後收至左腰側，掌心向下。目視棍身。（圖40）

圖40

②左腳向右腳後插步，右腳尖外展，兩腿屈膝交叉全蹲，成歇步。同時，右手握棍臂內旋，向下、經右腿前向右平掃；左掌弧形上擺至左前上方屈腕亮掌，掌心朝前上方。目視右下方。（圖41）

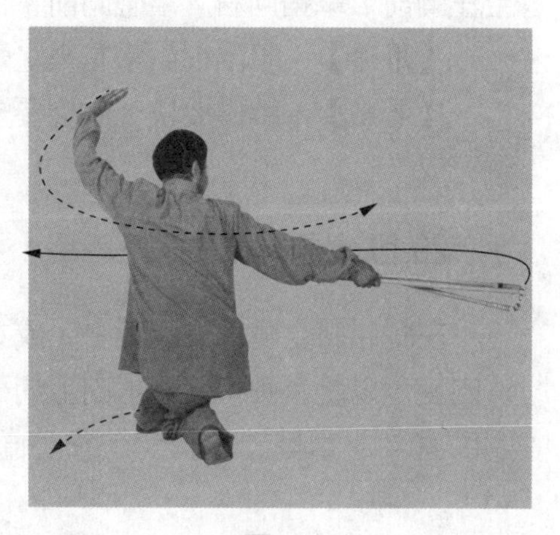

圖41

【用途】：上步棍

斜劈敵頭、肩、胯部位。敵逃，成歇步快速掃擊敵下盤。

【要點】：上步劈棍要狠、要猛，歇步兩腿要夾緊，掃棍要快速有力。歇步、掃棍、亮掌同時完成。

圖 42

28. 麒麟觸角

兩腳碾地，隨體左轉 180°。左腳向左橫跨半步，兩腿屈膝半蹲，成馬步。同時，右手握棍，臂外旋，屈肘於右腰後，在雙腿下蹲時，右棍隨即向右平直戳擊；左手屈肘下降至左胸前，掌指向右，掌心向前。目視棍前端。（圖 42）

【用途】：暗出棍戳擊右來之敵。

【要點】：轉體要快，戳棍要短促有力。馬步與戳棍同時完成。

29. 臥虎翹尾

左腿屈膝全蹲，右腿鋪平，成右仆步。同時，右手握棍臂內旋，以腕為軸，使棍梢向上崩截，右臂屈肘下落於右膝關節處；左掌擺於右胸前，掌心向下。目視棍上端。（圖 43）

【用途】：用棍上端崩挑敵襠部。

【要點】：仆步要快，崩截棍要用腕力。

圖43

30.羅漢托碑

右腳不動，重心移至右腿，左腳向右腳併步站立。同時，右手握棍，收至右腰側，隨即直臂上舉；左手屈肘右上擺，掌指貼於右臂根部，掌心斜向下，目視左方。（圖44）

【用途】：敵貼近我身，我用棍前端先戳敵襠，後穿插敵咽喉及下頜部位。

【要點】：起身併步要快，上托棍要用力。

圖44

31.迎風抛扇（左）

①身體左轉，左腳隨體轉向前上半步，左腿屈膝，右腿自然伸直。右手隨體轉屈肘下降至體前；左手向前抓握左棍梢，雙手各握棍梢置於兩胯旁。

（圖 45）

②右腳前擺，左腳蹬地跳起，身體騰空左轉 180°。右腳落地，雙手握棍梢隨體拋轉，使棍身左拋至左肩外，經後背繞至右肩側。（圖 46）

圖 45

③右腳碾地，身體繼續左轉，左腳向左前方落步，成左弓步。同時，兩手握棍，使棍身由右肩側向下，經體前向左、向上弧形拋甩，將棍身橫架於頭左上方。（圖 47）

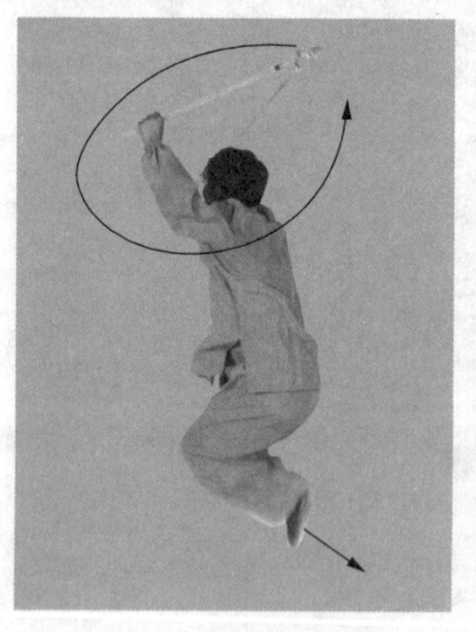

圖 46

圖 47

圖 48

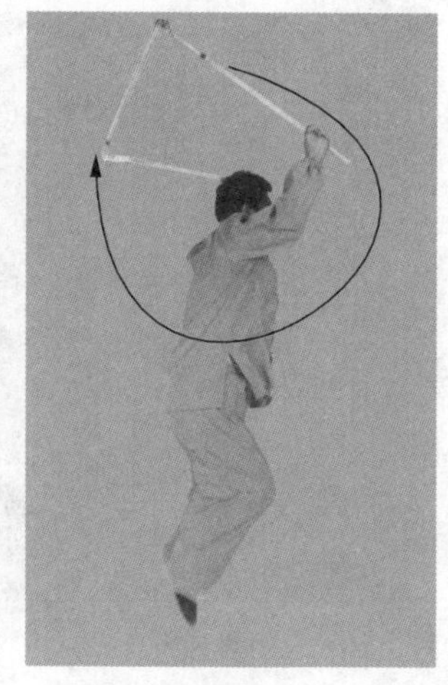

圖 49

【用途】：敵眾多，多方位攻我，我用棍身拋掃多方之敵，敵械劈我上盤，棍身向上拋架。

【要點】：右腳快速前擺，以助左腳蹬跳之力。轉體要快，掄拋棍身要快速有力。

第四段

32.迎風拋扇（右）

①身體右轉，成右弓步。同時，兩手握棍隨體轉擺至體前，使棍身橫向下、經體左側拋至右膝前。（圖 48）

②左腳前擺，右腳蹬地跳起，身體右轉 180°。左腳落地，同時，兩手握棍梢，隨體轉拋至右肩外，經後背繞至左肩外。（圖 49）

③右腳向後插落，兩腳碾地隨體轉 90°，成右弓步。同

圖 50　　　　圖 51

時，左手握棍，經腹前屈肘繞至右腋後；右手繞弧形擺至右肩側，兩腕同時挺立，使棍身由左向下，經身體前下方向右、向上拋甩後，橫架於右前上方。目視棍身。（圖 50）

【用途】：拋掃右後方來攻之敵，敵械劈，棍身上架之。

【要點】：跳要高、縱要遠、落步要輕穩。棍身繞體拋甩時要注意角度。轉體與拋棍要協調。

33.餓虎奪食

①身體左轉，左腳後退一步伸直，右腿屈膝半蹲。同時，左手握棍，隨體轉向下、向左前戳擊；右手握棍，隨擺至身體右側。（圖 51）

②右腳後退一步伸直，左腿屈膝半蹲，成左弓步。同時，左手握棍，後收至左腰側；右手握棍，在左手後收時，向前平直戳擊。目視前方。（圖 52）

圖52

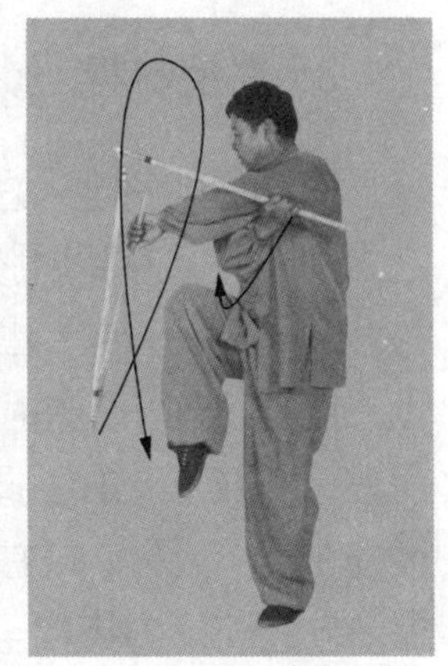

圖53

【用途】：以退為進，連續戳擊前方來攻之敵。

【要點】：左、右退步要快，左、右戳棍要短促有力。退步與戳棍要協調一致。

34. 右攪絲棍

兩腳用力碾地，使身體右後擰轉，左腿直立，右腿屈膝上提，腳尖向下，成左獨立步；左手握棍臂內旋，隨體轉經前掃至右膝外，右手握棍臂外旋，順勢擺至左腋下，兩臂於胸前交叉。目視左棍。（圖53）

【用途】：左棍根斜劈敵上盤，並下掃右前方低來之械，同時，棍身擼壓敵膝腿，右棍根戳擊敵之下盤。

【要點】：兩手協同用力，靈活繞動，使棍身順力翻擺。切忌用蠻力，要擰腰托肩，連貫協調。

35.左攬絲棍

圖 54

右腳體前落地，左腳隨之上前一步，左腿屈膝成左弓步；左手握棍，由右向上、向左、向下，屈肘經腹前繞至右腋下；右手握棍，從左向下，經前向右、向上、向左前下方掛棍至左膝外。目視左前下方。（圖54）

【用途】：右棍根斜劈敵上盤，同時，棍身下壓敵械，左棍根戳擊敵下盤。

【要點】：右棍快動，左棍繞隨，使棍身於體前靈活翻擺。

36.蒼龍飲江

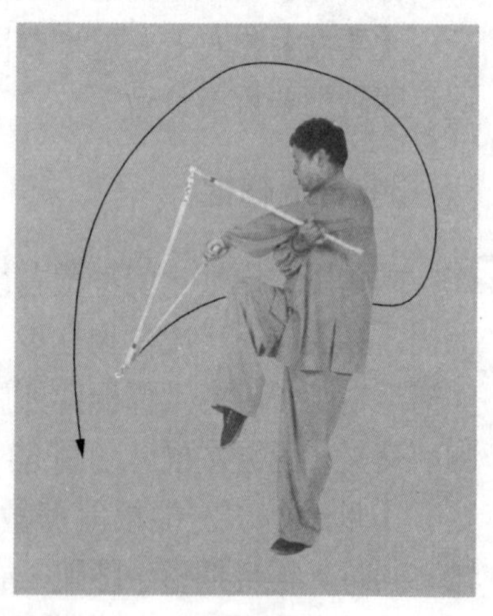
圖 55

①左腿直立，右腿屈膝上提，腳面繃平，成左獨立步。同時，左手握棍臂內旋，將棍根向左、向前、向右攬掛棍至右膝外，手心向下肘微屈；右手握棍臂外旋，向上、經體右側屈肘後收，使右手棍平貼於右腰側。（圖 55）

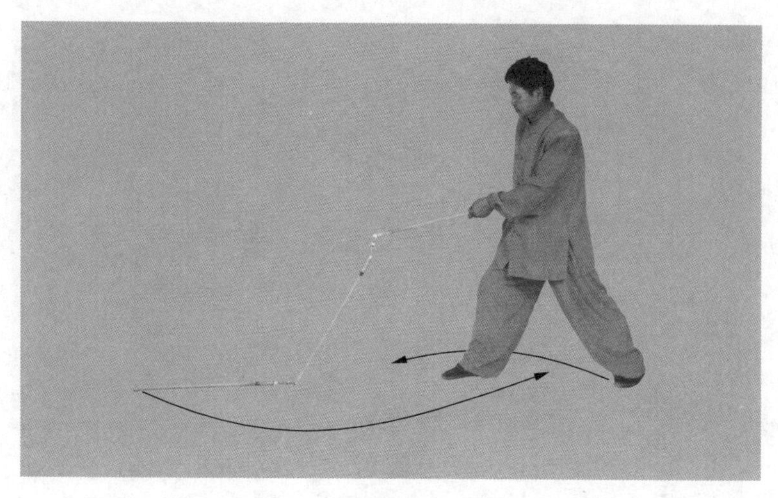

圖 56

②右腳體前落步，屈膝半蹲，左腿伸直。同時，右手握棍向前上方直臂拋撒後，迅速向下於左手虎口前抓握左棍梢，兩手用力前擺，使右棍梢向前、向下劈打地面。目視前下方。（圖 56）

【用途】：敵持械於前方攻我中、下盤，用棍身與左棍纏攪敵械。敵逃，我用撒手棍劈打敵上盤。

【要點】：右手向前拋撒棍時，左手握棍上舉前帶，使三節棍成直線向前、向下劈打地面。

37. 倒打金爐

①身體左轉，左腳向右腳後插步，兩腿交叉。同時，兩手握棍，使棍梢由右向左、向上弧形繞行。（圖 57）

②兩腿屈膝下蹲，成歇步。同時，兩手握棍，使棍梢向上、向右、向下劈打地面。目視右下方。（圖 58）

圖 57

圖 58

【用途】：敵持械於右前方攻我，我用棍身攔擋敵械，右棍掃敵下盤。敵逃，用撒手棍劈打敵上盤。

【要點】：撥掛棍要快速有力，幅度宜大，放長擊遠。反劈棍與歇步同時完成。

圖 59

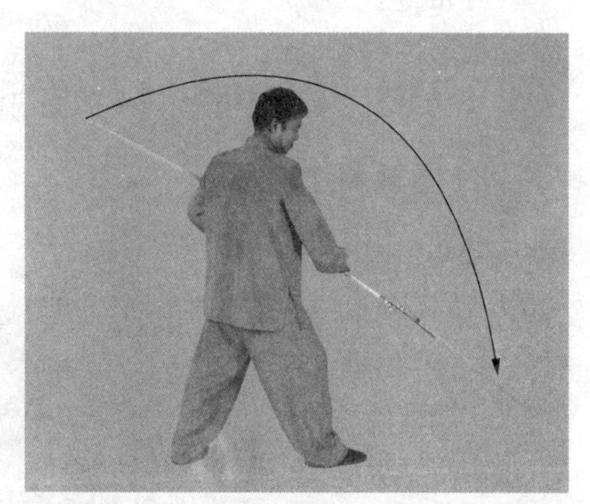

圖 60

第五段

38.掃堂掛棍

①身體左轉。左手鬆開，屈肘擺於左腹前，手心向下；同時，右手握棍，使右棍梢擦地，向前、向左掛掃。（圖 59）

②身體上起。左手向前接握棍身，手心向上，虎口朝左；右手鬆開，於左手小指側抓握棍身，手心向下。（圖 60）

③左腳向前上一步，左腿屈膝。同時，左手握棍臂內

旋，向右前擺動，手心向下；右手握棍臂外旋，左後下擺，手心向上，雙臂於胸前交叉，使左棍梢向右前下方掄劈，右棍梢向左、向上繞行。目視右棍梢（圖61）。

圖61

【用途】：掃掛右前方之敵。

【要點】：倒手換把要快，掃棍快速迅猛。

39.雲龍翻江（右）

①左手握棍，臂內旋，稍向下降；右手梢向前推，三節棍掄成斜直線，使左手棍梢繼續向下，經右腿外側向後弧形繞行。目隨棍梢移動（圖62）。

圖62

②左手握棍，臂外旋，向上、向

前、向下，屈肘繞至右腋下，手心向上；同時，右手握棍，臂內旋，向下、向後、向上、向前繞動，手心向下肘微屈，使左棍梢由後向上、向前、向下，經右腿外側向後、向上立圓繞行（圖 63）。

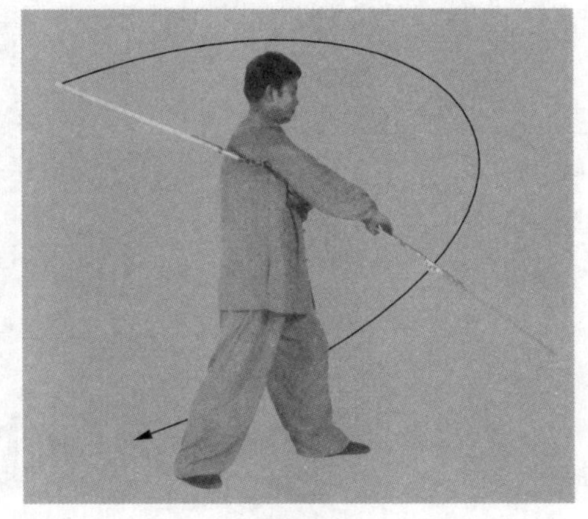

圖 63

40. 雲龍翻江（左）

①右腳向前上步，右腿屈膝。同時，右手握棍，臂內旋，向下經腹前向左後繞動，兩臂於胸前交叉，使左棍梢繼續向前、向左弧形繞行（圖 64）。

②右手握棍，繼續向上、向前、向下，臂外旋屈肘繞至左腋下，手心向上；左手握棍，臂內旋，向後、向上、向前繞動，手心向下肘微屈，使左手棍梢繼續向下，經左腿外側向後、向上、向前弧形繞行。此勢為左右蝶

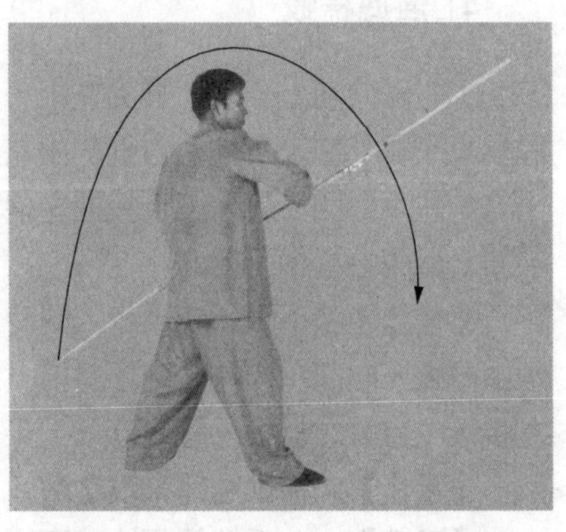

圖 64

圖 65

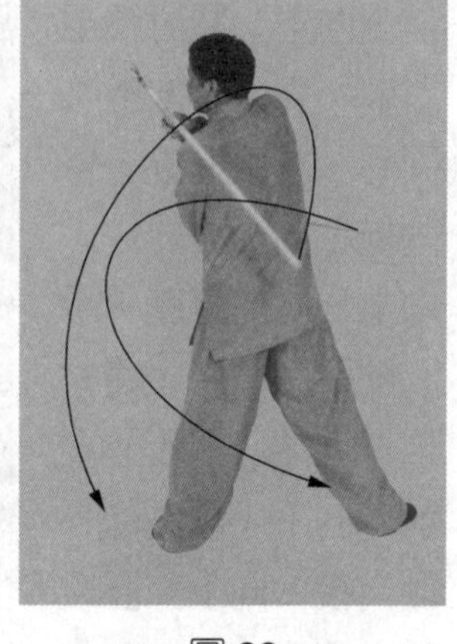

圖 66

花棍，連做五遍。目隨左棍梢移動（圖 65）。

【用途】：劈前敵，撩後敵，撥掛右左敵之來械。

【要點】：兩手持棍於身體兩側繞行時速度要快、要圓，棍身貼近身體。

41. 海底掃蛟

①右腳向前上一步，腳尖左扣，身體左轉。同時，右手握棍身，臂外旋上舉，使右棍梢由左肩側經後背繞至右肩右上方；左手鬆開，於右腋下接握左棍，使左棍梢向前、向左平掃。目視右棍梢（圖 66）。

②雙腿屈膝下蹲，成馬步。同時，右手握棍身，使右棍梢由右上、向前、向左、向下斜掃；左手握棍，繼續斜掃至左腰後。目視右棍梢（圖 67）。

【用途】：掃劈右前來攻之敵。

【要點】：左手接棍要快，不誤左棍運行，斜掃棍運力要足，但要能發能收。

42.驚馬踏蹄

圖 67

①身體右轉。左腳向前上一步，左腿屈膝，右腿伸直。同時，右手握棍身，將右棍梢向上、經前、向右、向下劈點地面；左手握棍，臂外旋，屈肘左上舉，使左棍豎立於左肩側。目視右前下方（圖 68）。

②左手持棍，向前、向右、向下，斜劈至右腋後，棍梢斜向下；同時，右手握棍身，屈肘向後、向上，臂內旋向左

圖 68

圖 69

前擺動，使右棍梢繼續經右腿外側向後、向上、向前、向左、向下劈打地面。目視右棍梢（圖 69）。

【用途】：敵前來，用右棍斜劈敵左肩胯。敵再進持械攻我中盤，左棍右後劈掛敵械，右棍斜劈敵上盤。

【要點】：右棍左右劈掛要快速有力。左棍斜劈要與右棍協調。

圖 70

43. 遊龍擺尾

①右腳向前上一步，腳尖左扣。右手握棍，將右棍梢由前經左腿外側向後、向上繞行；同時，左手握棍，臂內旋，沉肘擺至右腹前，使左棍橫置於右前方。目視左後方（圖 70）。

②身體左轉 180°，左腳向右腳後插步，右腿屈膝半蹲。同時，右手握棍，臂外旋，屈肘向上，直臂向右下擺

圖71

動，使右棍梢繼續經上，向後、向下劈打地面；同時，左手握棍，經腹前斜掃至左肩前，棍梢向前上。目視右棍梢（圖71）。

【用途】：右棍劈打前來之敵。敵於身後攻我，我速轉體，右棍順勢撩敵襠部。敵前後同進，右棍反劈後來之敵，左棍戳敵胸面部位。

【要點】：轉體要快，插步要穩，前劈棍、轉身撩棍與反劈棍要連貫協調。

44. 怪蟒翻身

圖72

①重心移於右腿，左腳向右小腿內側提擺，右腳蹬地跳起，身體騰空左轉180°。與此同時，左手握棍隨體轉向左撥掃；右手握棍擺至身後（圖72）。

②左、右腳依

次落地，左腿屈膝全蹲，右腿鋪平，成右仆步。同時，左手握棍，向左後掃擊；右手握棍，使棍梢經上向前、向右、向下平鋪摔棍。目視棍梢（圖73）。

圖73

【用途】：
敵持械攻我中盤，我用左棍向左掃掛敵械，右棍劈打敵上盤。

【要點】：右腳蹬地跳起要高，轉體要快。仆步、撥、劈棍要同時進行。

第六段

45.天王打傘

①身體上起，右腳不動，左腳向右腳靠攏半步。右手鬆開，由原虎口向右轉為虎口向左抓握棍身，以右前臂為軸，向左後旋轉上舉至頭頂上方，手心向後，虎口朝右；左手握棍，及時向右上推送鬆把，與右手交叉抓握棍身，手心向後，虎口朝左。目視雙手（圖74）。

②右手鬆開，臂內旋稍左擺，預備接棍，以左前臂為軸向左擰轉。手心向前，虎口向右，使兩棍梢在頭頂上方雲轉

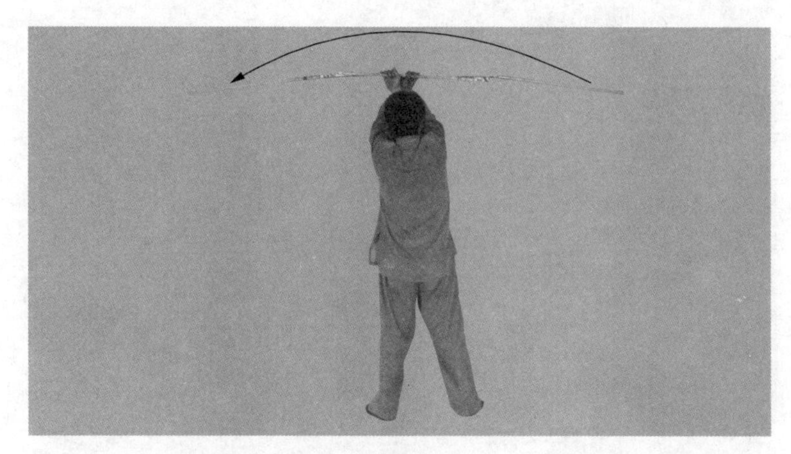

圖 74

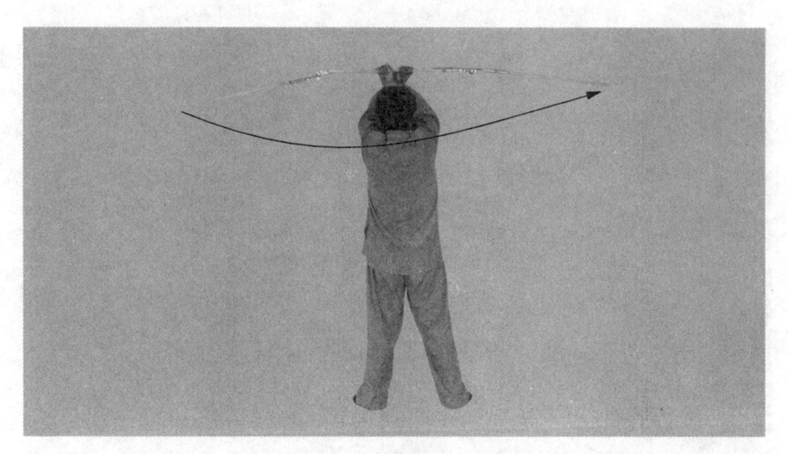

圖 75

半周。目視雙手（圖 75）。

③右手握棍，以右前臂為軸，繼續向左後擰轉，手心向後，虎口朝右，使棍梢在頭頂上方雲繞半周；在右手向左擰轉的同時，左手鬆開，轉腕預備接棍。目視雙手（圖

圖 76

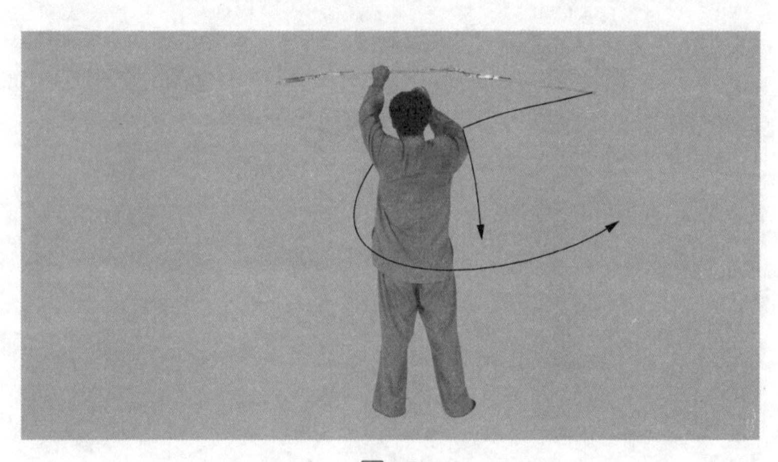

圖 77

76）。

④左手接棍，以左前臂為軸，繼續向左後擰轉，使兩棍梢在頭頂上方雲繞半周；同時，右手屈肘，下降至右腰後，手心向下，五指半張。目視左手（圖 77）。

【用途】：棍身上架敵劈來之械，棍梢掃擊敵上盤。

【要點】：兩手倒把恰到好處，並用力適當，雲棍要快、要平、要圓。

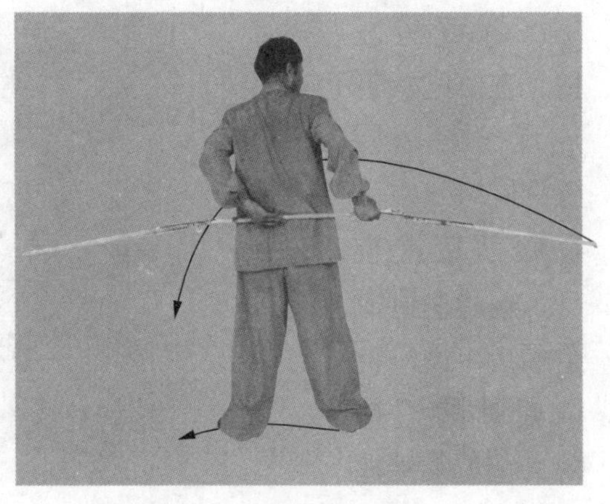

圖78

46.磨盤棍

①左手握棍，臂外旋，屈肘下降後擺至右腰後，使棍梢在頭上方向左、向下、向右盤轉至右腰側；右手於右腰後及時接握棍身，手心向內，屈肘（圖78）。

圖79

②身體左轉180°，右腳經左腳後向右圈步，兩膝微屈。與此同時，右手握棍身，貼緊右腰隨體轉，右腕用力向左搬擰，使雙棍梢隨體掃轉至身體前後；在右手握棍轉體時，左手鬆開，屈肘經體左側繞至腹前，手心向下。目視右手（圖79）。

③身體左轉，左腳向後退一步，右腿屈膝。同時，左手在腹前接握棍身，經體左側擺至腰後，使兩棍梢繼續隨體掃轉；在左手接握棍梢的同時，右手鬆開，屈肘後擺至腰後抓握棍身（圖80）。

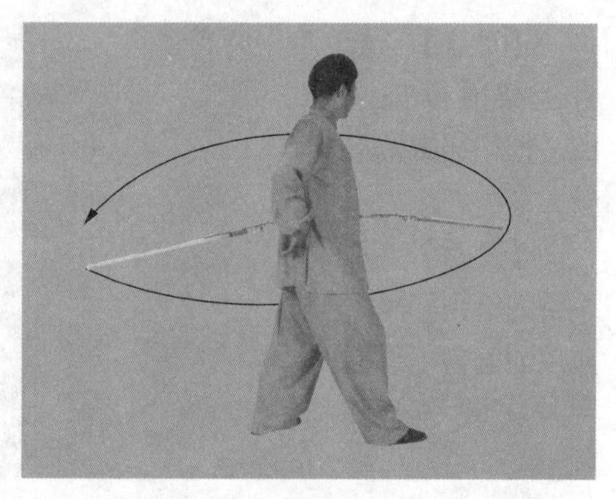

圖80

④身體繼續左轉180°，左腿屈膝，右腿伸直。同時，右手握棍隨體轉，使雙棍梢繼續隨體掃轉至身體前後；左手鬆棍，屈肘前擺至腹前，手心向下（圖81）。

圖81

【用途】：快速轉體，用力掃擊四方之敵。

【要點】：轉體要快，右手用力左擰棍身，使雙棍梢用慣力快速掃轉。

圖82

47. 背花棍

①接上動棍花不停。右腳向前上一步，腳尖左扣，身體隨之左轉，兩膝微屈。同時，右手握棍，臂外旋，屈肘舉至頭頂上方，使棍梢在頭頂上方盤繞一周；左手上舉，於頭頂上方接握棍身，手心向後，虎口朝左。目視左手（圖82）。

②左手握棍，臂外旋，使雙棍梢在頭頂上方平繞一周；在左手接握棍身時，右手鬆開，屈肘下降至右腰後，手心斜向後下（圖83）。

③上體前俯。左手握棍身，臂外旋，屈肘下降至腰上方，使雙棍梢於腰上方平繞至身體前後；右手於右腰後接握棍身，手心向內，目視右後方（圖84，背花棍連做三遍）。

【用途】：用雙頭棍梢斜掃四方之敵。

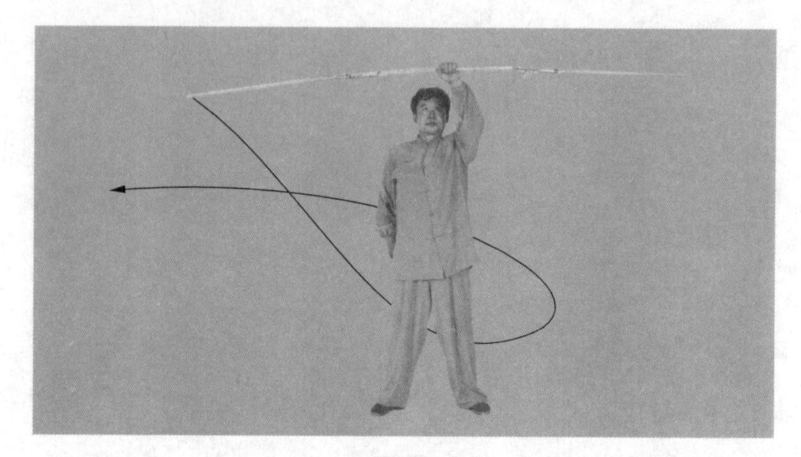

圖83

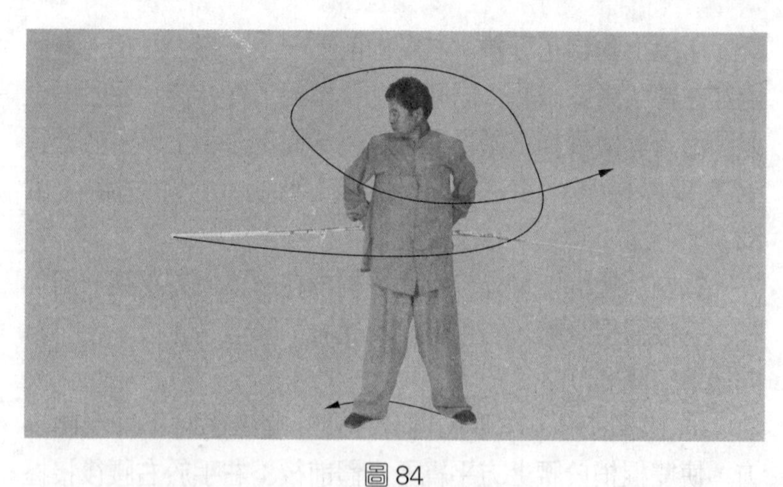

圖84

【要點】：棍梢於後背繞轉時，上體前俯要及時。左右換把要穩握用力，兩棍梢掃轉要快速迅猛。

48.龍盤虎尾（左）

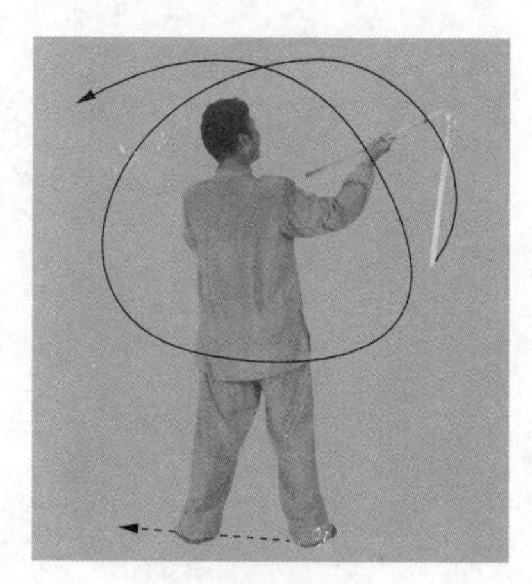
圖 85

①左腳經右腳後向右繞步，身體隨之左轉 180°，兩膝微屈。同時，右手於腰後接握棍身，臂先內旋後外旋，舉至頭前上方，手心向後，虎口向右，使棍梢於頭頂上方雲繞一周半，右棍梢掃至體右側，左棍梢掃至體左側；此時，左手迅速抓握左棍根下引至左肩前，棍梢向左下（圖 85）。

②右腳經左腳前向左上步，腳尖左扣，身體隨之左轉 180°。同時，右手握棍，臂先內旋，屈肘擺於頭左側，臂後外旋，使右棍梢由右繼續向前、向左、向後、向右繞掃一周；左手握棍隨體掃轉。目視右手棍（圖 86）。

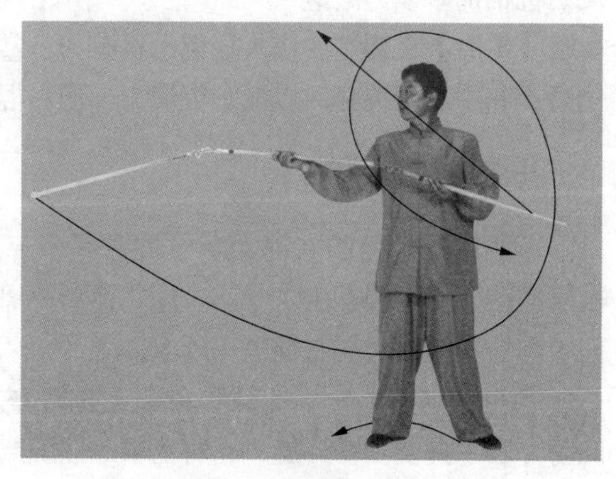
圖 86

③左腳經右腳後向右繞步，身體隨之左轉 270°，左腿屈膝半蹲，右腿伸直，成左弓步。同

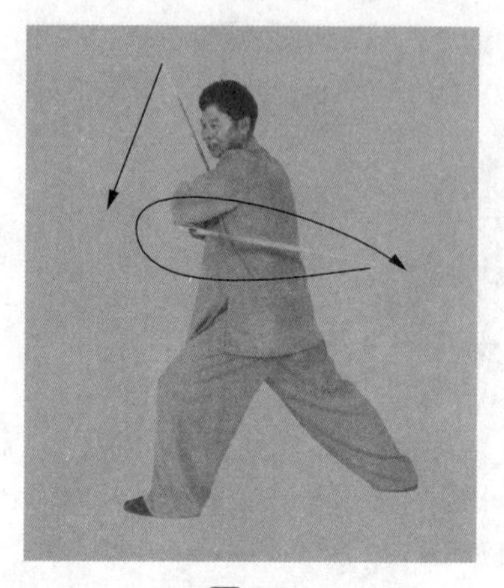

圖 87

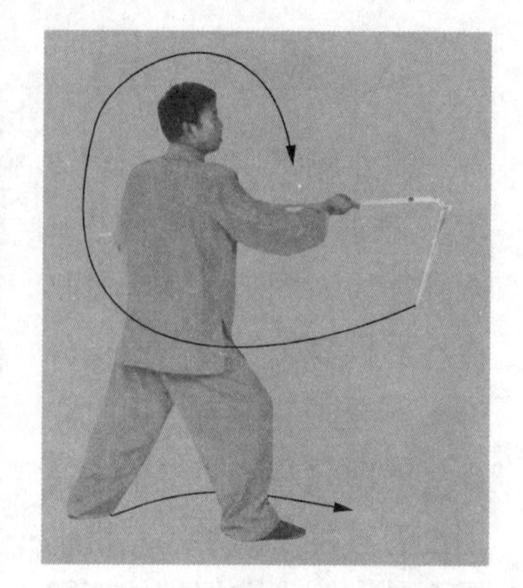

圖 88

時，右手握棍隨體轉，使右棍梢經前向左平掃；左手握棍，臂稍內旋，屈肘擺至胸前，使左棍豎立於面前。目視左後方（圖 87）。

【用途】：左棍隨體轉撥掃敵多方來械，右手握棍身，使右棍梢掃擊多方之敵。

【要點】：轉體要快，掃棍迅猛有力，當右棍掃至左腰側時，右手右帶棍身，以減右棍慣力，使右棍輕貼後背。

49.龍盤虎尾（右）

①兩腳碾地隨體右轉 180°，成右弓步。同時，右手握棍隨體轉，使右棍梢由左向前、向右弧形繞掃；左手握棍向前、向右推掃。目視右棍梢（圖 88）。

②左腳向前上一步，腳尖右扣，身體隨之右轉 180°。同時，右手握棍，臂外旋，屈肘上舉，以腕為軸，使右棍梢繼續由右向後繞至左肩側；左手握棍，向右、向下斜掃。目

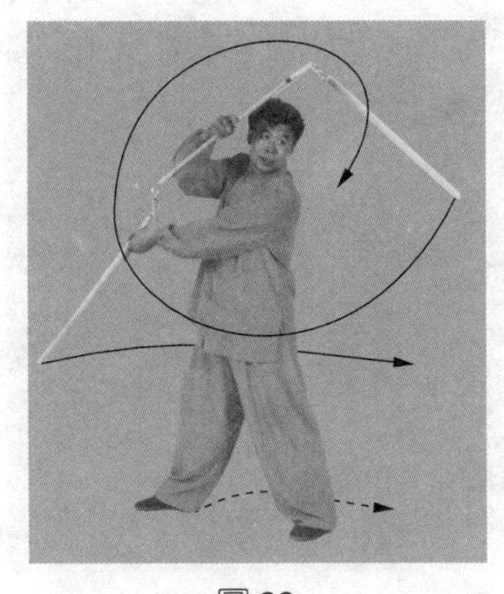

圖 89

圖 90

視右棍梢（圖 89）。

③右腳經左腳內側向後退一步，身體右轉，兩腿屈膝半蹲，成馬步。與此同時，右手握棍身，使右棍梢由左向前、向右、向後掃轉貼背；左手沉肘擺至左肩前挺腕，使左棍斜挑至左肩前，棍梢向左上。目視左後方（圖 90）。

【用途】：左棍隨體轉向前下推壓、向左上撥挑敵械，右棍快速反劈敵身。

【要點】：轉體要快，兩手持棍運動要協調。

50.黃龍折身

①身體左轉，左腿屈膝半蹲，右腿伸直，成左弓步。同時，左手握棍，臂外旋左擺，使左棍斜繞至左肩側，棍梢朝左上，手心向後屈肘；同時，右手握棍，使棍梢由後經上、向前、向左、向下劈點地面。目視前下方（圖 91）。

②右手握棍，臂內旋，屈肘左上擺至左肩側，臂外旋，

圖 91

向前、向右、向下弧形繞動，使右棍梢向前，經左腿外側向後、向上、向前、向右、向下劈點地面；同時，左手握棍豎立於面前。目視前下方（圖 92）。

圖 92

③右腳向前上步，屈膝半蹲，左腿自然伸直。同時，右手握棍，臂外旋，屈肘上舉至右肩上，直臂向右前下方弧形擺動，使右棍梢由前下經右腿外側向後、向上、向前、向左、向下劈點地面；左手握棍，臂外旋，向前、向右平掃至右腋下（圖

93）。

④身體左轉180°，左腳經右腳內側向後插步，前腳掌著地，右腿屈膝半蹲。同時，右手握棍，臂先內旋，屈肘右前上擺，後外旋，弧形後擺於身後，使右棍梢由後經右腿外側向前、向上、向後、向下劈點地面；左手握棍，屈肘斜掃至左肩前，棍梢向左前上方。目視右後方（圖94）。

圖93

圖94

【用途】：敵持械於左前方攻我，左棍劈撥敵械，右棍斜劈敵身。敵於右前攻我，右棍蒙頭斜劈敵上盤，迫敵俯身躲過，左棍快速劈打敵身。

【要點】：全動作要連貫協調，一氣呵成。

圖95

51.流星趕月

兩腿碾地，隨體左後轉180°，左腿屈膝半蹲，右腿伸直，成左弓步。同時，左手握棍，隨體掃轉；右手握棍，臂外旋，使棍梢擦地向左繞掃一周至體前。目視前下方（圖95）。

【用途】：左棍隨體轉撥打敵上盤，右手握棍身用右棍梢掃擊敵下盤。

【要點】：轉體要快，碾地變步要穩，上、下掃棍與轉體同時完成。

52.劉海戲蟾

①重心後移右腿，左腿隨之離地向右小腿內側收擺。同時，右手握棍，臂外旋，屈肘向右後擺動，使右棍梢由前向上、向後、向下反劈點地；左手握棍，臂稍內旋，屈肘於胸

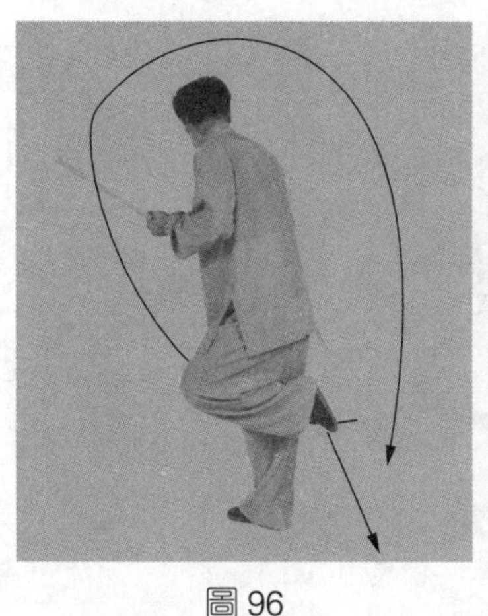

圖 96

圖 97

前，使左棍於面前豎立。目視右後下方（圖 96）。

②左腳向後落地伸直，右腿屈膝。同時，右手持棍，使棍梢繼續於體右側立圓一周至身後劈打地面；左手握棍姿勢不變。目視右後下方（圖 97）。

【用途】：撩擊前敵之襠及下頜部，劈後敵之頭肩部，劈點敵小腿及腳面部位。

【要點】：撩劈棍要快速有力。

53. 白虎臥堂

①右腳蹬地跳起，身體騰空左轉 180°。同時，左手持棍，向前、向左畫弧；右手握棍，臂外旋，屈肘舉至頭上方，使右棍梢隨體轉擺至身後；左手持棍，隨體轉向左下斜劈（圖 98）。

②左腳落地，屈膝全蹲，右腿隨即平鋪伸直，成右仆步。同時，右手握棍身，使右棍梢由後繼續向上、向前、向

圖 98

右、向下劈打地面；左手握棍，向左、向下掃掛。目視右棍梢（圖99）。

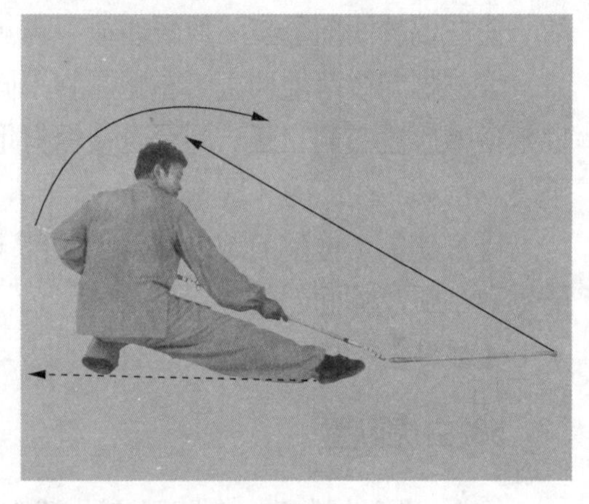

圖 99

【用途】：敵持械攻我中盤，我用左棍左掛敵械，右棍劈打敵身。

【要點】：右棍劈地與右腿平行，仆步、劈棍與左掛掃棍同時完成。

54. 金童把關

身體上起，右腳經左腳內側向左後退一步，屈膝半蹲，

圖100

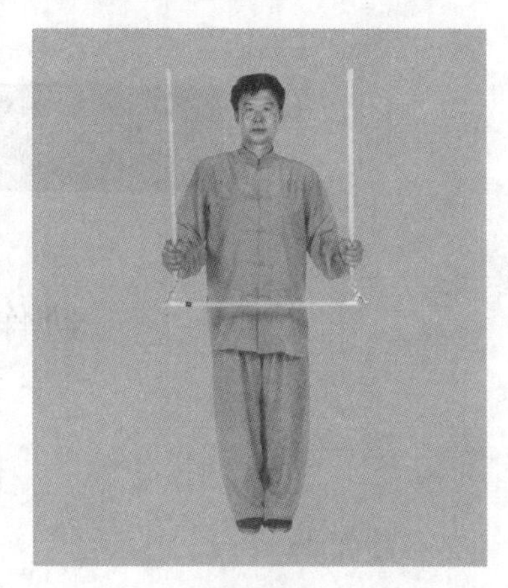
圖101

左腳後收半步，腳尖點地，成左虛步。右手隨體上起，鬆開棍身，迅速抓握右棍根，屈肘後收至右腰側；左手握棍經體左側掃至左腹前；兩手握棍，同時挺腕，使雙棍同時斜豎於體前，棍梢均向左前上方。目平視前方（圖100）。

【用途】：敵持械攻我中盤，右棍向外挑掛，左棍掃擊敵腰胯。

【要點】：起身退步、換握棍根要同時進行，虛步、雙亮棍要協調一致。

收　勢

左腳向右前移半步，腳尖右扣，體右轉，右腳向左腳靠攏併步。兩手各持一棍置於胯旁，使棍身豎立於體側，手心相對，雙肘微屈，雙手虎口朝上。目視正前方（圖101）。

第九節　梢子棍

動作名稱

第一段

預備勢
1. 仙翁提拐
2. 夜叉搜山
3. 仙童劈柴
4. 哪吒攪海
5. 蒼鷹捕雀
6. 白蛇纏身
7. 獅子擺頭
8. 遊龍搶珠

第二段

9. 女媧補天
10. 鐵牛耕地（左）
11. 鐵牛耕地（右）
12. 拐李揮杖
13. 螳螂捕蟬
14. 順水搖槳
15. 老君撤丹
16. 三星落地
17. 燕子投井

第三段

18. 左蝶花棍
19. 右蝶花棍
20. 猛龍投江（左）
21. 猛龍投江（右）
22. 惡豹捕食
23. 天王搖旗
24. 烏龍擺尾
25. 力掃八方
26. 鳳凰點頭
27. 天王掃殿（左）
28. 天王掃殿（右）
29. 太祖開疆

第四段

30. 左右逢源
31. 羅王顯聖

32. 沉香劈山
33. 彩蝶雙飛
34. 牛郎推擔
35. 白虎翹尾
36. 小聖伏虎
37. 蜻蜓點水
38. 毒蛇出洞

第五段

39. 太公釣魚
40. 撥打雕翎
41. 霸王舉鼎
42. 白龍纏身
43. 蒼龍擺尾
44. 張飛擊鼓
45. 插花蓋頂

第六段

46. 仙人幻影
47. 閻羅闖陣（左）
48. 閻羅闖陣（右）
49. 韋佗晃杵
50. 龍虎戲鰲
51. 天王量尺
52. 鍾馗斬妖
53. 雲龍繞田
54. 舞龍臥池
55. 遍地流星
56. 神童挎籃
57. 望風捕影
58. 文王舉旗

收　勢

動作圖解

第一段

預備勢

兩腳併步站立。右手握大棍身中段及小棍梢下端，於右胸側屈肘，虎口朝上，手心向左，使棍身豎立於右前方；左手五指併攏，貼靠於左腿外側。目視正前方（圖1）。

圖1

圖2

【要點】：身體直立，收腹挺胸。右手握棍要緊，使棍身垂直不能晃動。

1.仙翁提拐

①左手成掌，臂外旋，向前直臂平舉，手心向上。目視前方（圖2）。

②右手握棍，直臂右上舉；左臂稍內旋，屈肘向右抓握棍根。頭向左擺，目視左方（圖3）。

圖3

【要點】：右手握棍上舉與左手握把同時完成。

2.夜叉搜山

圖4

身體左轉，左腳向前上一步，左腿屈膝半蹲，右腿伸直，成左弓步。同時，左手握棍，臂內旋，經腹前繞至左腰側，五指貼身；右手屈肘下降，隨即向前、向左弧形擺動，使棍梢向下、向前、向左平掃。目視左前方（圖4）。

【用途】：敵持械於左方攻我中盤，我轉身上步用棍把向左後格掛敵械，用棍梢掃擊敵腰、胯部。

【要點】：轉體上步要快，掃棍要短促有力，可發可收。左弓步與掃棍同時完成。

圖5

3.仙童劈柴

①左手屈肘上舉至額

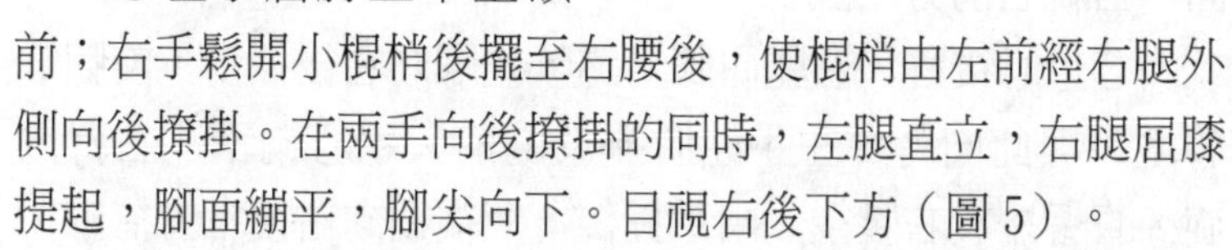

前；右手鬆開小棍梢後擺至右腰後，使棍梢由左前經右腿外側向後撩掛。在兩手向後撩掛的同時，左腿直立，右腿屈膝提起，腳面繃平，腳尖向下。目視右後下方（圖5）。

②右腳體前落步，腳尖左扣，身體左轉，兩腿屈膝半

圖6

蹲，成馬步。與此同時，兩手握棍隨體轉，使棍梢經上、向右、向下劈點地面。目視小棍梢（圖6）。

【用途】：敵持械於前方攻我下盤，我用棍梢向右後撥掛敵械後，隨即上步用棍梢劈打敵頭、肩部位。

【要點】：兩手持棍下劈要協同用力，力發於腰，達於臂械。馬步與下劈棍要協調。

4.哪吒攪海

①身體左轉，成左弓步。同時，左手屈肘擺於左腰側；右手前擺至腹前，兩手握棍，使棍梢由後向右前方掃擊地面。目視右前方（圖7）。

②重心後移，右腿屈膝半蹲，左腳向右後插步，前腳掌著地。與此同時，左手屈肘擺於胸前，手心向下；右臂內旋，直臂擺於右腰後，兩手握棍，使棍梢向右後下方掃擊。目視棍梢（圖8）。

圖7

圖8

【用途】：敵持械於前方攻我下盤，我用大棍梢向左格擊敵械，小棍梢掃擊敵下盤。

【要點】：前後掃棍要連貫，後插步宜大。後掃棍時上體稍右轉。

5.蒼鷹捕雀

①右腳蹬地跳起，左腿隨之屈膝提擺，身體騰空左轉 270°。雙手握棍，隨體轉舉至頭頂上方，棍梢斜向左後下方（圖 9）。

圖 9

②左、右腳依次落地，左腿屈膝全蹲，右腿鋪平，成右仆步。與此同時，兩手握棍，將棍梢經上、向右、向下撲地劈打。目視棍梢（圖 10）。

圖 10

【用途】：敵持械於身後掃擊我下盤，我轉體跳起躲過，用棍梢快速劈打敵頭、肩部位。

【要點】：右腳蹬地跳起要借助上體旋轉力和雙手上舉的動力，騰空要高，旋轉要快。落地成仆步要快速穩固，上體略前傾。向下劈棍時要注意右手鬆握下壓，使棍身不能向上反彈。同時，左手握把稍上提，增大劈棍力度。棍身要與右腿平行。

圖11

6. 白蛇纏身

身體上起右轉 90°。左臂外旋，經腹前屈肘擺至右腋下，手心向上；與此同時，右手向後、向上，經頭右上方向前、向右、向下擺動，使棍梢由前經右腿外側向後、斜向左上，向前、向右、向下劈點地面。在棍梢繞至頭上方時，左腳向前上一步，屈膝半蹲，成左弓步（圖11）。

【用途】：敵持械於右前方攻我中、下盤，我用棍把向右後撥掛敵械，棍梢斜劈敵腰、胯部。

【要點】：前下斜劈棍時，要快速有力。小棍梢落地時，梢前端先落地，以防梢子棍摔斷。左弓步與斜劈棍同時完成。

7. 獅子擺頭

①左臂內旋；左手握棍，向下經腹前繞至左腰側，同時，右手於胸前按逆時針畫一小圓；兩手握棍，使棍梢由右前下方向左、向上、向右、向下繞轉一周後，繼續向後上貼靠大棍中段，右手及時張握小棍梢，將棍身平置於身體左側

（圖12）。

②身體左轉，左腿直立，右腿屈膝上提，腳面繃平，腳尖向下，成左獨立步。與此同時，兩手握棍，屈肘向上撐舉，使棍身橫置於頭上方。目視前上方（圖13）。

圖12

【用途】：敵持械於前方攻我中盤，我用棍梢纏擰敵械後，向右後拋甩。繼之，棍梢向下、向前掃擊敵下盤。

【要點】：體前纏繞棍要圓、要快，小棍梢與大棍身貼靠時稍緩。兩手托架要蘊藏內力，有力托千斤之意識。左獨立步要穩，身體保持立直。

圖13

8.遊龍搶珠

右腳向體前落步，屈膝半蹲，左腿伸直，成右弓步。與此同時，兩手握棍，下降至身體左前方，而後，向前用力推伸，使大棍梢向前平直戳擊。目視大棍梢（圖14）。

圖 14

【用途】：敵持械於前方攻我中盤，我用棍梢向左下磕砸敵械後，迅速向前戳擊敵胸、腹部位。

【要點】：右腳體前落步要輕穩，前戳棍要短促有力，力達棍梢。

第二段

9.女媧補天

圖 15

身體左後轉180°，左腿屈膝半蹲，右腿伸直成左弓步。與此同時，右臂外旋，經身體右側前擺至左胸前；左手隨之擺於左腰後，兩手握棍，使棍梢經右腿外側向前、向上撩擊。目視棍梢（圖 15）。

【用途】：敵持械於身後攻我下盤，我速回身用棍梢向左磕擋敵械後，用棍梢迅速向前撩擊敵襠或持械之手臂。

【要點】：轉體要快，撩棍要猛、要狠。撩棍與左弓步同時完成。

10.鐵牛耕地（左）

左臂外旋，經腹前繞至右腋下，手心向右；同時，右手握棍，臂內旋，向後經左肩外向下、向前上擺動，兩手握棍，使棍梢由前上向後、向下經左腿外側向前、向上撩擊。當棍梢繞至左腿外側時，右腳上前一步，屈膝半蹲，成右弓步。目視棍梢（圖16）。

圖16

【用途】：敵持械於前方攻我下盤，我用棍梢向右撥攔敵械後，上右腳接近敵身，使棍梢順敵械杵向前撩擊敵襠及敵持械之手臂。

【要點】：撩棍要快速有力，前撩時，右臂要夾緊棍根。右弓步與撩棍要協調一致。

11.鐵牛耕地（右）

左腳向前上一步，左腿屈膝半蹲，右腿伸直，成左弓步。與此同時，左臂內旋，經腹前屈肘繞至左腰側；右臂外旋，向後、向下經右向前上擺動；兩手握棍，使棍梢由前上

圖17

圖18

向後、向下，經右腿外側向前、向上豁挑。目視棍梢（圖17）。

【用途】：敵持械於前方攻我下盤，我用棍把向左後撥掛敵械後，用棍梢挑擊敵襠部。

【要點】：豁挑棍要短促有力，幅度不宜太大。左弓步與豁挑棍同時完成。

12. 拐李揮杖

①身體右轉 90°，左腿直立，右腿屈膝提起，成左獨立步。與此同時，右手鬆開小棍梢，握棍身經腹前繞至右腰側；左手順勢舉至額前，屈肘；兩手握棍，使棍梢向前、向右、向下，經右腿外側向後掛棍（圖18）。

②左手握棍，臂外旋，向下、向後經腹前向右前擺動，手心向上；右臂內旋，右手握棍，向上經腹前繞至左肩外；兩臂於胸前交叉，肘平屈，使棍梢由後向上、向前、向左、

圖19

圖20

向下，經左腿外側向後掛棍。當棍梢繞至身體上方時，右腿落地直立，左腿屈膝提起，成右獨立步。目視棍梢（圖19）。

【用途】：敵持械於前方攻我下盤，我用棍梢向右後（或左後）撥掛，並快速向前劈打敵頭、肩部位。

【要點】：左右獨立步與左右掛棍要協調連貫，換步要快，掛棍要疾。掛棍要貼近身體繞動，當棍梢在體側經過時，棍梢要擦地而過。

13.螳螂捕蟬

①左腳蹬地跳起。兩手握棍，舉至頭頂上方，使棍梢斜擺於體左後方。目視前方（圖20）。

②左腳向左前方落地，左腿屈膝全蹲，右腿向右平鋪，成右仆步。同時，兩手握棍，使棍梢經上，向右、向下撲打

圖 21

地面。目視棍梢（圖 21）。

【用途】：敵持械掃擊我下盤，我速跳起躲過，同時用棍梢劈打敵頭、肩部位。

【要點】：仆步要快，要穩固。劈棍時體稍前傾，棍與右腿平行。仆步與劈棍同時完成。

14. 順水搖槳

身體上起左轉 90°，成左弓步。與此同時，兩手握把，隨體轉使棍梢向左掃擊。目視棍梢（圖 22）。

圖 22

【用途】：敵持械於前方攻我下盤，我用大棍身外格敵械，小棍梢掃擊敵下盤。

【要點】：掃棍時，要以腰帶臂，快速有力，棍梢擦地繞行。轉體時，兩腳碾地隨體轉成左弓步。

圖 23

15. 老君撤丹

①右腳前上一步，右腿屈膝。同時，左手屈肘繞至胸前向左擺扣；右手經體右側直臂擺至身後，使棍梢由前向右，經身體右側掃至身後，再向右、向左、向下畫，立繞一周（圖 23）。

圖 24

②左腳向前上一步，左腿屈膝。同時，雙手握棍，以腕為軸，使棍梢由身後向右、向上、向左、向下立繞一周。目隨棍梢移動（圖 24）。

③右腳上前一步，右腿屈膝。同時，雙手握棍，使棍梢於身後向右、向上、向左、向下立繞一周後，棍梢著地。目

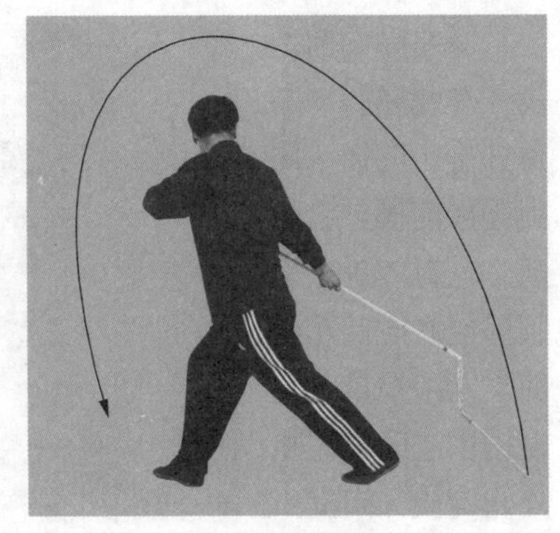
圖25

視棍梢（圖25）。

【用途】：敵於身後攻我，我速出棍掃擊敵腰、胯。敵持械刺我下盤，我用大棍纏壓敵械，小棍梢掃敵下盤。

【要點】：後掃棍要快速有力。攪棍要圓、要快、要連貫。

16. 三星落地

①右臂內旋，向上、向前、向左繞至左肩前，手心向下，屈肘；同時，左臂外旋，經腹前屈肘擺至右腋下，手心向上；兩手握棍，使棍梢由身後向上、向前、向左、向下劈打地面。目視棍梢（圖26）。

圖26

②左腳向前上步，左腿屈膝。右臂外旋，向後、向上經額前擺至右腹前；左臂內旋，經腹前屈肘擺於左肩前；兩手握棍，使棍梢由左前經左腿外側向後、向上、向前、向右、向下劈點地面。目視棍梢（圖27）。

圖27

③右腳上前一步，屈膝半蹲，左腿伸直，成右弓步。同時，左臂外旋，繞至右臂外；右臂內旋，向後、向上經右肩前擺至左腹前，使棍梢由右前下方經右腿外側向後、向上、

圖28

向前、向左、向下劈點地面。目視棍梢（圖28）。

圖 29

【用途】：①敵持械攻我中盤，我用棍根向右後格掛，同時用棍梢劈打敵肩、腰、胯部位。②敵持械於前方攻我下盤，我用大棍梢外格敵械，小棍梢順勢掃擊敵下盤。

【要點】：三步三打，步落地棍亦落地。動作連貫協調，切忌棍快步慢，或棍慢步快。

17. 燕子投井

身體左轉，右腿直立，左腿屈膝上提，成右獨立步。與此同時，右手向左、向上經額前擺至身體右側；左臂內旋，經胸前擺至左額前，兩手握棍，使棍梢經體前向左、向上、向右、向下劈點地面。目視棍梢（圖 29）。

【用途】：敵持械於右方攻我下盤，我用大棍梢外格敵械，用小棍梢劈打敵頭、肩部位。

【要點】：體前立繞棍要圓、要快，兩手協同用力。右獨立步與右劈點棍同時完成。

第三段

18.左蝶花棍

圖 30

左腳向左落地，身體左轉，右腳隨之向前上步。左手鬆把，向右手虎口前抓握棍身；兩手握棍隨體轉，左臂先外旋後內旋，左手握把，向前、向左下、向後，經身體左側向右前擺動；右臂先內旋後外旋，右手握棍，向右經腹前屈肘繞至左腋下；兩手握棍，使棍梢向上、向前、向左、向下劈點地面後，經左腿外側繼續向後、向上、向前、向右弧形繞行。目視右前下方（圖30）。

19.右蝶花棍

①左腳向前上一步，體稍右轉。同時，左臂內旋，稍向下降；右手稍向上推，使棍梢繼續向下經右腿外側向後弧形繞行。目隨棍梢移動（圖 31）。

②左臂外旋，繞至右腋處；右臂內旋，向後、向上、向前弧形繞動，肘微屈，使棍梢向上、向前、向下，經右腿外側繼續向後、向上立圓繞行。目視右手（圖 32）。

【用途】：敵於前方持械攻我中、上盤，我用小棍梢向

圖31

左纏帶敵械（亦可向右方），而後，劈打敵頭肩部。

圖32

【要點】：做蝶花棍時，以右手為主，左手輔助用力，速度要快，動作要連續，棍身要貼近身體，小棍梢向下時，稍擦地而過。

20. 猛龍投江（左）

①右腳向前上一步，體稍左轉。同時，右臂內旋，向下經腹前向左、向上、向右繞動，使棍梢繼續向上、向前、向

下經左腿外側向後、向上弧形繞行；左手擺至左腰側（圖 33）。

圖 33

②右臂外旋，向下繞至左臂下稍向前推；左臂內旋，向前、向右、向後繞至右臂外，使棍梢由後上向前、向右、向下，經右腿外側向後、向上弧形繞行。與此同時，左腳經右腳前向右後繞擺，身體隨之右轉 180°（圖 34）。

③左腳落地，雙膝微屈。兩手握棍，使棍梢繼續經上向

圖 34

圖 35

後、向下劈點地面。目視棍梢（圖 35）。

21. 猛龍投江（右）

①左手握棍體前上舉；右手隨擺於右胸側；兩手握棍，使棍梢由後下經左腿外側向前、向上撩起。目視前上方（圖 36）。

圖 36

②右手握棍，臂外旋，向前、向上推送；左手握棍，臂內

旋，屈肘向後擺至右臂外，使棍梢由前上向後、向下劈點地面。當棍梢繞至體上方時，左腿直立，右腿屈膝上提，腳面繃平，腳尖向下，成左獨立步。目視棍梢（圖37）。

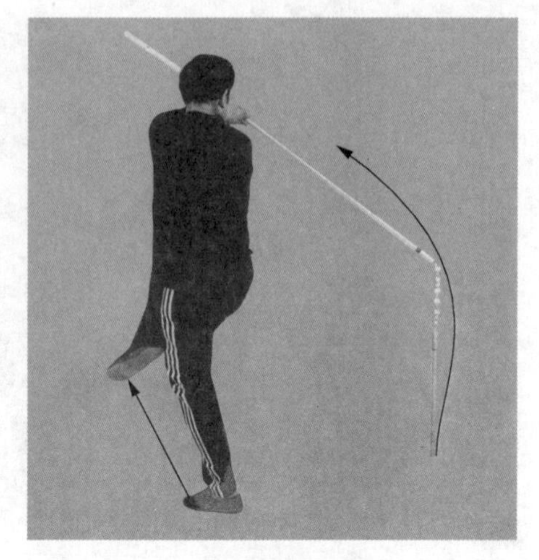

圖37

【用途】：敵持械攻我下盤，我用小棍梢纏繞敵械轉體前帶，並快速反劈敵上盤。

【要點】：右腳碾地要穩、要快，擰腰轉體帶動左腳圈步。左獨立步與後劈棍同時完成。

22.惡豹捕食

①左腳蹬地跳起。兩手握棍，舉至頭頂上方，棍梢向後。目視前方（圖38）。

②右、左腳依次落地，右腿屈膝全蹲，左腿鋪平，成左仆步。同時，兩手握棍，向前、向下劈打地面，棍身放平，目視棍梢（圖39）。

【用途】：敵持械掃擊我下盤，身體跳起躲過，同時用棍梢劈敵上盤。

【要點】：縱躍要高、要遠，落地要輕。仆步要快、要穩，體稍前傾。仆步與劈棍同時完成。

圖38

圖39

23.天王搖旗

①身體上起，重心前移左腿，成左弓步。同時，兩手握把前上擺舉，使棍梢由下向前上方撩擊。目視前上方（圖

圖 40

40）。

②右手向下沉壓，左手稍上托，使小棍梢由前上向後、向下、向前上崩彈。在小棍梢向後繞行時，左腿直立，右腳向前彈踢。目視棍梢（圖 41）。

圖 41

【用途】：敵持械劈打我上盤，我用大棍梢上挑敵械，小棍梢崩彈敵身。

【要點】：崩棍與彈踢同時完成。

圖 42

24. 烏龍擺尾

右腳向體後插落，前腳掌著地，左腿屈膝半蹲。與此同時，左手握棍，直臂左後擺動；右手順勢屈肘擺至左胸前，使棍向下經體左側向後掃擊。目視棍梢（圖 42）。

【用途】：敵持械攻我下盤，我用棍身格擋敵械，小棍梢掃敵下盤。

【要點】：插步要快、要穩，後掃棍要快速有力。掃棍與插步同時完成。

25. 力掃八方

以左腳跟、右腳掌為軸，身體左轉 180°，右腿屈膝半蹲，左腿伸直，成右弓步。與此同時，兩手握棍，隨體轉使棍向右橫掃。目隨棍梢移動（圖 43）。

圖43

26.鳳凰點頭

圖44

①左手鬆握平托棍身，手心向上；右手握把，向下扣擺，使小棍梢由下向左、向上、向右、向下纏繞一周。目隨棍梢移動（圖44）。

②左腳前上一步，左腿屈膝。兩手握棍，使棍梢繼續於身前立繞一周。目隨視棍梢（圖45）。

③右腳前上一步，兩腿屈膝。兩手握棍，以腕為軸，使棍梢向左、向上、向右前方弧形繞行。目隨棍梢移動（圖

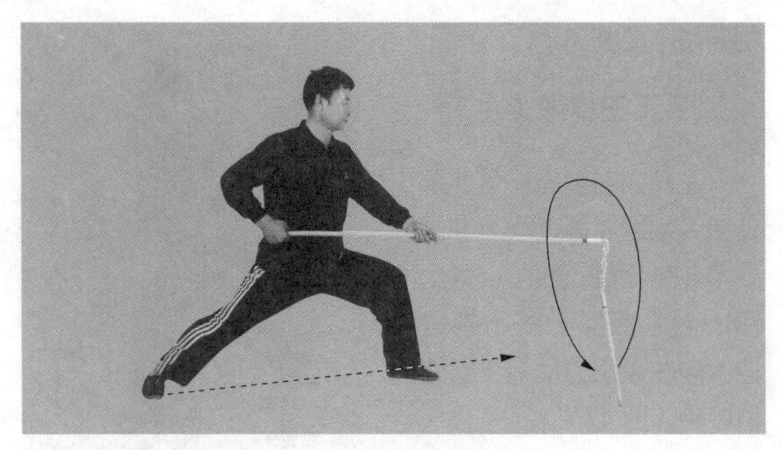

圖 45

圖 46

46）。

【用途】：敵持械攻我中盤，我用小棍梢纏繞外帶。敵攻我下盤，我用大棍身外格敵械，小棍梢掃擊敵下盤。

【要點】：行步時，要平穩重心，步幅均勻。體前立繞棍要快、要圓。

27. 天王掃殿（左）

圖 47

左腳向右前方擺落，腳尖外展，兩腿屈膝交叉，右腳腳跟離地，腳掌著地。與此同時，兩手握棍，將小棍梢觸地，向左後用力反掃。目隨棍梢移動（圖 47）。

【用途】：敵持械於左後方攻我下盤，我用棍身外格敵械，小棍梢掃擊敵下盤。

【要點】：左腳向右前方繞擺上步與左後反掃棍同時進行。棍梢向後反掃時上體稍左轉。

28. 天王掃殿（右）

右腳向左前擺落，腳尖外展，兩腿屈膝交叉，左腳腳跟拔起，前腳掌著地。與此同時，左手向後滑握棍把，臂內旋，經腹前繞至右臂外，手心向下肘微屈；右臂外旋，向左、向前屈肘擺動；兩手握棍，使棍梢由左後經體前向右後掃擊，上體隨之右轉。目視右後下方（圖 48）。

29. 太祖開疆

左腳經右腳前向右圈步，身體隨之右轉，兩腿屈膝交叉。與此同時，左手向前滑握棍身，向上、向後弧形擺動；右手順勢上舉至左額前；雙手握棍，使棍梢由前下向上經身

圖48

圖49

體左上方向後、向下劈點地面。目視棍梢（圖 49）。

【用途】：敵持械於前方攻我中盤，我速轉體用棍身向外格帶，並快速反劈敵上盤。

【要點】：繞步、轉體、後劈棍要同時完成。後劈棍時，雙臂盡量後伸，以達到放長擊遠之目的。棍梢向後落地時，上體稍左轉右傾。

第四段

30.左右逢源

①左臂內旋，向上經胸前繞至右臂外，手心向下肘微屈；右臂外旋，向下、向前、向左伸舉，手心斜向上；兩臂於胸前交叉，使棍梢由左後向上、向前、向右、向下劈點地面後，繼續經右腿外側向後繞行。目視棍梢（圖 50）。

②右腳上前一步，膝稍屈，上體稍左轉。左臂外旋，向上、向左下弧形擺動；右臂內旋，向後、向前上推送；兩手握棍，使棍梢由右後向上、向前、向左、向下劈點地面後，繼續經左腿外側向後繞行。目視左後方（圖 51）。

圖 50

【用途】：敵持械於前方劈打我上盤，我用大棍身向外格壓敵械，同時小棍梢斜劈敵上盤。

【要點】：左右劈掛棍要連貫。左右劈掛時，棍要貼近身

圖 51

體，梢要掄圓，隨體左右轉動來帶動運動。

31. 羅王顯聖

身體左轉 180°，左腳向右腳後插落，腳掌著地，右腿屈膝半蹲。與此同時，左臂內旋，弧形擺至右臂外；右臂外旋，弧形前上推舉，使棍梢由前繼續向上、向後、向下劈點地面。目視棍梢（圖 52）。

圖 52

【用途】：敵持械於前方攻我中盤，我速轉體，用棍根向左後擼掛敵械，棍梢快速向後劈打敵身。

【要點】：轉體、偷步、後劈棍同時完成。

32.沉香劈山

①身體繼續左轉180°。兩手握棍，上舉至頭頂上方，棍梢擺於身後。目視前方（圖53）。

圖53

②兩手握棍，使棍梢由身後向上、向前劈打。同時，左腿屈膝半蹲，右腿伸直，成左弓步。當棍梢向前劈打時，左手向前滑握棍身。目視前方（圖54）。

【用途】：敵持械於後方攻我中盤，我速轉體用大棍劈

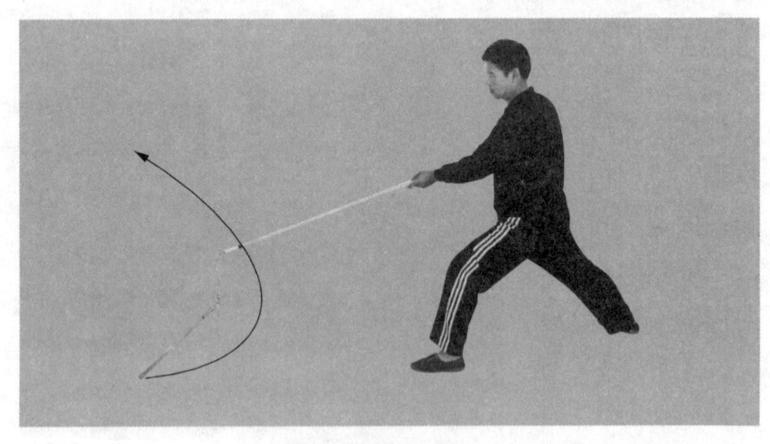

圖54

圖 55

砸敵械，同時，小棍梢劈打敵上盤。

【要點】：上體翻轉要快，劈棍要以腰帶臂快速有力，力要能發能收，劈棍後大棍梢與腰同高。

圖 56

33. 彩蝶雙飛

①左手上托棍身，手心向上肘微屈；右手向下沉壓，使小棍梢由下向後經大棍右側向上、向前崩彈（圖 55）。

②兩手握棍，使小棍梢繼續向下、向後，經大棍左側向上、向前崩彈後，向下、向後貼靠大棍身，左手及時張握小

棍梢。目視左手（圖56）。

【用途】：敵持械於前方攻我中、上盤，我用棍梢纏擰敵械後，使之繼續向前劈打敵身。

【要點】：左右纏繞崩彈時，棍梢要繞圓，勁力要足，以腕為軸，雙手協同用力。

圖57

34. 牛郎推擔

右腳前上一步，以右腳跟、左腳掌為軸，左轉體180°，左腿屈膝半蹲，右腿伸直，成左弓步。同時，左手握棍，屈肘擺至腰側；右手握把，隨體轉向前、向左用力掃擊。目視棍根（圖57）。

【用途】：掃擊身後之敵。

【要點】：轉體平掃要快速有力。弓步與平掃要協調。

35. 白虎翹尾

重心後移，左腳向右後插落，前腳掌著地，右腿屈膝半蹲。與此同時，兩手握棍，使棍根向右後下方戳擊後，快速向後上方崩挑。目視棍根（圖58）。

【用途】：敵於身後攻我，我用棍底戳擊敵下盤，迫其後退，我插步貼近敵身，用棍把崩挑敵襠。

【要點】：後插步宜大，戳棍要快，崩挑棍要猛。崩挑棍時，身體稍左前傾。插步與挑把同時完成。

圖58

36.小聖伏虎

身體左後翻轉180°，左腿屈膝半蹲，右腿伸直，成左弓步。同時，左手經胸前屈肘擺至左腰側；右手向上經頭上方弧形擺至胸前，使棍根經上、向前劈打。目視棍把（圖59）。

圖59

【用途】：敵持械於身後攻我中、下盤，我速回身用大棍梢向左後格攔敵械，同時，棍根斜劈敵身。

【要點】：身體翻轉時要用腰勁，並帶動雙臂向前迅速劈棍。轉體變步與劈棍同時完成。

37. 蜻蜓點水

圖60

左腿直立，右腿前擺屈膝上提，腳背繃平，腳尖向下，成左獨立步。與此同時，右臂外旋，屈肘繞於左腋下，手心向上；左臂內旋，向上、向前繞動，使大棍梢由後經上、向前劈點。目視棍梢（圖60）。

【用途】：敵持械於前方攻我中、下盤，我用棍把向左後格攔，同時，棍前端劈點敵上盤。

【要點】：點棍時，左腋夾緊棍把，左臂貼緊棍身，使大棍梢在劈點時既有速度，又有力度。提膝與點棍要協調。

圖61

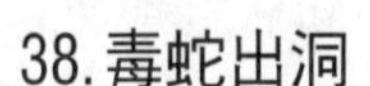

38. 毒蛇出洞

①左臂外旋，向上、向後下降於身體左側，右臂內旋，屈肘擺於胸前，使棍身平置於身體左側。目視前方（圖61）。

②右腳體前落步，屈膝半蹲，左腿伸直，成右弓步。同

時，兩手握棍，使棍根向前平直戳擊。目視棍根（圖 62）。

圖 62

【用途】：敵持械於前方攻我上盤，我用棍梢上挑其械，棍把戳敵身。

【要點】：戳棍時，棍梢貼緊左臂，力達棍根。右弓步與戳棍同時完成。

第五段

39. 太公釣魚

身體左轉。右臂外旋，經腹前繞至左臂下，手心向上，肘微屈；左手鬆開小棍梢，臂內旋，向上、向右、向下擺至右臂外；兩臂於胸前交叉，使棍梢由左經上向右、向下劈點地面。當棍梢繞至頭上方時，右腿直立，左腿屈膝上提，成右獨立步。目視棍梢（圖 63）。

【用途】：敵持械於右方攻我中盤，我用棍把向前、向左磕攔，同時，用棍梢劈打敵上盤。

【要點】：提膝要速快身穩，兩臂交叉擺動要協調圓活。右獨立步與劈點棍同時完成。

圖63

圖64

40. 撥打雕翎

①左腳向左落步，身體左轉90°，左腿屈膝。與此同時，左臂外旋，經胸前擺至身體左側，手心向上，肘微屈；右臂內旋，向上、向前推擺，使棍梢由右後向上、向前、向左、向下，經左腿外側繼續向後弧形繞行（圖64）。

②右腳向前上步，膝微屈。同時，左臂內旋，經胸前弧形繞至右臂外，手心向下；右臂外旋，向下經腹前向左、向

圖 65

前、向上推送；兩臂於胸前交叉，使棍梢由左後向上、向前、向右、向下，經右腿外側繼續向後弧形繞行。目視右後方（圖 65）。

【用途】：敵持械於前方攻我中、上盤，我用棍梢纏擰外帶敵械，而後，用棍前端劈打敵上盤。

【要點】：左右撥掛棍要以右手為主，左手輔助用力，速度要快，動作要連續。繞動時，棍身要貼近身體，但不可碰身、觸地。

41. 霸王舉鼎

①左腳前上一步，腳尖右扣，身體右轉。與此同時，兩手握棍，繼續使棍梢向上、向左、向下劈點地面（圖 66）。

②身體繼續右轉，右腿向後退步，左膝微屈。兩手握棍，使棍梢繼續經左腿外側向前、向上撩棍（圖 67）。

圖 66

圖 67

③身體繼續右轉，兩腿屈膝成高馬步。同時，兩手握棍，舉至頭頂上方，棍根高於棍梢。目視左方（圖 68）。

【用途】：敵持械於後方劈打我上盤，我速回身用棍身斜架，同時，用棍梢掃擊敵耳根部位。

圖 68

【要點】：馬步上架時，不要時間過長，使棍梢繼續繞轉。全動作要連貫協調，身械合一。

42. 白龍纏身

①左手鬆開棍身，擺於體側；右臂外旋，右手握棍，以腕為軸，使棍梢於頭上方向前、向右、向後、向左雲繞一周（圖 69）。

圖 69

②上體稍右轉。右手握棍，以腕為軸，使棍梢由左向上、向右、

向下，經體後向左立圓繞行一周（圖 70）。

③右手握棍，臂內旋，肘微屈，以腕關節為軸，使棍經體後立圓一周，將棍身斜貼於背後，小棍梢繞至胸前；左手及時向前抓握小棍梢。當小棍梢繞至體右下時，右腿屈膝半蹲，左腿蹬直，成右弓步。目視左手（圖 71）。

圖 70

【用途】：敵持械於右前方攻我中盤，我用大棍身斜劈敵械，棍梢掃敵下盤。

【要點】：雲棍要圓，要先緩後疾。轉體變步、背棍握梢要同時完成。

圖 71

43. 蒼龍擺尾

重心移於右腿，右腳掌碾地，左腿屈膝上提，身體向左翻轉 270°。與此同時，左手後甩棍梢後鬆開，下擺於左腰側，手心向下；右手握棍，右前擺於右腹前，棍身貼肋隨體轉，使棍梢於身後向左快速掃轉一周。目視右方（圖 72）。

【用途】：敵於身後刺我下盤，我轉體用棍身右格敵

圖72

械，梢掃敵下盤，多人多方攻我，亦可用此法。

【要點】：身體翻轉要快，右腳碾地要穩。後掃棍要用腰發力，以腰帶臂，使棍梢快速掃擊。

44.張飛擊鼓

①左腳體前落步，右腳隨之前上一步，腳尖左扣，身體左轉。同時，右手握棍，臂內旋，左上擺至胸前，使棍梢向右、向前、向左繞掃；左手於右手虎口前接握棍身。目視左手（圖73）。

圖73

②左臂內旋，弧形右擺；右臂內旋，弧形左擺；兩臂於胸前交叉，使棍梢由左下向上、向右、向下劈打地面。當棍梢繞至右上方時，兩腿屈膝下蹲，成高馬步（圖74）。

圖 74

③兩手握棍，使棍梢由右下向上、向左、向下劈點地面。目視棍梢（圖75）。

圖 75

④重心移於右腿，左腳向右後撤步，身體隨之左轉。兩手握棍，使棍梢隨身轉向左掃擊。目隨棍梢移動（圖76）。

⑤兩手握棍，使棍梢由左向上、向右、向下劈點地面。當棍梢繞至右上方時，兩腿屈膝半蹲，成馬步。目視棍梢（圖77）。

圖 76

圖 77

⑥兩手握棍，使棍梢由右下向上、向左、向下劈點地面。目視棍梢（圖 78）。

【用途】：敵持械於多方攻我，我用棍身外格敵械，梢掃敵下盤。敵跳起躲過，棍梢點打敵身。

圖 78

【要點】：馬步點打體稍前傾。四方點打時，使棍掃點如風，又似狂風暴雨。

45. 插花蓋頂

① 身體左轉90°，兩手握棍，使棍梢向左、向後弧形掃擊。與此同時，左腿屈膝半蹲，右腿伸直，成左弓步（圖79）。

圖 79

②右臂外旋，屈肘擺於左腋處，手心向上；左臂內旋，向上經左肩外向前弧形

圖 80

擺動，手心向下，肘微屈，使棍梢由後向上、向前、向下劈點地面。當棍梢繞至體前上方時，右腳向前上步，屈膝半蹲，左腿伸直，成右弓步。目視前下方（圖 80）。

【用途】：敵持械於左前方攻我下盤，我用大棍梢外格敵械，小棍掃敵下盤。敵持械攻我中盤，我用棍把向左磕掛，同時，棍梢劈敵上盤。

【要點】：掃棍要短促有力。蓋劈棍要狠、要猛。蓋劈棍與右弓步同時完成。

第六段

46. 仙人幻影

①身體左轉 180°，重心移於左腿，屈膝。同時，左手握棍，隨身掃轉；右手鬆開，於身後接握棍把，虎口朝左，手心斜向上（圖 81）。

圖 81

②右腳向前上步，腳尖內扣，身體繼續左轉 90°。與此同時，右手握把，向前、向上提擺至頭頂上方，臂外旋，使棍梢由身後經體右側斜向左前上方，向左、向後、向右雲繞；在右手上提棍時，左手鬆開棍身向右上擺動，於右手虎口前抓握棍身。目視左手（圖 82）。

【用途】：敵眾於多方攻我，我轉體換步以變方位，使棍梢於身後掃擊四方來敵。

【要點】：掃棍要速快力猛。雲棍要平、要圓。

47. 閻羅闖陣（左）

身體繼續左轉（西北方），左腳隨之向左後跨步，左腿屈膝半蹲，右腿伸直，成左弓步。與此同時，兩手握把，向下、向左用力猛掃。當棍梢掃至體前方時，棍梢擦地繼續繞行。目隨棍梢移動（圖 83）。

圖82

圖83

【用途】：用大棍梢掃擊敵下盤。敵逃，小棍梢纏捆敵雙腿。

【要點】：左後掃棍要快、要猛，左臂用力夾緊棍把。左弓步與掃棍同時完成。

圖 84

48. 閻羅闖陣（右）

①身體右轉。左臂外旋，向前、向右經右肩前弧形擺至頭左上方；右臂內旋，屈肘擺於胸前，使棍梢由左後下方向前、向上、向右，經頭上方向左繞行。當棍梢繞至右上方時，右腿屈膝提起（圖 84）。

②右腳向右後跨落，身體右轉（西南），右腿屈膝半蹲，左腿伸直，成右弓步。與此同時，兩手握棍，使棍梢繼續向右下掃擊，目視棍梢（圖 85）。

【用途】：敵持械於後方攻我下盤，我轉身用棍梢向右纏甩敵械，而後，掃敵下盤。

【要點】：掄棍和弓步掃棍，要順腰勁擰轉，連貫快速，動作幅度要大。當棍梢掃至右前方時，棍梢擦地。

49. 韋佗晃杵

身體右轉，右腿挺膝直立，左腿屈膝提起，腳面繃平，腳尖向下，成右獨立步。與此同時，左手直臂擺於體後；右手順勢屈肘於胸前；兩手握棍，使棍梢由前、經身體左側向後掃擊。目隨棍梢移動（圖 86）。

圖 85

【用途】：敵持械於左前方攻我下盤，我用大棍梢向左後斜格敵械，同時，小棍梢掃敵下盤。

【要點】：左腿提膝要快，右腳站立要穩，後掃棍要快速有力。

圖 86

50. 龍虎戲鰲

①左腳體前落步，腳尖外展，兩腿屈膝交叉。同時，右手握把，前下扣壓；左手隨之托擺，使棍梢向上、向左前、向下扣打地面（圖 87）。

圖 87

圖 88

②右手握把，向後沉壓；左手握把，隨之翻擺，使棍梢繼續向上、向左後、向下扣打地面。目隨棍梢移動（圖88）。

【用途】：敵持械於左後方攻我下盤，我用棍梢纏壓截扣，而後，扣打敵下盤。

【要點】：左右扣棍要快速有力，幅度不宜太大，但要扣圓，兩手配合，協同用力。

51.天王量尺

右腳上前一步，屈膝半蹲，左腿伸直，成右弓步。同時，左臂內旋，向上、向前、向下弧形擺動；右臂外旋，向下、向後繞至左腋下；兩手握棍，使棍梢由後下向上、向前、向下劈打地面。目視棍梢（圖 89）。

【用途】：敵持械於前方攻我中盤，我用棍把向左後畫磕，同時，棍梢劈打敵頭、肩部位。

【要點】：前劈棍要快速有力。右弓步與劈棍要同時完成。

圖89

圖 90

52. 鍾馗斬妖

重心後移，左腿屈膝半蹲，右腳向左後插步，腿伸直，前腳掌著地。與此同時，兩手握把，使棍梢由前上、向後、向下點打地面。目視左後下方（圖 90）。

【用途】：敵持械於身後劈我頭肩部位，我用大棍杆斜劈敵持械之手臂，同時，梢打敵上盤。

【要點】：後插步要大、要穩。後劈棍時，要擺腰擰胯，上體稍左轉。插步與劈棍要協調一致。

53. 雲龍繞田

①以右腳跟、左腳掌為軸，身體右轉 180°，右腿屈膝半蹲，左腿伸直，成右弓步。與此同時，兩手握把，隨體轉使棍梢快速向體前掃擊。（圖 91）

②右臂外旋，向左，向前推送；左臂內施，向右、向後

圖 91

圖 92

繞至右臂外；兩手握把，使棍梢由前繼續向右、向後弧形繞掃。目隨棍梢移動。（圖 92）

【用途】：敵眾於多方攻我，我速轉體，用大棍梢推撥敵械，棍梢掃敵下盤。

【要點】：轉體要快，變步要穩，切忌前後晃動或左右歪斜。掃棍要迅速剛猛。

54. 舞龍臥池

①左臂外旋，向上、向前下擺動；右臂內旋，向上、向

前、向下繞動，使棍梢由後向上、向前、向左、向下劈打地面。（圖93）

圖93

②左手握棍，臂內旋，向後、向上、向前擺動；右手握棍，臂外旋，向前、向下、向後繞至左腋處，使棍梢由前下繼續經左腿外側向後、向上、向前、向右、向下劈打地面。與此同時，左腳前上半步。目視右前下方。（圖94）

③兩腳蹬地跳起。同時，兩手握棍，上提至頭頂上方，使棍梢繼續經右腿外側向後、向上弧形繞行。（圖95）

圖94

圖 95

圖 96

④身體右轉，兩腿同時落成左仆步。兩手握棍，與落步同時向左撲地劈打。目視棍身。（圖 96）

【用途】：敵持械掃擊我下盤，我跳起躲過，在空中快速劈打敵上盤。

【要點】：左右劈掛棍腕要上提，兩臂用力要均匀，以右手為主，左手輔助用力，速度要快，動作要連續，棍身貼近身體。仆步要快，摔棍時，雙手握棍順雙腿下落成仆步和身體下壓之勢迅速向下劈摔，棍身與左腿平行。

55.遍地流星

①身體上起右轉，左腳前跟半步，右腿屈膝。與此同時，右手滑握棍身，臂外旋，向下、向左、向上、向前擺動；左手握棍，臂內旋，向上、向右下繞動，使棍梢由左後向上、向前、向右、向下劈點地面後，繼續經右腿外側向後、向上弧形繞行。（圖 97）

②左腳向前上步，左腿屈膝。同時，左臂外旋，右臂內旋；兩手握棍於胸前繞動，使棍梢由後上繼續向前、向左、向下劈點地面後，經左腿外側向後、向上弧形繞行。（圖 98）

③右腳向前上一步，腳尖左扣，身體左轉 90°。與此同時，左臂內旋扣擺，右臂外旋，左上繞舉；兩臂於胸前交叉，兩手握

圖 97

圖 98

圖 99

棍，使棍梢由左上向右、向下劈點地面。目隨棍梢移動。（圖 99）

【用途】：敵持械於前方劈我上盤，我用大棍前端順敵械杆向前下劈削敵持械之指、腕，同時，棍梢劈打敵上盤。

敵退，棍梢劈點敵下盤。

【要點】：左右繞棍要快、要圓。體前雙點棍與左右腳上步要配合好。

圖 100

56.神童挎籃

①左腳向右後插步，身體隨之左轉 90°。與此同時，兩手握棍，使棍梢由後繼續經右腿外側向前、向上撩起。（圖 100）

圖 101

②身體左後翻轉 180°，右腳向前上步，右腿屈膝。與此同時，兩手握棍，使棍梢繼續向前、向右、向下劈點地面。（圖 101）

③身體左轉 90°。左臂內旋，向上、向右、向下扣擺；同時，右臂外旋，向下、向左、向上繞舉；兩臂於胸前交叉，兩手握棍，使棍梢由右下經身前向左、向上、向右、向

下劈點地面。當棍梢繞至頭頂上方時，右腿直立，左腿屈膝提起，成右獨立步。目視右下方。（圖 102）

圖 102

【用途】：敵持械於左後方攻我中、上盤，我速回身用大棍崩挑敵械身，小棍梢撩擊敵襠、腹部位。敵持械於身後攻我，我回身劈打敵上盤。敵械上架，我上步用大棍劈打敵械，小棍梢抽打敵後背。

【要點】：轉體與劈撩棍要緊密配合，身械合一。右弓步與右劈點棍同時完成。

57. 望風捕影

①右腳蹬地跳起。左手鬆開，向右手後抓握棍把，兩手握把，舉至頭頂上方，棍梢擺於體後。（圖 103）

②身體左轉，左、右腳依次落地，左腿屈膝全蹲，右腿鋪平，成右仆步。與此同時，兩手握棍，使棍梢由後經上、向前撲地劈打。目視棍梢。（圖 104）

【用途】：敵退或逃，我躍起追劈之。

【要點】：仆步要快，棍下劈時要狠、要猛，身體稍前傾。棍與右腿平行。

圖 103

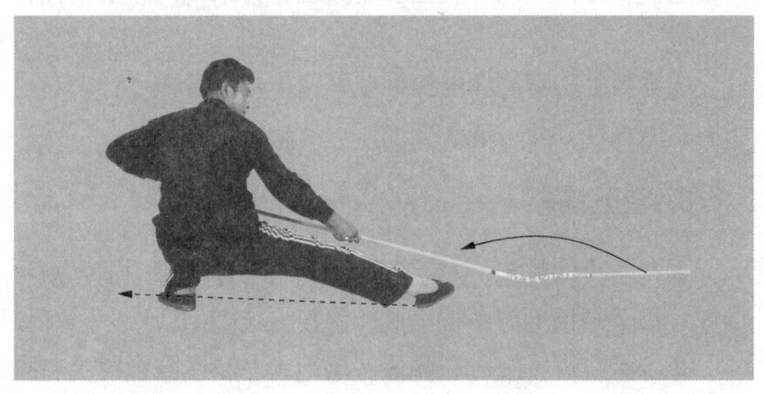
圖 104

58. 文王舉旗

①身體上起。左手握把，後抽下沉，使小棍梢向前下向後貼靠大棍身；右手及時張握小棍梢。與此同時，右腿後退

一步伸直，左腿屈膝半蹲，成左弓步。（圖105）

②身體右轉。在身體右轉的同時，兩手握棍，將棍梢向下，經體前向右、向上弧形繞行，使棍身豎立於身體右側。當棍梢向右繞行時，左腳向右腳靠攏併步。頭左擺，目視左方。（圖106）

圖105

收　勢

右手握棍，沉肘下降至右胸側，使棍豎立於右前方；同時，左手鬆開棍把，五指併攏垂於左大腿外側。目視正前方。（圖107）

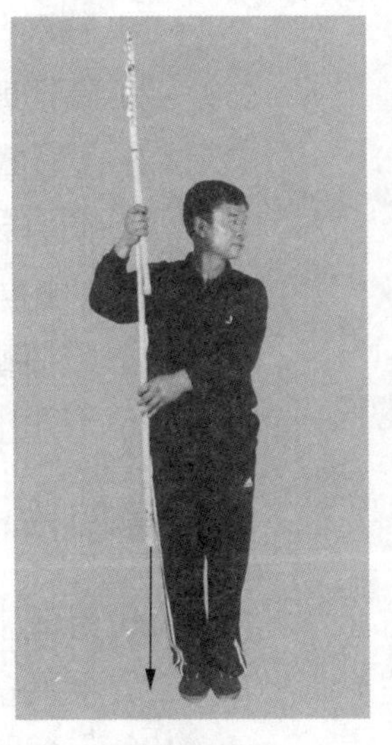

圖106

圖107

第十節 樸 刀

動作名稱

第一段

預備勢
1. 秦王觀陣
2. 英雄闖關
3. 烏雲罩月
4. 左右逢源（右）
5. 左右逢源（左）
6. 立馬劈山
7. 怪蟒翻身
8. 青藤繞樹
9. 毒蛇出洞

第二段

10. 迎風試刃（右）
11. 迎風試刃（左）
12. 勒馬聽風
13. 青龍轉身
14. 倒觀日月
15. 天官藏印
16. 鳳凰斜飛
17. 漁翁摔槳

第三段

18. 瘋虎攔路
19. 蘇秦背劍
20. 黃龍轉身
21. 泰山壓頂
22. 撥雲見日
23. 白蛇弄鳳
24. 鼓浪斬蛟
25. 青龍出海

第四段

26. 尋龍求鬚
27. 懶漢搶衣
28. 烏鷲踏浪
29. 羅漢脫靴
30. 火龍轉身
31. 龍鳳搶珠

32. 青龍攪海
33. 夜叉翻江

第五段

34. 金星墜地
35. 暗渡陳倉
36. 力士劈山
37. 煞神問路
38. 金光普照
39. 雁落平沙
40. 天王把關

第六段

41. 迎風拋扇
42. 玉龍盤柱
43. 彩虹繞鳳
44. 霸王摘盔
45. 神手托月
46. 四面埋伏
47. 單騎闖營
48. 力殺四門
49. 韓信點兵
收　勢

動作圖解

第一段

預備勢

兩腳併步站立。右手握刀上柄，屈肘於右側，手心向左，虎口朝上，將刀柄豎立於右前方，刀尖向上，刀刃朝前；左手五指併攏，貼靠於左大腿外側，肘微屈。目視正前方。（圖1）

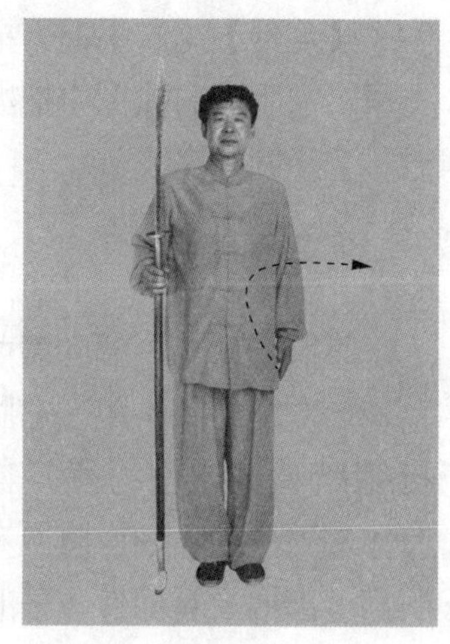

圖1

【要點】：收腹挺胸，兩膝微挺，右手握柄要緊。

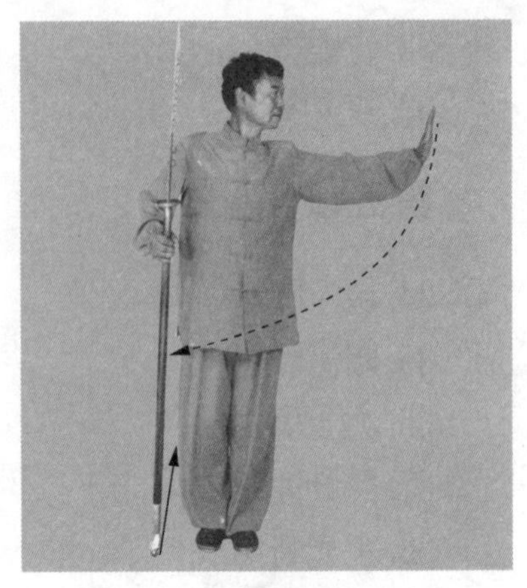
圖 2

1. 秦王觀陣

①左手屈肘提至左胸前，成立掌向左平直推出。頭向左擺。目平視左方。（圖 2）

②右手握上柄，直臂右上舉，手心向左；同時，左手屈肘，經腹前繞至右前抓握刀中把，虎口向上。當右臂上舉時，左腿屈膝上提，腳面繃平，腳尖向下。目視右手。（圖 3）

【要點】：右手握刀把上舉，左手向右抓握中把與右獨立步同時完成。

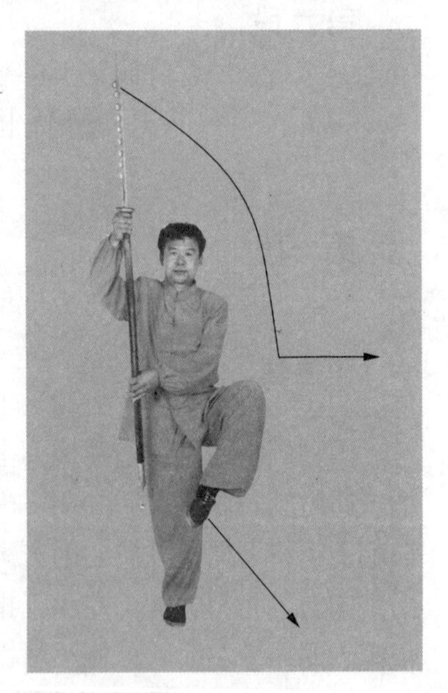
圖 3

2. 英雄闖關

身體左轉，左腳向體前落步，左腿屈膝半蹲，右腿挺膝蹬直，成左弓步。同時，右臂內旋，屈肘降至右胸前，繼而直臂前伸，手心向左；左臂外旋，鬆握刀中

把，屈肘上提至右腋下，手心向上，使刀頭由右上斜落至右胸前，隨即向右前平直扎出，刀尖向前，刀刃朝下。目視刀尖。（圖4）

圖4

【用途】：敵持械於左前方攻我中、上盤，我轉身用刀斜劈敵持械之手臂，隨即用刀尖快速扎擊敵胸、肋部位。

【要點】：上步要快，扎刀要猛、狠，力達刀尖。扎刀與左弓步要協調。

圖5

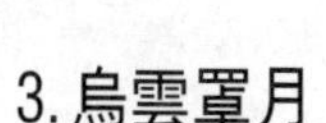

3.烏雲罩月

①右腳屈膝前擺，左腳隨即蹬地跳起。同時，右手握柄，上提至額前；左手稍向前推，使刀斜置於體前上方，刀尖向前上，刀刃向前下。目視前上方。（圖5）

②身體騰空左轉270°，右腳落地，左腳腳背貼扣於右

膝後側，右腿隨即屈膝下蹲。同時，右手握柄，臂外旋，向左、向上經頭上方繞至身體右側，屈肘下降至右腰側，手心向上；左臂內旋，向前、向左、向後繞弧形擺至左腹前，手心向下，屈肘，使刀向前、向左經頭上方向後、斜向下繞至體右側，刀刃朝前，刀尖向右。目視右方。（圖6）

圖6

③身體繼續左轉，左腳向體前落步，左腿屈膝半蹲，右腿伸直，成左弓步。同時，右手直臂擺至左胸前，手心向上；左手握把，隨擺於左腰側，手心向上，屈肘，使刀隨體轉，向前、向左平斬，刀刃向左，刀尖斜向左前上方。目視刀刃。（圖7）

圖7

【用途】：敵持械劈我上盤，我持刀向上挑架，並快速斬擊敵上盤。

【要點】：右腳前擺要快，以助左腳蹬地之力。空中轉體與雲刀同時進行。弓步斬刀快速有力。

圖8

4.左右逢源（右）

①右臂稍外旋，屈肘後收至右腰側，手心向上；左手向上、向前、向右弧形擺至右胸前，手心斜向下，屈肘，使刀由前向下、經右腿外側向後掛刀，刀背斜向上，刀尖斜向後下。當刀尖繞至右前方時，右腿屈膝上提，腳面繃平。目視右後下方。（圖8）

圖9

②右腳向體前落步，右腿屈膝，左腿自然伸直。同時，右手握柄向上舉，臂內旋，經上擺至左腹前；左臂外旋，經腹前屈肘繞至右腋處，手心向上；兩臂於胸前交叉，兩手握柄，使刀由後向上、向前、向左、向下弧形掛刀，刀尖斜向左前下，刀背斜向左後。目視左前下方。（圖9）

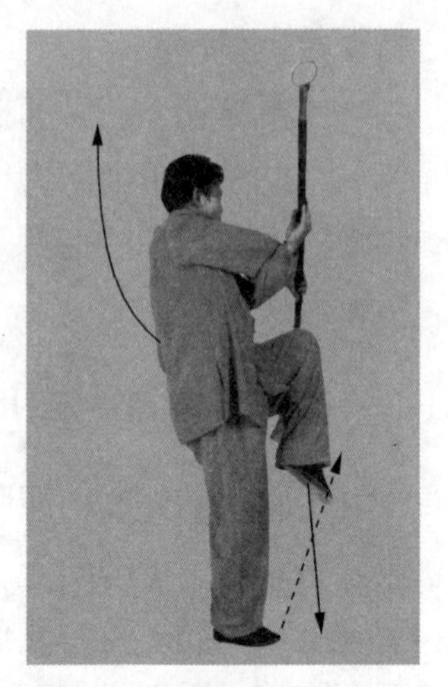
圖 10

5. 左右逢源（左）

重心前移，右腿直立，左腿隨之屈膝上提，腳面繃平，腳尖向下。與此同時，兩手握柄，將刀背繼續由左前經身體左下方向後掛刀，刀尖斜向後下，刀背斜向右上。目視刀背。（圖10）

【用途】：敵持械於左（右）攻我下盤，我用刀背左（右）撥掛敵械，刀尖畫挑敵下盤。

【要點】：左、右掛刀要貼身而過，不可離身太遠，切忌碰地觸身。

圖 11

6. 立馬劈山

①左腳體前震踏落地，右腿隨即屈膝提起。兩手握把，繼續使刀向左上畫弧，將刀斜置於身體左前上方，右手握刀於左肩前，左手握柄至右腹側，兩臂胸前交叉。目視刀頭。（圖11）

②右臂稍外旋，屈肘向上、向左，直臂向下弧形擺動；左臂內旋，經腹前屈肘繞至左腰側，使刀繼續經頭前上方向左下劈，刀刃向下，刀尖向右。當刀尖繞至頭上方時，右腳向體

前落步，腳尖左扣，體左轉 90°，兩腿屈膝半蹲，成馬步。目視刀刃。（圖 12）

圖 12

【用途】：敵持械於前方攻我下盤，我用刀背左後撥掛敵械，並上步貼近敵身，用刀快速劈敵上盤。

【要點】：左震腳與掛刀同時進行，馬步與劈刀要協調一致，劈刀要迅猛。

7. 怪蟒翻身

①重心移於右腿，右腳碾地，隨身體左轉約 90°，左腿向後屈膝擺提。右手握把，擺於右大腿前；左手握刀柄，屈肘上提至左肩前；兩手握柄，使刀經右腿外側向前下撩擊，刀刃斜向前，刀尖斜向前下。目視刀刃。（圖 13）

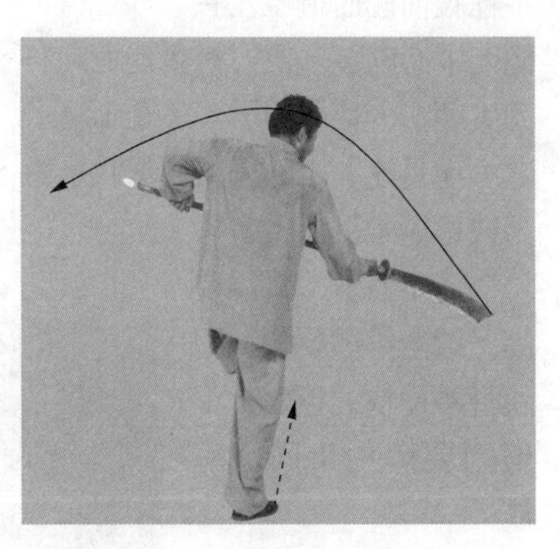

圖 13

②右腳蹬地跳起，身體騰空向左後翻轉 180°。同時，右手握柄，直臂向前，向上繞舉，使刀隨體轉繼續向前、向

上撩擊，刀刃斜向前，刀尖斜向後下；左手握柄，臂稍內旋，屈肘擺至胸前。目視左前方。（圖14）

圖14

③身體繼續左轉，左、右腳依次落地，兩腿屈膝半蹲，成馬步。右手握把，向右下降至右腰側，手心向前；左手經腹前屈肘擺至左腰側，手心向後，使刀繼續經上向右、向下劈落，刀刃向下，刀尖朝右。目視刀刃。（圖15）

【用途】：敵持械掃擊我下盤，我速跳起轉身躲過，用刀快速劈敵上盤。

【要點】：跳起要高，騰空轉體要快，刀隨身轉而快速撩擊。下劈刀要與馬步同時完成。

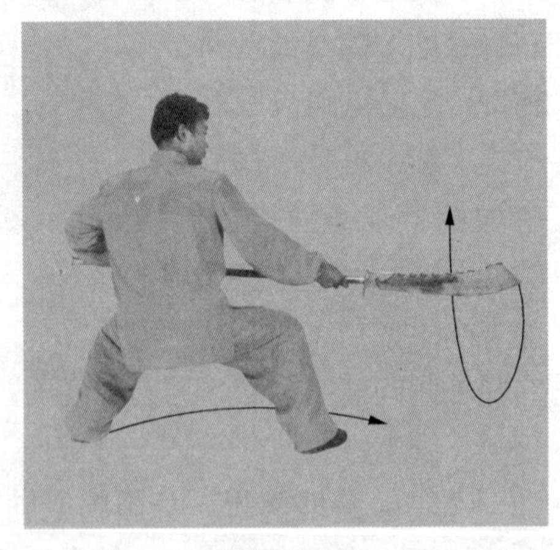
圖15

8. 青藤繞樹

身體右轉，左腳經右腳前向右前蓋步，兩腿交叉，屈膝下蹲，成歇步。同時，右臂先內旋後外旋，右手握柄，以腕為軸，使刀於體前向右、向下、向左立繞半周後，用刀刃向前上撩擊，刀尖向前上，刀刃斜向上；左手於左腰後左擺上提，而後，向下沉壓。目視刀刃。（圖16）

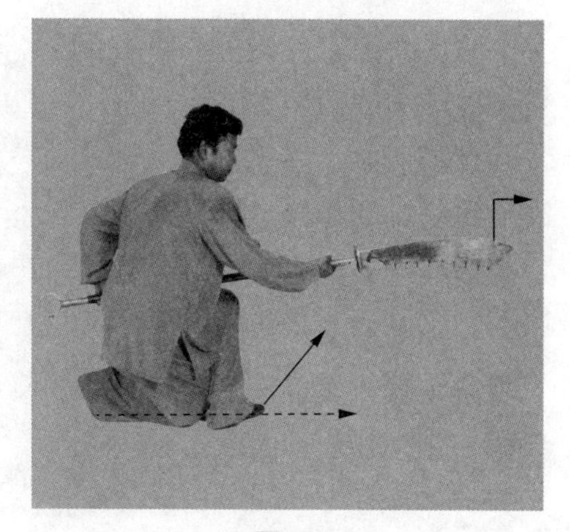

圖16

【用途】：纏、攔、格、壓敵來之械，並用刀快速撩擊敵襠部。

【要點】：轉體蓋步與立圓刀同時進行。歇步與撩刀要協調一致，撩刀要短促有力。

9.毒蛇出洞

圖17

兩腿立起，右腳向前上一步，腳尖內扣，身體隨之左轉，左腿離地右擺，屈膝上提，腳面繃平，腳尖向下。與此同時，兩手握柄，使刀面向下平擊後，快速向右平直扎出，刀刃向前，刀尖向右；右手直臂擺至體右，手心向上；左手屈肘擺於左胸前，手心向下。目視右方。（圖17）

【用途】：敵持械於前方攻我中盤，我用刀面向下磕砸敵械後，用刀尖快速扎擊敵胸、脅部。

【要點】：上步轉體要快，獨立步要穩，扎刀要短促有力。

圖18

第二段

10.迎風試刃（右）

身體左轉，左腳向體前落步，左腿屈膝半蹲，右腿挺膝伸直，成左弓步。同時，右手握把，向下、向前、向上直臂擺動，手心向上；左手握把，臂稍內旋，屈肘繞至左腰側，使刀由後經身體右下方向前、向上撩起，刀尖斜向前上，刀刃斜向後上。目視前上方。（圖18）

【用途】：敵持械於前方攻我中、下盤，我用刀刃順敵械杵撩擊敵身。

【要點】：轉體速度要快，刀隨身轉向前快速撩擊，力達刀刃。左弓步與撩刀同時完成。

11.迎風試刃（左）

①右臂內旋，向左、向後弧形擺至左肩外，手心向下；左臂外旋，向前、向上推舉；兩臂於胸前交叉，雙肘平屈，

使刀由前向上、向左、向右、向下畫弧，刀刃斜向下，刀尖向後下方。目視左後下方。（圖19）

圖19

②右腳向前上一步，右腿屈膝半蹲，左腿挺膝伸直，成右弓步。同時，右手直臂左前上舉，手心向下；左手隨之繞於右腋處，手心向下；兩手握把，使刀經身體左側向前、向上撩擊，刀尖向右前上方，刀刃斜向後下。目視前上方。（圖20）

圖20

【用途、要點】：同動作10。

12.勒馬聽風

右腿挺膝直立，左腿前擺屈膝上提，腳面繃直，腳尖向下，成右獨立步。與此同時，右手握把，直臂經上向後、向上弧形擺動；左臂內旋，向下、向前、向上屈肘繞至左胸前，手心向下；兩手握柄，使刀由前上經頭右上方向後、向下劈落，刀尖向後下方，刀刃斜向前下。目視右

後下方。（圖 21）

【用途】：敵持械於後方劈我上盤，我用刀刃順敵械杵畫劈敵上盤。

【要點】：獨立步要穩固，後劈刀要快速有力，掄劈幅度宜大。

圖 21

13. 青龍轉身

右腳蹬地跳起，左腳體前縱落，左腳碾地，隨身體左轉 180°，屈膝半蹲，右腳身後落步，右腿伸直，成左弓步。右手握柄，向上、向前、向左直臂擺至左胸前，手心向上；左手握柄，隨之下降至左腰側，手心向下；兩手握柄，使刀繞身平掃一周，刀尖向左前，刀刃向左。目視左前方。（圖 22）

【用途】：敵持械於身後攻我中盤，我速回身用刀下把撥掛敵械，用刀掃擊敵中盤。

【要點】：上步要快，轉體要急，掃刀要用腰發

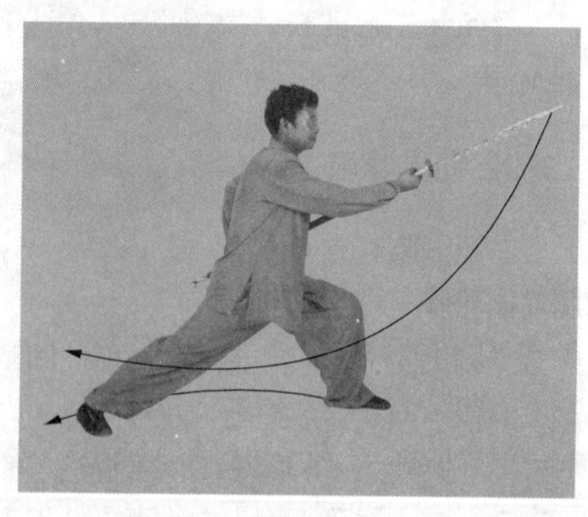

圖 22

力，以腰帶臂。刀平轉繞掃要蘊內力，達於刀刃，幅度宜大、宜平、宜圓、宜穩。

圖 23

14. 倒觀日月

重心後移，左腿向體後挺膝插步，前腳掌著地，右腿屈膝半蹲。同時，右手握柄，臂內旋，經身體右側擺至右腰後，手心向下；左手握柄，臂外旋，向上、向右擺至右胸前，手心向上，肘平屈，使刀由前向下，經右腿外側向後反掃，刀刃斜向左，刀尖斜向後下。目視右後下方。（圖 23）

【用途】：反掃右、後來敵之下盤。

【要點】：插步要快要穩，反掃刀要快速有力。刀掃至右後方時，上體稍右轉左傾。插步與後掃刀同時完成。

15. 天官藏印

兩腳碾地，隨身體左轉 180°，左腿屈膝半蹲，右腿伸直，成左弓步。同時，右手握柄，臂外旋，經頭右上方向前、向左下擺動，手心斜向上；左手握把，臂內旋，向下經腹前繞至左腰側，手心向下，使刀向上、向前、向左、向下劈落，刀把水平貼靠於左腰側，刀刃斜向左下，刀尖朝左前方。目視左前方。（圖 24）

【用途】：速轉體，斜劈來敵之上盤。

【要點】：身體翻轉，變步要快，斜劈刀要力足勢猛，上體稍前傾。

圖24

16. 鳳凰斜飛

右腳前擺，屈膝上提，左腳隨即蹬地跳起。與此同時，右手屈肘後收，經右肩上直臂向右後平伸，手心向上，手略高於肩；左手隨之向前、向右、向後弧形擺至右肩前，手心向下，屈肘，使刀由前轉頭向右後上方扎出，刀尖斜向右後上方，刀刃斜向後下。目視右後上方。（圖25）

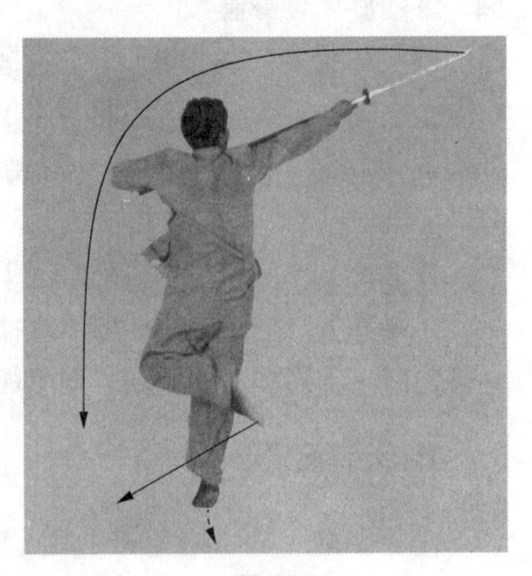

圖25

【用途】：敵於身後攻我，我佯裝敗逃，誘敵深入，此時，我快速用刀尖斜扎敵胸、喉部位。

【要點】：跳躍要高，後扎刀要快速有力，上體稍右轉，力達刀尖。

17.漁翁摔槳

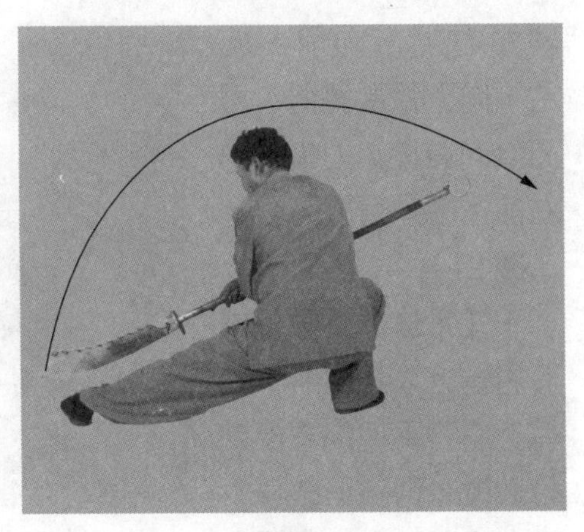

圖 26

身體右轉，右腳落地屈膝全蹲，左腿伸直向左平鋪，成左仆步。與此同時，右臂內旋，經頭右上方擺至左臂外，手心向下；左臂外旋，經胸前繞至右臂下，手心向上；雙臂於胸前交叉，兩肘平屈，使刀由右上方經頭前上方向左、向下劈，刀刃向下，刀尖向左。目視刀刃。（圖 26）

【用途】：敵持械於前方攻我中盤，我用刀下柄向右後撥掛敵械，同時刀劈敵上盤。

【要點】：仆步左劈刀時，左手旋腕，右手下壓，兩臂於胸前交叉，使左劈刀既快速力猛，又可發可收。仆步時，上體稍前傾。左仆步與左劈刀要同時完成。

第 三 段

18.瘋虎攔路

身體上起右轉，右腿屈膝半蹲，左腿伸直，成右弓步。與此同時，右臂內旋上舉，經頭左上方直臂向右前下方斜擺至右胯前，手心斜向下；左臂內旋，向下滑握刀柄，經腹前向後繞至左腰側，屈肘，手心向下；兩手握柄，使刀向上、

經頭右上方向前、向右、向下弧形斜劈，刀刃斜向右後，刀尖斜向右前下方。目視刀刃。（圖 27）

圖 27

【用途】：敵持械於右後方攻我中盤，我轉身用刀下把向右後掛帶敵械，刀斜劈敵身。

【要點】：身體上起稍右轉即成右弓步，刀隨體轉右下劈刀。斜劈刀要快速有力，但幅度不宜大。

19. 蘇秦背劍

①身體稍右轉，重心前移，左腳離地屈膝前擺，右腳隨即蹬地跳起。與此同時，右臂外旋，經身體右側直臂擺於右腰後，手心向上；左手隨之向上、向右屈肘上提至右胸前，手心向下，使刀由前下經右腿外側向後畫弧，刀刃向下，刀尖朝後。目視右後方。（圖 28）

圖 28

②身體於空中右轉 180°，左腳落地，右腿屈膝擺於體

後。與此同時，右手握柄，臂內旋，左前上舉；左手滑握刀柄，向下弧形繞至左腹前，使刀向上畫弧至頭左前上方，刀把豎立，刀刃向後，刀尖向上。目視右手。（圖29）

圖 29

③右腳向後插落伸直，前腳掌著地，左腿屈膝半蹲，腳尖外展。同時，右手握把，臂內旋，向後、向下弧形擺至左臂外，手心向下；左臂外旋，向前、向上推送，手心向上；兩臂於胸前交叉，肘平屈，兩手握柄，使刀經頭左上方向後、向下劈落，刀刃向下，刀尖斜向後下。目視刀刃。（圖 30）

圖 30

【用途】：敵持械於前方攻我下盤，我用刀背向右後撥掛敵械，快速上步轉體貼近敵身，刀反劈敵上盤。

【要點】：左腳前擺要快速，以助右腳蹬地跳起，跳起要高，騰空轉體要快，落步要穩。插步要大、要快。後劈刀

圖 31

要快速有力，力在刀刃。後劈刀與後插步同時完成。

20. 黃龍轉身

兩腳碾地，隨體右轉 180°，右腿屈膝半蹲，左腿伸直，成右弓步。與此同時，右手握柄，臂內旋，向上、向右平推至右胸前，手心向下；左手握柄，隨之上提至右腋下，手心向上；兩手握把，將刀刃向外，刀隨體轉，使刀向右平抹，刀刃向右，刀尖向前。目視刀刃。（圖 31）

【用途】：速轉身，平抹四方來敵之腰部。

【要點】：轉體要快，平抹刀要用腰發力，帶動雙臂，刀要抹平、抹圓，力達刀刃。右弓步與平抹刀要同時完成。

21. 泰山壓頂

①左腳前上半步，左腿稍屈。同時，右手握柄，向左、向下繞至左臂外，手心斜向下；左手握柄，向前、向上推

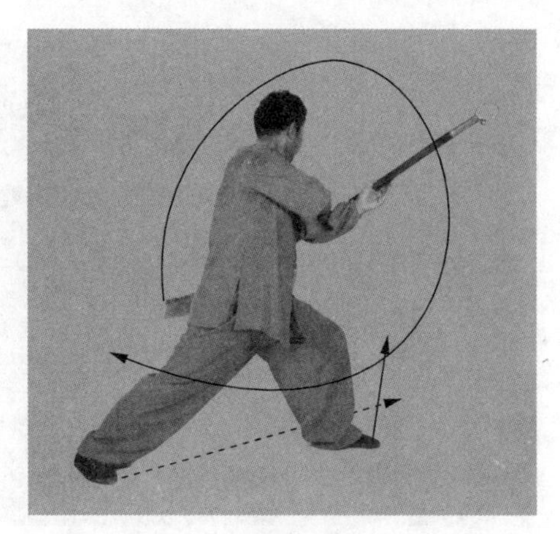

圖 32

送，手心向上，使刀由右前向左、向下、經左腿外側向後掛刀，刀背斜向上，刀尖斜向後下。目視左後下方。（圖 32）

②右腳離地屈膝前擺，左腳隨即蹬地跳起。同時，右臂外旋，右手握柄，以腕為軸，使刀由左後下方向上、向前、向右、向下，經右腿外側向後弧形繞掛，右手直臂擺於右腰後，手心向右；左臂內旋，向下滑握刀柄，向後、向上，經胸前屈肘繞至右肩前，手心向下，刀尖斜向後下，刀背斜向後上。目視右後下方。（圖 33）

圖 33

③右腳落地伸直，左腳向體前落步，左腿屈膝半蹲，成左弓步。與此同時，右臂外旋，屈肘向上，經頭右上方向前直臂擺動，手心向左；左臂外旋，向上滑握刀柄，屈肘繞至右腋處，手心向上；雙臂於右胸前交叉，兩手

圖 34

握柄，使刀由後向上，向前劈落，刀尖向前，刀刃向下，將刀柄平置於身體右側。目視右前方。（圖 34）

【用途】：敵持械於前方攻我下盤，可用刀背左右掛撥。敵持械攻我中盤，我用刀纂向右後挑掛敵械，同時刀劈敵上盤。

【要點】：全動作要連貫協調，一氣呵成。

22. 撥雲見日

①右腳向前上一步，屈膝半蹲，左腿伸直，成右弓步。同時，右手握柄後上舉，經頭上方臂外

圖 35

旋，向右、向前直臂擺動，手心向上；左臂內旋，向下滑握刀柄，向前、向左、向後屈肘擺至左肩前，手心向下，使刀由前向左，經頭上方向後、向右、向前雲斬，刀尖向前，刀刃朝左。目視刀刃。（圖35）

圖36

②右腳碾地，身體左轉180°，左腿隨體轉屈膝上提，腳面繃平，腳尖向下，成右獨立步。與此同時，右手握柄，直臂斜舉至右前上方，手心斜向上；左手握柄，隨之下降至左腰側，手心斜向下，屈肘；兩手握柄，使刀向右前上方截擊，刀刃斜向左，刀尖斜向右前上方。目視右前上方。（圖36）

【用途】：敵持械攻我中、上盤，我用刀背向左後撥掛敵械後，快速截擊敵之上盤。

【要點】：雲刀要平、要圓、要快。轉體、提膝、截刀要同時完成。

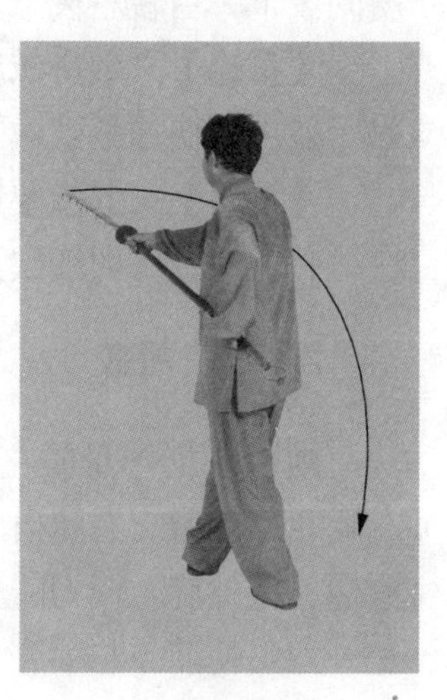

圖37

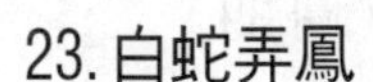

23. 白蛇弄鳳

①左腳向身後落步，兩腿屈膝交叉。與此同時，兩手握柄，以腕為軸，使刀刃轉向後下。目視刀刃。（圖37）

②兩腿屈膝下蹲，右腳尖外展，左腳跟離地，成歇步。與此同時，右手握柄，斜擺至右腰後，手心向下；左手握柄，經腹前繞至右腰側，手心向上，使刀由右前上方向下經體右側向後、向下斜砍，刀刃向左，刀尖斜向後下。目視右後下方。（圖 38）

圖 38

【用途】：敵持械於右後方掃擊我上盤，我退步低身躲過，並用刀快速斜砍敵下盤。

【要點】：退步要快，歇步時兩腿夾緊下坐，後砍刀要快速有力，歇步與後砍刀同時完成。

24. 鼓浪斬蛟

兩腳碾地，身體左轉 360°，兩腿隨轉體而自然分開，左腿屈膝半蹲，右腿自然伸直，成左弓步。與此同時，右手握柄，臂外旋，使刀隨身轉，向左平掃一周至身前，刀刃向左，刀尖朝前，右手直臂擺至胸前，手心向上；左手隨之屈肘擺於左腰側，手心向下。目視刀刃。（圖 39）

【用途】：敵眾多，於四方圍攻我，我快速轉體，用刀掃擊四方之敵。

【要點】：轉體時，以右腳跟，左腳掌為軸，向左快速

圖 39

轉動，但身體不失平穩。轉體後自然成左弓步。掃刀要用腰發力，以腰帶動臂、械。掃刀要平、要圓、要快，力達刀刃。

25. 青龍出海

①右腳向前上一步，腳尖左扣，身體左轉。兩手握柄，以腕為軸，使刀尖於身體右前方向後、向下、向前、向上繞一立圓，刀刃向前，刀尖向右。目視刀尖。（圖 40）

圖 40

②左腿屈膝右

擺，左腳背貼扣於右膝後側，右腿隨即屈膝下蹲。與此同時，右手握柄，直臂向右伸出，手心向上；左手隨擺至左腹前，手心向裡；兩手握柄，使刀向右平直扎出，刀刃向下，刀尖向右。目視刀尖。（圖41）

圖41

【用途】：敵持械於前方攻我中盤，我用刀頭纏壓敵械，並快速用刀尖向前平扎敵胸、肋部位。

【要點】：刀於身體右前方纏繞畫圓，幅度不宜太大，以30公分為宜，纏繞滾壓要圓、要快。扎刀要短促有力，力達刀尖。左腳貼扣、右腿屈膝下蹲與扎刀同時完成。

第四段

26.尋龍求鬚

右腳碾地，身體左轉90°，左腳體前落步，左腿屈膝半蹲，右腿伸直。與此同時，右臂內旋，向上經頭右上方直臂擺至左腹前，手心向下；左手滑握刀柄，臂外旋，向下、向右屈肘繞至右腋下，手心向上，兩手握柄，使刀經上、向前、向左、向下弧形撥掛，刀背朝左後，刀尖向左前下。目

視刀尖。（圖 42）

圖 42

【用途】：敵於前方攻我下盤，我用刀背向左後撥掛敵械，用刀尖快速扎擊敵下盤。

【要點】：左掛刀要快，力在刀背。轉體、落步、掛刀要協調一致。

27. 懶漢擔衣

圖 43

①右腳上前一步，右腿屈膝，左腿伸直，上體稍左轉。與此同時，右手握柄，臂外旋，向後、向上經面前繞至右胯前，手心向上；左手向下滑握刀柄，臂內旋，向前、向下、向後屈肘擺至左胸前，手心向下；兩手握柄，使刀由左前下方經左腿外側向後、向上，經頭左上方向前、向右、向下撥掛，刀背向右後，刀尖向右前下方。目視刀背。（圖 43）

②身體稍右轉。右手握柄，使刀由前下經右腿外側向後、向上、向前立繞一周；同時，左手滑握下柄，臂外旋，

經腹前屈肘繞至右腋下，手心向上。目視刀尖。（圖44）

圖44

③右手握把，臂內旋，經身體右側擺至身後，手心斜向下，使刀經右腿外側向後畫弧，刀刃向左，刀尖斜向後下，將刀下柄貼靠於左肩後；在刀向後繞行時，左手鬆柄，成立掌，向前直臂伸出。與此同時，左腳前擺，屈膝上提，腳面繃平，腳尖向下，成右獨立步。目平視前方。（圖45）

圖45

【用途】：敵持械於右前方攻我中盤，我用刀下柄向右後撥掛敵械，同時，刀劈敵上盤。敵於右方或右後方攻我下盤，我用刀背外掛敵械。

【要點】：刀於身體右側做立圓時，使刀貼近身體繞

圖 46

圖 47

轉，要圓、要快。後背刀與提膝推掌同時完成。

28. 烏鸞踏浪

①左腳體前落步，兩腿屈膝，右腳腳跟離地。前推掌、背刀姿勢不變。目平視前方。（圖 46）

②右腳向前上一步，兩腿屈膝，左腳腳掌碾地，腳跟隨之提起。前推掌、後背刀姿勢不變。目視前方。（圖 47）

圖 48

③左腳向前上一步，兩腿屈膝，右腳掌碾地，腳跟隨之離地。前推掌、背刀姿勢不變。目視前方。（圖 48）

【用途】：伺機制敵。

圖 49

圖 50

【要點】：做行步時，兩腿屈膝，平穩重心向前邁步，步幅要均勻，不騰空，不同於弧形步。

29. 羅漢脫靴

身體左轉，右腳向左上方裡合橫擺，左手在額前迎擊右腳掌。右手背刀姿勢不變。目視右腳。（圖 49）

【用途】：右腳橫擺敵太陽穴，同時，左掌掃貫敵耳根穴。

【要點】：右腿裡合橫擺時要速快力猛。左手在額前迎擊右腳掌時，要把握好時機，腳掌合擊要有力，出聲清脆。

30. 火龍轉身

①身體繼續左轉，右腳向體前落步，右腿屈膝。左手向左側平推，右手背刀姿勢不變。（圖 50）

②左腿屈膝，左腳背貼扣於右膝後側，右腿隨即屈膝下

圖51

蹲，右腳碾地，隨體左轉 270°。同時，右手握柄屈肘上提，經頭上方右臂外旋，伸向身體右側，屈肘下降，手心向上；左手屈肘，收至左腰側抓握刀下柄，手心向下；兩手握柄，使刀頭由後向前、向上，向左、向右。於頭頂上方雲繞一周下降至右腰側，刀刃向前，刀尖向右，將刀把平置於體前。目視刀刃。（圖51）

③身體繼續左轉，左腳體前落步，左腿屈膝半蹲，右腿挺膝蹬直，成左弓步。與此同時，右手握柄，向前、向左平擺，手心向上；左手握柄，隨之貼靠於左腰側，手心向下；兩手握柄，使刀隨轉體向前、向左平斬，刀刃向左，刀尖向前。目視刀刃。（圖52）

【用途】：敵持械攻我上盤，我用刀背上挑敵械後，快速斬擊敵中盤。

圖 52

【要點】：右腳碾轉要穩，身體左轉要快，頭頂雲刀要平、要圓、要快。至身體右側下降時，左手及時抓握刀下柄，以制動刀頭行轉。左弓步與體前平斬刀同時完成，力達刀刃。

31.龍鳳搶珠

①重心後移，右腿屈膝半蹲，左腳向後插步，前腳掌著地。與此同時，右手握把，臂內旋，向後經身體右側擺於右腰後，手心向下，肘微屈；左手握柄，臂外旋，經腹前向上，屈肘繞至右胸前，手心向上，使刀由前經右腿外側向後、向下截刀，刀刃斜向左，刀尖斜向後下。目視刀刃。（圖 53）

②重心後移，左腿屈膝半蹲，右腳向後退一步伸直，成左弓步。與此同時，左手握把，臂內旋，向下、向前、向左、向後弧形繞至左腰側，屈肘，手心向下；右手握柄，臂

圖 53

圖 54

外旋，經體右側斜擺至左前上方，手心向上，使刀由後經身體右側向前、向左、向上斬擊，刀刃向左，刀尖斜向前上。目視刀刃。（圖 54）

【用途】：退左步，貼近敵身截擊敵下盤，退右步，誘

圖 55

敵深入斬擊敵上盤。

【要點】：後截刀時，兩手握把使刀刃向後，方可向後截擊，後截刀與左腳後插步同時進行。前截刀，兩手握把，使刀刃向外，方可向前上斬擊。後截刀、前斬刀均要快速有力，力達刀刃，但幅度不宜太大。前斬刀與左弓步同時完成。

32. 青龍攪海

①身體右轉，右腿屈膝，左腿自然伸直。與此同時，右手握柄，向右直臂平伸，手心向上；左手握柄，屈肘上提至左腋下，手心向裡；兩手握柄，使刀隨體轉向右平撥，刀刃朝前，刀尖向右。目視刀尖。（圖 55）

②身體繼續右轉 180°，左腳經右腳前向右上步，兩腿屈膝；與此同時，左臂外旋，左手由左向下，經前擺至右腋下，手心向上；右臂內旋，從右前向右、向上、向左、向

圖 56

下，屈肘經胸前向右直擺，手心向下；使刀頭由右前向右、向後、向左、向前，在頭上方平繞一周後繼續向右下弧形繞掃，刀刃朝外，刀尖向前。目視刀刃。（圖56）

圖 57

③右腳經左腳後向左繞步，上體隨之右轉 270°，兩腿自然成右弓步；同時，兩手抱刀，隨體轉平掃至體前，刀刃向右，刀尖朝前。目視刀刃。（圖 57）

【用途】：敵持械攻我上盤，我用刀向上挑架。敵持械於身後攻我中盤，我用刀下把向右後挑格敵械，同時，刀斬擊敵中、上盤。

【要點】：圈步要穩、要輕、要快，轉體要疾。頭頂雲刀要圓、快，上托架一現即逝。全動作連貫協調，運刀快速有力。

33.夜叉翻江

①右腳碾地，隨身體左轉 270°，左腿隨體轉屈膝上提，腳面繃平，腳尖向下。與此同時，右手握柄，屈膝舉至頭頂上方，臂外旋，直臂右上舉，手心斜向左上；左手握把，臂內旋，向前、向上、向左弧形擺動後，屈肘下降至胸前，手心向下，使刀向前、向左、向後、向右，於頭頂上方雲繞一周半，而後，向右上方斜扎，刀刃斜向前，刀尖斜向右上。目視刀尖。（圖 58）

②左腳向左跨落，身體左轉，左腿屈膝半蹲，右腿伸直，成左弓步。與此同時，右手握把，向下、向前、向左直

圖 58

圖 59

臂擺動，手心向上；左手握柄，順勢繞於左腰側，手心向裡，使刀向下、向前、向左斬擊，刀刃向左，刀尖斜向左前上方。目視前方。（圖 59）

【用途】：敵持械於身後攻我上盤，我用刀背外格敵械後，用刀尖扎敵上盤。敵於左後方持械攻我中盤，我用刀下把向左撥挑敵械，同時用刀斬擊敵中、上盤。

【要點】：轉體與雲刀同時進行，左弓步與平斬刀要協調一致。刀隨體轉斬刀時，弧度宜大，放長擊遠，上體稍前傾。

第五段

34.金星墜地

①兩腳碾地，隨身體右轉 180°，右腿屈膝半蹲，左腿伸直，成右弓步。與此同時，右手握把，臂內旋，向上、向前

經額上斜擺於右腰後，手心斜向下；左手向上、向前屈肘繞至右胸側，手心向內；兩手握柄，使刀經上、向前、向右、向下，經右腿外側向後反撩，刀刃向上，刀尖向後。目視右後方。（圖60）

圖60

②左腳向前上半步，左腿屈膝。右手握柄，向上經頭右上方直臂擺至左腹前，手心向下；同時，左手向上滑握刀柄，臂外旋，繞至右腋下，手心向上，屈肘；兩手於胸前交叉，兩手握柄，使刀由後經上向前、向左、向下掛刀，刀刃斜向右前，刀尖斜向左前下方。目視刀背。（圖61）

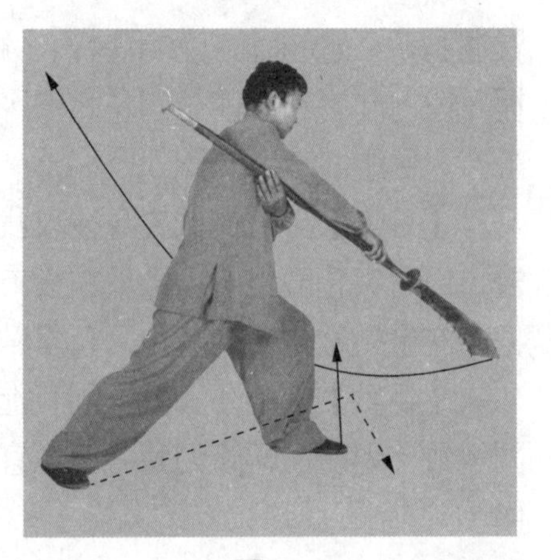

圖61

【用途】：斜劈右前方、後撩右後來攻之敵。敵持械於左前方攻我下盤，我用刀背向左後磕掛。

【要點】：轉體時，兩腳掌用力碾地托穩重心，要穩要快，自然成右弓步。先右前劈刀，向右後撩刀，劈刀要猛，後撩刀要輕靈快捷。轉體與劈刀同時進行。左腿上步與掛刀要協調一致。

35.暗渡陳倉

圖 62

①右腳離地前擺，左腳隨即蹬地跳起，身體騰空左轉 180°。右腳落地，右腿屈膝，左腿屈膝擺於體後。與此同時，右臂稍外旋，右手握柄，直臂右前上舉，手心斜向下；左手向下滑握刀柄，擺於右腹前，手心向內；兩手握把，使刀向前，向上撩起，刀刃斜向後下，刀尖斜向前上。目視刀刃。（圖 62）

圖 63

②左腳向後下落步，前腳掌著地，右腿屈膝半蹲，上體稍右轉。與此同時，右手握柄，屈肘向上，經右肩上直臂擺至右胯後，手心向右；左手握把，臂內旋，隨之屈肘擺於右胸前，手心向下，使刀經上向後、向右、向下劈落，刀刃斜向下，刀尖斜向右後下方。目視刀尖。（圖 63）

圖 64

【用途】：敵持械掃擊我下盤，我跳起躲過。敵持械攻我下盤，我用刀背向左後撥掛敵械，並順勢轉體反劈敵身。

【要點】：跳步時要縱高跳遠，單腳落地托身要穩固。反劈刀要快速有力。反劈刀與插步同時完成。

36. 力士劈山

兩腳碾地，隨身體左後翻轉 180°，左腿屈膝半蹲，右腿伸直，成左弓步。與此同時，右手握柄，於身後上舉，經頭右上方直臂擺至右胸前，手心向左；左手向上滑握刀柄，臂外旋，向下、向後屈肘繞至右腋下，手心向上；兩手握把，隨體轉使刀由後經上、向前劈落，刀刃向下，刀尖向右前。目視刀刃。（圖 64）

【用途】：敵持械於右後方攻我上盤，我速回身用刀下把向左、向下格壓敵械，刀劈敵上盤。

【要點】：兩腳碾地轉體要快、要穩。上體翻轉時要保持重心，不要因轉體快而左右晃動，上體翻轉要用腰發力帶動上肢及刀把。劈刀要快速剛猛。前劈刀與左弓步同時完成。

37. 煞神問路

圖 65

右腳向前上一步，腳尖左扣，身體左轉，兩腿屈膝半蹲，成馬步。與此同時，右臂內旋，屈肘，經腹前向左、向上，臂稍外旋經額前上方直臂向右弧形擺動，手心向前；左臂內旋，向下滑握刀柄，經腹前向左屈肘擺至左腰側，手心向下，使刀由右經體前下方向左、向上、向右劈刀，刀刃向下，刀尖向右。目視刀刃。（圖 65）

【用途】：敵持械於前方攻我下盤。我速擰身上步，用刀背外格敵械，刀劈敵身。

【要點】：上步轉體與掛刀同時進行。馬步與劈刀要協調一致。下劈刀時要全身下沉，增加刀下劈力度。

38. 金光普照

身體左轉 90°，左腿屈膝半蹲，右腿伸直，成左弓步。與此同時，右手握把，臂外旋，直臂向胸前擺動，手心向上；左手握柄，順勢貼靠於左腰側，手心向下，使刀經身體右側向前平斬，刀刃向左，刀尖向前。目視刀刃。（圖 66）

【用途】：速轉體攔斬左方來敵之中、上盤。

【要點】：兩腳同時碾地轉動，左轉時自然成左弓步。斬刀時，身體下沉，以穩固下盤，增加上肢掃轉之力。推刀平斬與左弓步同時完成。

圖 66

39.雁落平沙

重心後移，右腿屈膝半蹲，左腳向右後插步，前腳掌著地。與此同時，右臂內旋，右手握柄，向下經身體右側直臂擺至右胯後，手心向下；左臂外旋，左手握柄，經腹前繞至右腰側，手心斜向上，使刀由前經身體右側向後、向下弧形掃刀，刀刃斜向左，刀尖斜朝後下。目視刀刃。（圖 67）

圖 67

【用途】：掃擊身後來敵之下盤。

【要點】：插步要大，兩腿托身要穩固，後掃刀要快速有力，力達刀刃。後掃刀時，上體稍右轉左傾。插步與後掃刀要協調一致。

40.天王把關

①身體左右翻轉 180°，左腿屈膝半蹲，右腿伸直，成左弓步。與此同時，右臂外旋，屈肘向上，經頭右上方直臂向左腹前弧形擺動，手心向左；左手向上滑握刀柄，臂外旋，屈肘繞至右腋下，手心向上；兩手握柄，隨體轉使刀由後經上、向前、向左、向下劈砍，刀刃斜向左下，刀尖斜向左前下方。目視刀刃。（圖 68）

圖 68

②右腳向前上一步，腳尖內扣，身體左轉 90°，右腿屈膝半蹲，左腿伸直，成右弓步。與此同時，右手握柄，臂內旋，經腹前向左、向

圖 69

上，屈肘擺至左臂外，手心斜向下；左手隨勢向前擺至右胸側，手心向上；兩臂於胸前交叉，雙肘平屈，使刀由前下經身體前下方向左、向上畫弧，刀刃向下，刀尖向左。目視刀刃。（圖 69）

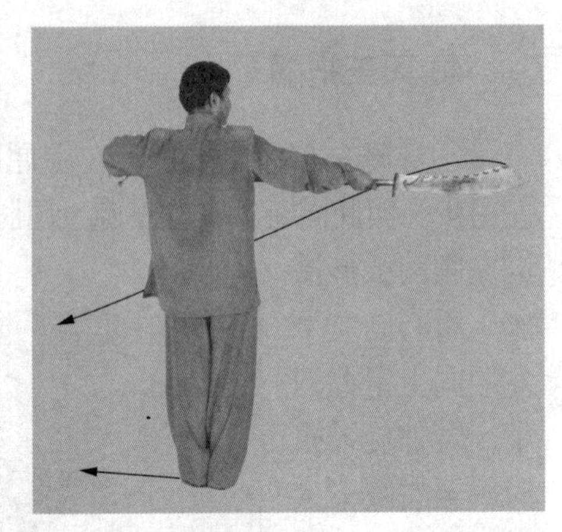
圖 70

③左腳向右腳靠攏併步，身體直立。與此同時，右臂稍外旋，屈肘向上、經額前直臂向右弧形擺動，手心向前；左臂內旋，左手握把下滑，經腹前繞至左胸前，手心向下；兩手握柄，使刀由左向上、向右劈落，刀刃向下，刀尖向右。目視右方。（圖 70）

【用途】：（1）轉身劈敵下盤。（2）敵持械攻我下盤，我用刀背外磕敵械，刀劈敵上盤。

【要點】：轉體時兩腳用力均勻，以穩固身體重心。翻身劈刀要快速有力。體前立圓刀要圓、要快。右劈刀與併步同時完成。

第六段

41.迎風拋扇

①左腳向左跨半步，兩腿屈膝。同時，右手鬆開上柄，臂內旋，斜下擺至身體右側，手心向下；左手握把，臂內

旋，向前、向左直臂平擺，手心向下，使刀由右，經體前向左平抛，刀刃向後，刀尖向左。目視刀刃。（圖71）

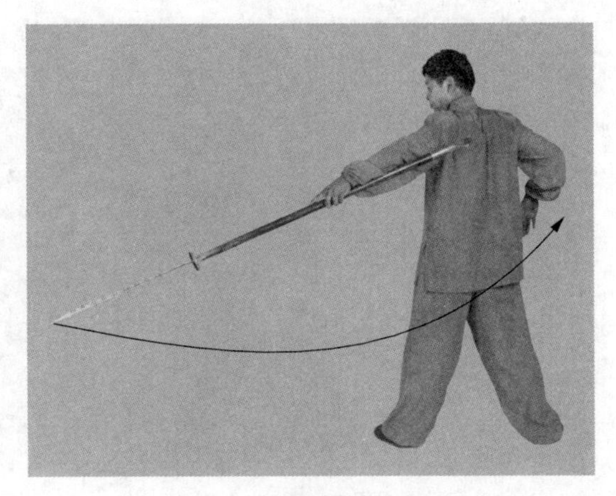

圖 71

②上體前俯，腰、肩成水平。同時，左手握把，臂外旋，屈肘繞至右腰後，手心向上，使刀由左向後、向右抛掃，刀刃向前，刀尖向右；右手於身體右側及時抓握刀上把，手心向下，肘微屈。目視右手。（圖72）

圖 72

【用途】：使敵出其不意，突然抛刀，斬擊遠近之敵。

【要點】：抛刀要快、要圓。後抛刀時，臂外旋，使刀下把經右臂上繞回左方。前俯腰、抛刀、右手握柄要協調。

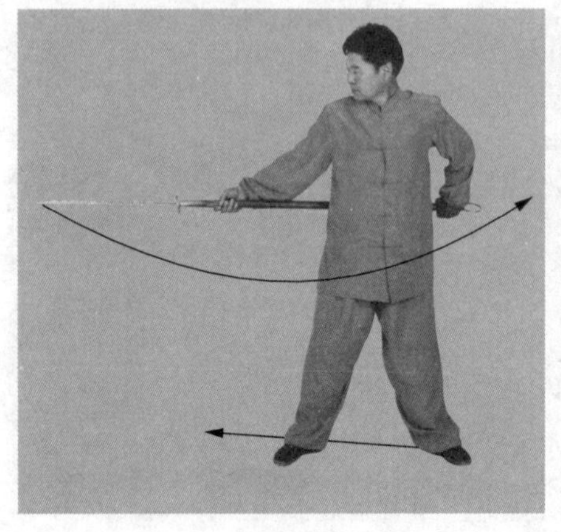

圖 73

圖 74

42. 玉龍盤柱

①身體直立，隨即左轉體 180°，右腿隨之向右上半步，兩腿屈膝。與此同時，右手握把，隨體轉推向右腰前，手心向上，肘微屈，刀尖斜向右前，刀刃斜向左前；左手經腹前向左腰側接握刀下把，手心向下，虎口向下把端。目視刀刃。（圖 73）

②身體繼續左轉，左腳向後偷半步，腳掌著地，兩腿交叉屈膝。與此同時，右手鬆開上把，擺至身體右側，手心向下，肘微屈；左手握中下把，繼續繞身推轉至左腰後，使刀繞至體右側；右手於右腰側接握刀前柄，手心向上，屈肘，刀刃向前，刀尖朝右。目視刀刃。（圖 74）

③兩腳碾地，身體繼續左轉，兩腿屈膝。兩手握把，隨體左轉，使刀向右平繞，刀把置於腰後，刀刃朝前，刀尖向右；右手屈肘握柄於右腰側，手心向上；左手於左腰後屈肘

握下柄，手心向後。目視右手。（圖 75）

【用途】：平抹四方來敵之中盤。

【要點】：轉體時，要多用腳掌碾地，身靈步活，保持重心。要快速敏捷，平穩有序，神態自然，切忌心情緊張，手忙腳亂。全動作要連貫協調，快慢相兼。

圖 75

43. 彩虹繞鳳

①身體左轉，左腿屈膝，右腿伸直。與此同時，右臂稍內旋，右手握柄，經身體右側擺至右肩前，手心向左，刀隨體轉，使刀向身前平撥，刀尖向前，刀刃朝下；在右手握柄隨體轉時，左手鬆開下把，向前經胸前繞至右腋下接握刀柄，手心向上。目視刀尖。（圖 76）

圖 76

②右腳迅速前擺，左腳隨即蹬地跳起。與此同時，右手握柄，直臂向右前上方伸舉，手心向左；左手鬆握刀柄，稍

前下擺，手心向上，使刀向前、向上挑起，刀刃斜向前下，刀尖斜向右前上方。目視前上方。（圖 77）

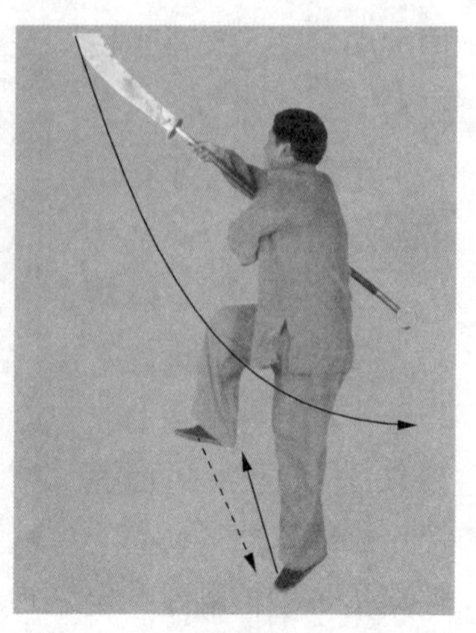

圖 77

③身體騰空左轉 270°，右腳落地直立，左腿屈膝上提，腳面繃平。與此同時，右臂先內旋，屈肘舉至頭頂上，後外旋繞至頭右上方，手心斜向上；左手握把，臂內旋，向前、向左、向後、向下弧形擺至左胸前，手心向下，刀隨身轉，使刀於頭頂上方向前、向左、向後、向右平繞後，斜舉於身體右上方，刀刃斜向左前，刀尖斜向右上。目視右前方。（圖 78）

④左腳向左跨落，身體左轉，左腿屈膝半蹲，右腿伸直，或左弓步。與此同時，左手向前、向下、向左、向後繞弧形擺至左腰側，手心斜向下；右手握把，弧形擺至左胸前，手心向上，使刀向

圖 78

下、向前、向左斬擊，刀刃斜向左，刀尖斜向左前上方。目視前方。（圖 79）

圖 79

【用途】：（1）敵持械掃擊我下盤，我跳起躲過，並快速用刀尖挑敵上盤。（2）斬擊左側來犯之敵。

【要點】：跳躍要高、遠，上挑刀要快速有力。空中轉體與雲刀同時進行，斬刀與左弓步要協調一致。

44. 霸王摘盔

①左腳蹬地跳起，右腿隨之屈膝上提，身體於空中右轉 270°。與此同時，右手握柄，向右、向上，臂內旋，經額前擺至左臂外，手心向下；左手向上滑握刀柄，臂外旋經胸前繞至右腋下，手心向上；兩臂於胸前交叉，刀隨體轉，使刀於頭頂上方向前、向右、向後、向左雲繞後，下降至身前，刀刃向前，刀尖斜向左上。（圖 80）

圖 80

圖81

②右腳向右跨落，身體繼續右轉，右腿屈膝半蹲，左腿挺膝蹬直，成右弓步。與此同時，右手握柄，直臂擺至右胸前，手心向下；左手仍於右腋下握柄，使刀向前、向右平斬，刀刃向右，刀尖斜向右前上方。目視前上方。（圖81）

【用途】：敵持械攻我上盤，我用刀頭向上挑架，並快速斬擊敵中、上盤。

【要點】：左腳蹬地跳起，身體於空中轉體時，一定要保持身體重心。空中轉體與雲刀要協調。右弓步與斬刀同時完成。

45. 神手托月

①兩腳碾地隨體左轉 180°，左腿屈膝半蹲，右腿伸直，成左弓步。與此同時，右手握柄，經身體右側直臂擺至右胸前，手心向左；左手握柄姿勢不變，使刀向下經右腿外

側向前、向上豁挑，刀刃斜向前下，刀尖斜向右前上方。目視刀尖。（圖 82）

圖 82

②右手握把，臂外旋，屈肘向上，直臂擺至右胯後，手心向右；同時，左手握柄，臂內旋，向下滑握刀柄後，屈肘擺至右胸前，手心向下，使刀由前繼續向上、向後、向下劈落，刀刃斜向下，刀尖斜向後下；步型不變。目視右後下方。（圖 83）

圖 83

③右腳向前上一步，右腿屈膝半蹲，左腿伸直，成右弓步。與此同時，右手握柄，經身體右側直臂右前上舉，手心向上；左手鬆握刀柄，向下經腹前繞至左腰側，屈肘，手心向下，使刀由後經右腿外側向前、向上、向左撩起，刀刃斜向後上，刀

尖斜向前上。目視刀刃。（圖 84）

圖 84

【用途】：豁挑、撩擊前方之敵；反劈身後來犯之敵。

【要點】：豁挑刀要借轉體之力，短促迅猛，力達刀尖，後劈刀幅度要放開。劈刀時，身體稍右轉左前傾。撩刀要快速有力，撩刀與右弓步同時完成。

46.四面埋伏

①左腳離地抬起，右腳碾地隨體左轉 180°，右腿屈膝，左腳向體後落步，左腿自然伸直。與此同時，右手握柄，臂內旋，經頭右上方弧形擺至腹前，手心向下；左手握柄，臂外旋，向上滑握刀把，繞至右腋下，手心向上，使刀經上、向前、向左、向下掛刀，刀刃斜向右前，刀尖斜向左前下方。目視刀背。（圖 85）

圖 85

②重心後移，身體左轉，左腿直立，右腿屈膝提起，腳面繃平。與此同時，右手握柄，經腹前向左、向上，屈肘繞至左肩前，手心向下；左手向下滑握刀柄，擺至右腹前，手心斜向上；兩手握柄，使刀經體前下方繼續向左、向上畫弧，刀刃斜向前上，刀尖斜向左上方。目視刀刃。（圖86）

圖86

③右腳向右跨落，兩腿屈膝半蹲，成馬步。與此同時，右手握把，臂稍外旋，屈肘向上，經額前直臂擺至體右側，手心向前；左手握柄，臂內旋，向下滑握刀柄，經腹前繞至左腰前，屈肘，手心向下，使刀由左、經頭前上方向右劈落，刀刃向下，刀尖向右。目視刀刃。（圖87）

圖87

【用途】：敵持械於身後攻我下盤，我速轉體避過。敵再進，我用刀背向前、向左磕掛敵械後，順勢劈

圖 88

敵上盤。

【要點】：轉體退步要快。右腿提膝與掛刀同時進行。落步成馬步與劈刀要協調一致。

47. 單騎闖營

①右腳尖外展，身體稍右轉，重心前移，左腳迅速離地前擺，右腳隨即蹬地跳起，身體於空中右轉 270°。與此同時，右手握柄，向上、向右，臂內旋，屈肘舉至頭頂上方，手心向下；左手滑握刀柄，臂稍外旋，向上經胸前繞至右肩前，手心向後；兩手握柄，使刀在頭頂上方由前、向右、向後、向左雲繞，刀刃朝前，刀尖向左上方。（圖 88）

②左腳先落地，身體隨即右轉，右腳向前落步，右腿屈膝半蹲，左腿伸直，成右弓步。與此同時，右手握柄，經胸前擺至身體右側，手心向下；左手握柄，臂外旋，屈肘收至右腋下，手心向上，使刀向下，經體前向右平斬（東北方向），刀刃向右，刀尖斜向右前上方。目視刀刃。（圖

圖 89

89）

【用途】：撥攔頭上敵來之械後，快速斬擊右前方之敵。

【要點】：左腳前擺的速度要快，以增加右腳蹬地的力度。身體騰空要與雲刀配合好。右斬刀與右弓步同時完成。

48. 力殺四門

①左腳向左前上半步，身體稍左轉。兩手握把，使刀隨體轉擺至身前。目視左前方。（圖 90）

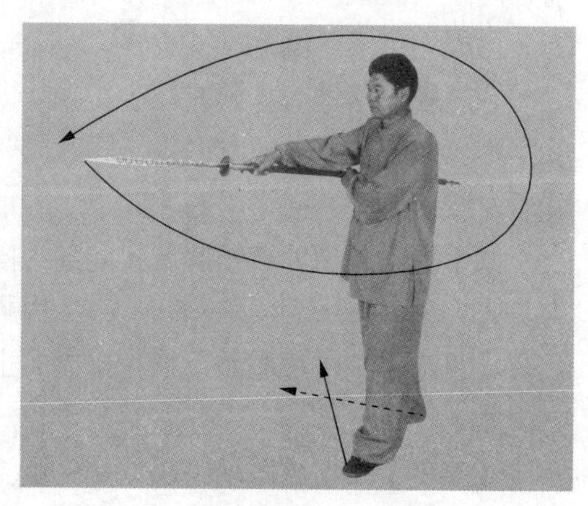

圖 90

②右腳離地屈膝前擺，左腳隨即蹬地跳起，身體騰

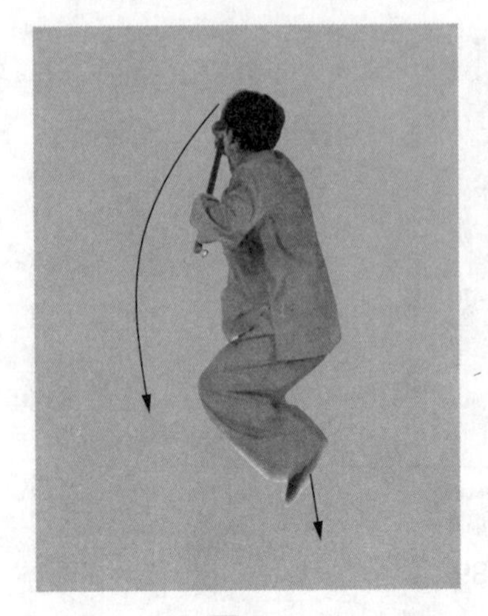

圖 91

圖 92

空左轉 270°。同時，右手握柄，臂外旋，向左、向上，經額前向右上側舉，手心斜向上；左手握柄，臂內旋，向前、向左、向後弧形擺至左胸前，手心向下，使刀於頭頂上方向前、向左、向後、向右平繞，刀刃斜向前下，刀尖斜向右上方。目視刀尖。（圖 91）

③右腳先落地，身體左轉，左腳隨即向前落步，左腿屈膝半蹲，右腿伸直，成左弓步。與此同時，左手向左、向下降至左腰側，手心向下；右手向下、向前直臂平擺，手心向上；兩手握柄，使刀繼續向下、向前、向上弧形斬擊（西南方），刀刃向左，刀尖斜向前上方。目視刀刃。（圖 92）

【用途】：跳起避敵下掃，挑撥頭上敵之來械，斬擊前方之敵。

【要點】：左腳蹬地跳起要高，騰空轉體要快，但必須保持重心平衡。落步要輕穩，前斬刀要快速有力。全動作要

圖 93

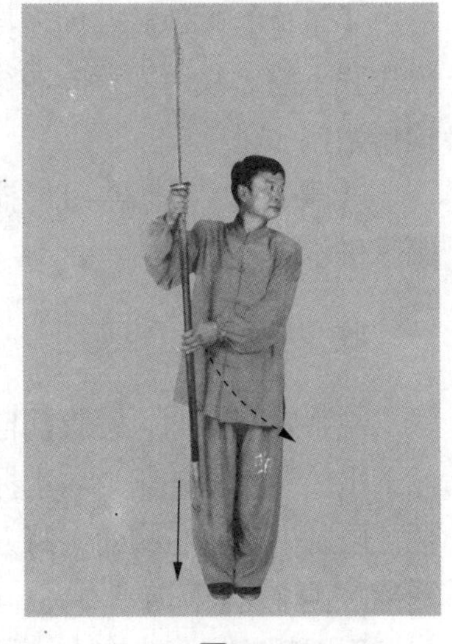

圖 94

大起大落、連貫協調，一氣呵成。

49. 韓信點兵

①右腳向前上半步，左腿屈膝。同時，右手握柄，屈肘向後、經身體右側擺於右腰後，手心向上；左手握柄，隨之向前、向上、向右，屈肘擺至右胸前，手心向下；兩手握柄，使刀向下、經右腿外側向後畫弧，刀背朝上，刀尖斜向右後下方。目視刀背。（圖 93）

②左腳向右腳靠攏併步。同時，右手握柄，屈肘向上，經右肩外推至右額前，手心向左；左手向下滑握刀柄，臂稍外旋，繞至右腹前，手心向後，使刀由後下向上、向前，豎立於身體右前方，刀尖向上，刀刃朝前。頭向左擺，目視左方。（圖 94）

【用途】：敵於右前方持械攻我下盤，我用刀背向右後撥掛敵械。

【要點】：上繞刀、擺頭、併步同時完成。

圖 95

收　勢

左手鬆開刀柄，經腹前自然下垂於左大腿外側；右手握柄，屈肘下降至右胸前，將刀豎立於身體右前方，手心向左，刀刃朝前，刀尖向上。目視正前方。（圖 95）

【要點】：兩腳併步站立，收腹挺胸，凝神聚氣，目視前方，右手握緊刀把，使其不能晃動。

5. 開拓未來的他界科學 陳蒼杰譯 220 元
6. 世紀末變態心理犯罪檔案 沈永嘉譯 240 元
7. 366 天開運年鑑 林廷宇編著 230 元
8. 色彩學與你 野村順一著 230 元
9. 科學手相 淺野八郎著 230 元
10. 你也能成為戀愛高手 柯富陽編著 220 元
11. 血型與十二星座 許淑瑛編著 230 元
12. 動物測驗—人性現形 淺野八郎著 200 元
13. 愛情、幸福完全自測 淺野八郎著 200 元
14. 輕鬆攻佔女性 趙奕世編著 230 元
15. 解讀命運密碼 郭宗德著 200 元
16. 由客家了解亞洲 高木桂藏著 220 元

・女醫師系列・品冠編號 62

1. 子宮內膜症 國府田清子著 200 元
2. 子宮肌瘤 黑島淳子著 200 元
3. 上班女性的壓力症候群 池下育子著 200 元
4. 漏尿、尿失禁 中田真木著 200 元
5. 高齡生產 大鷹美子著 200 元
6. 子宮癌 上坊敏子著 200 元
7. 避孕 早乙女智子著 200 元
8. 不孕症 中村春根著 200 元
9. 生理痛與生理不順 堀口雅子著 200 元
10. 更年期 野末悅子著 200 元

・傳統民俗療法・品冠編號 63

1. 神奇刀療法 潘文雄著 200 元
2. 神奇拍打療法 安在峰著 200 元
3. 神奇拔罐療法 安在峰著 200 元
4. 神奇艾灸療法 安在峰著 200 元
5. 神奇貼敷療法 安在峰著 200 元
6. 神奇薰洗療法 安在峰著 200 元
7. 神奇耳穴療法 安在峰著 200 元
8. 神奇指針療法 安在峰著 200 元
9. 神奇藥酒療法 安在峰著 200 元
10. 神奇藥茶療法 安在峰著 200 元
11. 神奇推拿療法 張貴荷著 200 元
12. 神奇止痛療法 漆 浩 著 200 元

・常見病藥膳調養叢書・品冠編號 631

1. 脂肪肝四季飲食 蕭守貴著 200 元

2. 高血壓四季飲食 秦玖剛著 200元
3. 慢性腎炎四季飲食 魏從強著 200元
4. 高脂血症四季飲食 薛輝著 200元
5. 慢性胃炎四季飲食 馬秉祥著 200元
6. 糖尿病四季飲食 王耀獻著 200元
7. 癌症四季飲食 李忠著 200元
8. 痛風四季飲食 魯焰主編 200元
9. 肝炎四季飲食 王虹等著 200元
10. 肥胖症四季飲食 李偉等著 200元
11. 膽囊炎、膽石症四季飲食 謝春娥著 200元

・彩色圖解保健・品冠編號 64

1. 瘦身 主婦之友社 300元
2. 腰痛 主婦之友社 300元
3. 肩膀痠痛 主婦之友社 300元
4. 腰、膝、腳的疼痛 主婦之友社 300元
5. 壓力、精神疲勞 主婦之友社 300元
6. 眼睛疲勞、視力減退 主婦之友社 300元

・心想事成・品冠編號 65

1. 魔法愛情點心 結城莫拉著 120元
2. 可愛手工飾品 結城莫拉著 120元
3. 可愛打扮 & 髮型 結城莫拉著 120元
4. 撲克牌算命 結城莫拉著 120元

・熱門新知・品冠編號 67

1. 圖解基因與 DNA （精） 中原英臣主編 230元
2. 圖解人體的神奇 （精） 米山公啟主編 230元
3. 圖解腦與心的構造 （精） 永田和哉主編 230元
4. 圖解科學的神奇 （精） 鳥海光弘主編 230元
5. 圖解數學的神奇 （精） 柳谷晃著 250元
6. 圖解基因操作 （精） 海老原充主編 230元
7. 圖解後基因組 （精） 才園哲人著 230元

・武術特輯・大展編號 10

1. 陳式太極拳入門 馮志強編著 180元
2. 武式太極拳 郝少如編著 200元
3. 中國跆拳道實戰 100 例 岳維傳著 220元
4. 教門長拳 蕭京凌編著 150元
5. 跆拳道 蕭京凌編譯 180元

6. 正傳合氣道	程曉鈴譯	200 元
8. 格鬥空手道	鄭旭旭編著	200 元
9. 實用跆拳道	陳國榮編著	200 元
10. 武術初學指南	李文英、解守德編著	250 元
11. 泰國拳	陳國榮著	180 元
12. 中國式摔跤	黃 斌編著	180 元
13. 太極劍入門	李德印編著	180 元
14. 太極拳運動	運動司編	250 元
15. 太極拳譜	清・王宗岳等著	280 元
16. 散手初學	冷 峰編著	200 元
17. 南拳	朱瑞琪編著	180 元
18. 吳式太極劍	王培生著	200 元
19. 太極拳健身與技擊	王培生著	250 元
20. 秘傳武當八卦掌	狄兆龍著	250 元
21. 太極拳論譚	沈 壽著	250 元
22. 陳式太極拳技擊法	馬 虹著	250 元
23. 二十四式 三十二式 太極 拳 劍	闞桂香著	180 元
24. 楊式秘傳 129 式太極長拳	張楚全著	280 元
25. 楊式太極拳架詳解	林炳堯著	280 元
26. 華佗五禽劍	劉時榮著	180 元
27. 太極拳基礎講座：基本功與簡化 24 式	李德印著	250 元
28. 武式太極拳精華	薛乃印著	200 元
29. 陳式太極拳拳理闡微	馬 虹著	350 元
30. 陳式太極拳體用全書	馬 虹著	400 元
31. 張三豐太極拳	陳占奎著	200 元
32. 中國太極推手	張 山主編	300 元
33. 48 式太極拳入門	門惠豐編著	220 元
34. 太極拳奇人奇功	嚴翰秀編著	250 元
35. 心意門秘籍	李新民編著	220 元
36. 三才門乾坤戊己功	王培生編著	220 元
37. 武式太極劍精華＋VCD	薛乃印編著	350 元
38. 楊式太極拳	傅鐘文演述	200 元
39. 陳式太極拳、劍 36 式	闞桂香編著	250 元
40. 正宗武式太極拳	薛乃印著	220 元
41. 杜元化＜太極拳正宗＞考析	王海洲等著	300 元
42. ＜珍貴版＞陳式太極拳	沈家楨著	280 元
43. 24 式太極拳＋VCD	中國國家體育總局著	350 元
44. 太極推手絕技	安在峰編著	250 元
45. 孫祿堂武學錄	孫祿堂著	300 元
46. ＜珍貴本＞陳式太極拳精選	馮志強著	280 元
47. 武當趙堡太極拳小架	鄭悟清傳授	250 元
48. 太極拳習練知識問答	邱丕相主編	220 元
49. 八法拳 八法槍	武世俊著	220 元
50. 地趟拳＋VCD	張憲政著	350 元

51. 四十八式太極拳＋VCD　楊　靜演示　400 元
52. 三十二式太極劍＋VCD　楊　靜演示　300 元
53. 隨曲就伸　中國太極拳名家對話錄　余功保著　300 元
54. 陳式太極拳五功八法十三勢　闞桂香著　200 元
55. 六合螳螂拳　劉敬儒等著　280 元
56. 古本新探華佗五禽戲　劉時榮編著　180 元
57. 陳式太極拳養生功＋VCD　陳正雷著　350 元
58. 中國循經太極拳二十四式教程　李兆生著　300 元
59. ＜珍貴本＞太極拳研究　唐豪・顧留馨著　250 元
60. 武當三豐太極拳　劉嗣傳著　300 元
61. 楊式太極拳體用圖解　崔仲三編著　400 元
62. 太極十三刀　張耀忠編著　230 元
63. 和式太極拳譜＋VCD　和有祿編著　450 元

・彩色圖解太極武術・大展編號 102

1. 太極功夫扇　李德印編著　220 元
2. 武當太極劍　李德印編著　220 元
3. 楊式太極劍　李德印編著　220 元
4. 楊式太極刀　王志遠著　220 元
5. 二十四式太極拳（楊式）＋VCD　李德印編著　350 元
6. 三十二式太極劍（楊式）＋VCD　李德印編著　350 元
7. 四十二式太極劍＋VCD　李德印編著　350 元
8. 四十二式太極拳＋VCD　李德印編著　350 元
9. 16 式太極拳 18 式太極劍＋VCD　崔仲三著　350 元
10. 楊氏 28 式太極拳＋VCD　趙幼斌著　350 元
11. 楊式太極拳 40 式＋VCD　宗維潔編著　350 元
12. 陳式太極拳 56 式＋VCD　黃康輝等著　350 元
13. 吳式太極拳 45 式＋VCD　宗維潔編著　350 元
14. 精簡陳式太極拳 8 式、16 式　黃康輝編著　220 元
15. 精簡吳式太極拳＜36 式拳架・推手＞　柳恩久主編　220 元
16. 夕陽美功夫扇　李德印著　220 元

・國際武術競賽套路・大展編號 103

1. 長拳　李巧玲執筆　220 元
2. 劍術　程慧琨執筆　220 元
3. 刀術　劉同為執筆　220 元
4. 槍術　張躍寧執筆　220 元
5. 棍術　殷玉柱執筆　220 元

・簡化太極拳・大展編號 104

1. 陳式太極拳十三式　陳正雷編著　200 元

2. 楊式太極拳十三式 楊振鐸編著 200 元
3. 吳式太極拳十三式 李秉慈編著 200 元
4. 武式太極拳十三式 喬松茂編著 200 元
5. 孫式太極拳十三式 孫劍雲編著 200 元
6. 趙堡太極拳十三式 王海洲編著 200 元

・中國當代太極拳名家名著・大展編號 106

1. 李德印太極拳規範教程 李德印著 550 元
2. 王培生吳式太極拳詮真 王培生著 500 元
3. 喬松茂武式太極拳詮真 喬松茂著 450 元
4. 孫劍雲孫式太極拳詮真 孫劍雲著 350 元
5. 王海洲趙堡太極拳詮真 王海洲著 500 元
6. 鄭琛太極拳道詮真 鄭琛著 450 元

・名師出高徒・大展編號 111

1. 武術基本功與基本動作 劉玉萍編著 200 元
2. 長拳入門與精進 吳彬等著 220 元
3. 劍術刀術入門與精進 楊柏龍等著 220 元
4. 棍術、槍術入門與精進 邱丕相編著 220 元
5. 南拳入門與精進 朱瑞琪編著 220 元
6. 散手入門與精進 張山等著 220 元
7. 太極拳入門與精進 李德印編著 280 元
8. 太極推手入門與精進 田金龍編著 220 元

・實用武術技擊・大展編號 112

1. 實用自衛拳法 溫佐惠著 250 元
2. 搏擊術精選 陳清山等著 220 元
3. 秘傳防身絕技 程崑彬著 230 元
4. 振藩截拳道入門 陳琦平著 220 元
5. 實用擒拿法 韓建中著 220 元
6. 擒拿反擒拿 88 法 韓建中著 250 元
7. 武當秘門技擊術入門篇 高翔著 250 元
8. 武當秘門技擊術絕技篇 高翔著 250 元
9. 太極拳實用技擊法 武世俊著 220 元

・中國武術規定套路・大展編號 113

1. 螳螂拳 中國武術系列 300 元
2. 劈掛拳 規定套路編寫組 300 元
3. 八極拳 國家體育總局 250 元
4. 木蘭拳 國家體育總局 230 元

・中華傳統武術・大展編號 114

1. 中華古今兵械圖考　裴錫榮主編　280 元
2. 武當劍　陳湘陵編著　200 元
3. 梁派八卦掌（老八掌）　李子鳴遺著　220 元
4. 少林 72 藝與武當 36 功　裴錫榮主編　230 元
5. 三十六把擒拿　佐藤金兵衛主編　200 元
6. 武當太極拳與盤手 20 法　裴錫榮主編　220 元

・少 林 功 夫・大展編號 115

1. 少林打擂秘訣　德虔、素法編著　300 元
2. 少林三大名拳 炮拳、大洪拳、六合拳　門惠豐等著　200 元
3. 少林三絕 氣功、點穴、擒拿　德虔編著　300 元
4. 少林怪兵器秘傳　素法等著　250 元
5. 少林護身暗器秘傳　素法等著　220 元
6. 少林金剛硬氣功　楊維編著　250 元
7. 少林棍法大全　德虔、素法編著　250 元
8. 少林看家拳　德虔、素法編著　250 元
9. 少林正宗七十二藝　德虔、素法編著　280 元
10. 少林瘋魔棍闡宗　馬德著　250 元
11. 少林正宗太祖拳法　高翔著　280 元
12. 少林拳技擊入門　劉世君編著　220 元
13. 少林十路鎮山拳　吳景川主編　300 元

・迷蹤拳系列・大展編號 116

1. 迷蹤拳（一）+VCD　李玉川編著　350 元
2. 迷蹤拳（二）+VCD　李玉川編著　350 元
3. 迷蹤拳（三）　李玉川編著　250 元
4. 迷蹤拳（四）+VCD　李玉川編著　580 元

・原地太極拳系列・大展編號 11

1. 原地綜合太極拳 24 式　胡啟賢創編　220 元
2. 原地活步太極拳 42 式　胡啟賢創編　200 元
3. 原地簡化太極拳 24 式　胡啟賢創編　200 元
4. 原地太極拳 12 式　胡啟賢創編　200 元
5. 原地青少年太極拳 22 式　胡啟賢創編　220 元

・道 學 文 化・大展編號 12

1. 道在養生：道教長壽術　郝勤等著　250 元

國家圖書館出版品預行編目資料

迷蹤拳（四）+VCD／李玉川　劉俊琦　編著
——初版，——臺北市，大展，2005年〔民94〕
面；21公分，——（迷蹤拳系列；4）
ISBN 957-468-351-6（平裝；附影音光碟）

1.拳術—中國

528.97　　93000810

迷蹤拳（四）+VCD

ISBN 957-468-351-6

著　　者／李玉川　劉俊琦
責任編輯／新　　硯
發 行 人／蔡森明
出 版 者／大展出版社有限公司
社　　址／台北市北投區（石牌）致遠一路2段12巷1號
電　　話／（02）28236031・28236033・28233123
傳　　眞／（02）28272069
郵政劃撥／01669551
網　　址／www.dah-jaan.com.tw
E-mail／service@dah-jaan.com.tw
登 記 證／局版臺業字第2171號
承 印 者／高星印刷品行
裝　　訂／協億印製廠股份有限公司
排 版 者／弘益電腦排版有限公司
初版1刷／2005年（民94年）2月

定價／580元